HANS-ULRICH EVERS

Die Befugnis des Staates zur Festlegung von Erziehungszielen in der pluralistischen Gesellschaft

Soziale Orientierung

Veröffentlichungen der Wissenschaftlichen Kommission
bei der Katholischen Sozialwissenschaftlichen Zentralstelle
Mönchengladbach

In Verbindung mit

Karl Forster · Hans Maier · Rudolf Morsey

herausgegeben von

Anton Rauscher

Band 1

Die Befugnis des Staates zur Festlegung von Erziehungszielen in der pluralistischen Gesellschaft

Von

Hans-Ulrich Evers

DUNCKER & HUMBLOT / BERLIN

Redaktion: Günter Baadte

Gedruckt 1979 bei Buchdruckerei Bruno Luck, Berlin 65
Printed in Germany
ISBN 3 428 04401 0

Vorwort des Herausgebers

Die Wissenschaftliche Kommission bei der Katholischen Sozialwissenschaftlichen Zentralstelle, die im April 1977 ihre Arbeit aufnahm, beginnt mit dem vorliegenden Band ihre Publikationsreihe „Soziale Orientierung" und tritt damit erstmals an die Öffentlichkeit. Der Kommission gehören Wissenschaftler aus verschiedenen Disziplinen an.

Der Titel der Reihe weist auf ihre Zweckbestimmung und Zielsetzung hin. Die Kommission sieht ihre Aufgabe darin, Forschungen anzuregen und zu fördern, die sich mit sozialen Problemen unseres Gemeinwesens befassen. Vornehmlich sollen Fragestellungen behandelt werden, die in der Gegenwart und für eine absehbare Zukunft von grundlegender Bedeutung sind. Der Begriff „sozial" wird hier in einem umgreifenden Sinne verstanden. Es soll nicht nur um die wirtschaftlichen und gesellschaftlichen, sondern ebenso um die kulturellen, rechtlichen und politischen Verhältnisse und Entwicklungen gehen, die das Leben der Menschen prägen. Veränderungen, die schon eingetreten sind oder die sich abzeichnen, stellen der Gestaltung des Sozialen neue Probleme. Über die in der aktuellen Diskussion erörterten Fragen hinaus will die Kommission auch Fragestellungen angehen, die noch zu wenig in das Bewußtsein der Öffentlichkeit getreten sind.

Mit dem Begriff „Orientierung" soll zum Ausdruck kommen, daß die Forschungsprojekte nicht nur eine wissenschaftlich begründete Analyse der Tatbestände und der Trends sowie die Darstellung der Zusammenhänge intendieren, sondern sich auch um Kriterien für sachgerechte Lösungen bemühen wollen. Die Schwierigkeiten bei der Bewältigung der sozialen Probleme liegen häufig nicht so sehr bei Informationsdefiziten, sondern eher in der Zusammenschau vieler Teilinformationen sowie in der Ermittlung von Zielstrukturen des sozialen Handelns.

Die Behandlung der mit sozialen Handlungszielen verbundenen Wertfragen kann nicht mit dem Hinweis in Zweifel gezogen werden, die wissenschaftliche Erkenntnis habe es nur mit dem, was ist, zu tun, und die Politik müsse zusehen, wie sie mit dem, was sein soll, zurechtkomme. Seitdem die Gesellschaftswissenschaften die normative Problematik aller sozialen Handlungs- und Entscheidungsfelder neu in den Blick rücken, kann die alte Frage nach der wissenschaftlichen Begründung der Politik, auch die Frage nach der Notwendigkeit und Legitimation von Werturteilen in der Wissenschaft nicht mehr in den Bereich des Irrationalen oder der Ideologie verwiesen werden. Das erkenntnisleitende Interesse ist ein Element allen wissenschaftlichen Forschens.

Die in der Reihe „Soziale Orientierung" vorgelegten Untersuchungen zur Gestaltung der gesellschaftlichen Verhältnisse bemühen sich um Bewertungsmaßstäbe, die sich an einem christlichen Verständnis des Menschen und der Gesellschaft ausrichten. Die Reihe soll zugleich Beiträge zur Auseinandersetzung mit Vorstellungen und Anschauungen vermitteln, die sich von anderen Wertsystemen leiten lassen. Dazu gehört nicht zuletzt die Kritik ideologischer Systeme, in deren Konsequenz eine Gefährdung der freiheitlichen Gesellschaft gesehen werden muß. Auf die klare Unterscheidung grundsätzlicher Positionen kann gerade bei einer praxisbezogenen Bearbeitung sozialer Probleme nicht verzichtet werden.

Anton Rauscher

Inhaltsverzeichnis

Abkürzungsverzeichnis

ABl.	=	Amtsblatt
ALR	=	Allgemeines Landrecht für die preußischen Staaten
BAG	=	Bundesarbeitsgericht
BAGE	=	Entscheidungen des Bundesarbeitsgerichts
Bay., bay.	=	Bayern, bayerisch
BayVerwBl.	=	Bayerisches Verwaltungsblatt
BGB	=	Bürgerliches Gesetzbuch
BGBl.	=	Bundesgesetzblatt
brem.	=	bremisch
BT	=	Bundestag
BT-Drucks.	=	Bundestags-Drucksache
BVerfG	=	Bundesverfassungsgericht
BVerfGE	=	Entscheidungen des Bundesverfassungsgerichts
BVerwG	=	Bundesverwaltungsgericht
BVerwGE	=	Entscheidungen des Bundesverwaltungsgerichts
bwü.	=	baden-württembergisch
DJT	=	Deutscher Juristentag
DÖV	=	Die öffentliche Verwaltung
DVBl.	=	Deutsches Verwaltungsblatt
E	=	Entscheidung
EGMR	=	Europäischer Gerichtshof für Menschenrechte
EKMR	=	Europäische Kommission für Menschenrechte
EUG	=	Gesetz über das Erziehungs- und Unterrichtswesen
EuGRZ	=	Europäische Grundrechtezeitschrift
FN	=	Fußnote
FS	=	Festschrift
G	=	Gesetz
GBl.	=	Gesetzblatt
GG	=	Grundgesetz
GS	=	Gesetzessammlung
GVBl.	=	Gesetz- und Verordnungsblatt
ham.	=	hamburgisch
hess.	=	hessisch
idF	=	in der Fassung
JöR	=	Jahrbuch des öffentlichen Rechts
JR	=	Juristische Rundschau
JuS	=	Juristische Schulung

JWG	= Gesetz für Jugendwohlfahrt
JZ	= Juristenzeitung
leg. cit.	= legis citatae (der zitierten Vorschrift)
Lit.	= Literatur
m. weit. Lit.	= mit weiterer Literatur
LT	= Landtag
LT-Drucks.	= Landtags-Drucksache
nds.	= niedersächsisch
NF	= Neue Folge
NJW	= Neue Juristische Wochenschrift
nw.	= nordrhein-westfälisch
OVG	= Oberverwaltungsgericht
OVGE	= Entscheidungen des Oberverwaltungsgerichts
Pr., pr.	= Preußen, preußisch
RdJB	= Recht der Jugend und des Bildungswesens
Rdnr.	= Randnummer
RGZ	= Entscheidungen des Reichsgerichts in Zivilsachen
RIM	= Reichsinnenminister
StGH	= Staatsgerichtshof
Verf.	= Verfassung
VerwRSpr.	= Verwaltungsrechtsprechung in Deutschland, Sammlung oberstrichterlicher Entscheidungen aus dem Verfassungs- und Verwaltungsrecht
VG	= Verwaltungsgericht
VGH	= Verwaltungsgerichtshof
VVDStRL	= Veröffentlichungen der Vereinigung der Deutschen Staatsrechtslehrer
WRV	= Verfassung des Deutschen Reichs (Weimarer Verfassung)
Z	= Zeitschrift
ZBR	= Zeitschrift für Beamtenrecht
ZevKR	= Zeitschrift für evangelisches Kirchenrecht

„Eines der größesten Probleme der Erziehung ist, wie man die Unterwerfung unter den gesetzlichen Zwang mit der Fähigkeit, sich seiner Freiheit zu bedienen, vereinigen könne. Denn Zwang ist nötig! Wie kultiviere ich die Freiheit bei dem Zwange?"

Immanuel Kant, Über Pädagogik, Kant Werke, Bd. 10, Darmstadt 1971, S. 695 (711).

Einleitung

Mit der These „Wie das Moralische ... versteht ... auch das Vaterländische sich für jeden deutschen Schulmann von selbst" fand Gustav Radbruch 1920 den Beifall des repräsentativen Auditoriums der Reichsschulkonferenz. Mit einem solchen Appell an die Autorität sicheren Wissens und fraglosen Konsenses aller für die Arbeit und die Gestaltung der Schule Verantwortlichen über die der moralischen und staatsbürgerlichen Erziehung zugrunde liegenden Ziele und Inhalte, würde heute wohl niemand mehr an die Öffentlichkeit treten[1]. Heute wird auch das selbstverständlich Anmutende öffentlich in Frage gestellt.

Zu einer neuen Selbstverständlichkeit ist dagegen geworden, sich in der öffentlichen Diskussion über die Reform der Schule, bei der parlamentarischen Beratung von Schulgesetzen und der Kontrolle der Schulpolitik der Regierung ebenso wie in schulrechtlichen Gerichtsverfahren von einiger Bedeutung auf das GG, seltener auf die Landesverfassung, zu berufen.

Einen neuen Konsens über die inhaltliche Gestaltung der Schule hat diese Einigkeit in der Anerkennung des GG als maßgeblich auch für die Schule nicht hervorgebracht. Dem steht nicht nur entgegen, daß die Aussagen des GG für die organisatorische und inhaltliche Gestaltung der Schule erst mit Hilfe einer dem Nichtexperten schwer zugänglichen Interpretation des GG erkennbar werden und für die Gestaltung der Schule auch nur einen äußersten Rahmen bestimmen, vor allem aber, daß die am Schulgeschehen Beteiligten sehr Unterschiedliches vom GG erwarten und die öffentliche Diskussion die Aus-

[1] Mit der These hatte *Radbruch* als Berichterstatter des Ausschusses Staatsbürgerkunde Leitsätze für die Gestaltung der staatsbürgerlichen Erziehung erläutert, vgl. Die Reichsschulkonferenz 1920. Ihre Vorgeschichte und Vorbereitung und ihre Verhandlungen. Hrsg. v. RIM, 1921, 886; die Spaltung der Nation war eines der diese Konferenz bewegenden Probleme.

sagen des GG eher verdunkelt als erhellt hat. Leiten einige aus dem Demokratiegebot, der Sozialstaatsklausel und dem Gleichheitssatz das Verfassungsgebot der dynamischen Entwicklung der Schule durch permanente Reformen ab, suchen andere bei den Grundrechten von Eltern und Kindern Schutz gerade gegen diese Reformen. Postulieren einige unter Berufung auf den Gleichheitssatz eine Pädagogik der Parteilichkeit, finden andere im GG und den Landesverfassungen das Recht auf die ideologisch tolerante Schule.

Mißverständnisse und bildungspolitisch und/oder ideologisch motivierte Mißdeutungen der Verfassungsrechtslage belasten die Diskussion, können die rechtswissenschaftlich nicht hinreichend vorgebildeten Diskussionspartner verunsichern und eine verfassungskonforme und sachgerechte Gestaltung des Schulwesens verhindern. Sie setzen aber auch das GG in der bildungspolitischen Diskussion einer harten Probe auf seine Verschleißfestigkeit aus und können Erwartungen wecken, die nicht erfüllbar sind und daher das Vertrauen in das GG schwächen.

In einer Zeit, in der die Landesgesetzgeber durch Leitentscheidungen des BVerfG aufgerufen sind, schrittweise die bisher in Erlassen geregelten schulischen Angelegenheiten, soweit sie wesentlich sind, durch hinreichend bestimmte Gesetze selbst zu regeln, zugleich das Schulrecht zur Durchsetzung ihrer Reformvorhaben in ständiger Bewegung halten, in der zugleich die Kultusminister mit dem Erlaß von Rahmenrichtlinien befaßt sind, um die tradierten Lehrpläne durch das neue Steuerungsinstrument des Curriculums zu ersetzen, ist es angezeigt, sich der verfassungsrechtlichen Determinanten für die Gestaltung der Schule zu vergewissern.

Die Untersuchung beschränkt sich auf die Erziehungsaufgabe der Schule, da sie durch Erziehung intensiver als durch Vermittlung von Kenntnissen und Fertigkeiten auf die Selbstentfaltung des Kindes einwirken und mit dem Recht der Eltern auf Erziehung ihrer Kinder kollidieren kann. Genauer geht es um den Inbegriff der rechtlichen Instrumente, die diesen Erziehungsprozeß steuern. Hierzu gehören die in den Verfassungen und Schulgesetzen festgelegten Erziehungsziele im engeren Sinne, aber auch die Rahmenrichtlinien und andere, die Erziehungsaufgabe näher regelnden Verwaltungsvorschriften. Auch Vorschriften über die Schulorganisation, die Erziehungsmittel, die Lehrmethoden, das Lehrerverhalten können für den Erziehungsprozeß wesentlich werden und sind daher mit zu berücksichtigen.

Die Untersuchung will den am Schulgeschehen Beteiligten die Orientierung über die rechtlichen, vor allem die verfassungsrechtlichen Probleme der Steuerung von Schulerziehung erleichtern. Sie setzt daher mit einem knapp gehaltenen Rückblick auf das Schulrecht zwischen

1800 und 1945 ein, streift die ganz andere Entwicklung des Schulrechts in der DDR und nimmt den Bestand von Erziehungszielen der Landesverfassungen und der Schulgesetze der Länder auf, der durch tabellarische Übersichten veranschaulicht wird.

Einen breiteren Raum nimmt die Darlegung der verfassungsrechtlichen Determinanten für die inhaltliche Gestaltung der Erziehungsaufgabe in Anspruch. Auch hier mußte im Interesse der Orientierungsfunktion der Untersuchung auf Vollständigkeit bei der Erfassung und Diskussion des Schrifttums verzichtet werden; insbesondere war eine Beschränkung angezeigt bei der Auseinandersetzung mit der bildungspolitisch und/oder ideologisch engagierten Literatur. Ihre Vertreter tendieren dazu, einzelne Entscheidungen der Verfassung absolut zu setzen, andere als quantité négligeable anzusehen und durch Rhetorik vollends zu verdunkeln. Der Verfasser ist hingegen der Überzeugung, daß die Verfassung als Grundordnung einer pluralistischen Gesellschaft die Tyrannis perfekter, aber einseitiger Lösungen im Dienste partikularer Auffassungen und Werte abwehrt; sie verlangt die Wahrung ihrer Einheit. Daher sind auch die Erziehungsziele einander so zuzuordnen und zu begrenzen, daß alle Verfassungsaufträge zur Wirksamkeit kommen, daß durch schonenden Ausgleich zwischen den verfassungsrechtlich geschützten Rechtsgütern die Kollisionen entschärft werden. Daher gilt es, die für die Ordnung des Schulwesens relevanten verfassungsrechtlichen Normen näher darzulegen und die leitenden Maximen der Zuordnung auf der Grundlage der Rechtsprechung des Bundesverfassungsgerichts herauszuarbeiten. Die Erörterung der Probleme, die mit der Festsetzung von Erziehungszielen aus dem Bereich ethischer Normen, der Grundwerte des GG und für den Sexualunterricht verbunden sind, gibt Gelegenheit, die gewonnenen Erkentnisse zu verdeutlichen und in der Anwendung zu erproben.

Über die Orientierungsaufgabe hinaus will die Untersuchung zur Aufklärung der Frage beitragen, wie Erziehungsprogramme unter der Herrschaft des GG auszuformen sind und wie sich die Zuständigkeiten zur Festsetzung dieser Programme verteilen. Da die rechtstechnischen Eigengesetzlichkeiten von Erziehungsprogrammen noch wenig erforscht sind, wird mit der Erörterung der Aufgaben, der Wirkung und der Struktur der rechtlichen Steuerungsinstrumente juristisches Neuland betreten.

Schließlich werden die Folgerungen erörtert, die sich für die Privatschule ergeben, die zwar in das öffentliche Schulwesen einbezogen ist, aber nicht zuletzt frei ist, in ihrer Erziehungsarbeit weltanschauliche, religiöse und konfessionelle Ziele zu verfolgen, deren verbindliche Festlegung für die öffentliche Schule GG und Landesverfassung verwehren.

Erstes Kapitel

Zur Entwicklung der Erziehungsziele von 1800-1945

I. Entwicklungen bis zum Ende der konstitutionellen Monarchie

Die Gesetze der deutschen absolutistischen Staaten und der konstitutionellen Monarchien begnügten sich mit der Regelung der Schulpflicht, der Schulunterhaltung, der konfessionellen Prägung der Schule und je politisch bedeutsamer Einzelfragen. Der sonstige Normbedarf der Schule wurde durch Verwaltungsverordnungen gedeckt, obwohl z. B. Art. 26 der Preußischen Verfassung von 1850 vorgeschrieben hatte, das ganze Unterrichtswesen durch Gesetz zu regeln[1].

Die Ordnung der höheren Schule beruhte fast ausschließlich auf Anordnungen der Schulbehörden. Als Herren der Anstalt Schule nahmen sie die Regelungskompetenzen in Anspruch, wie sie traditionell die kommunalen und kirchlichen Schulträger wahrgenommen hatten, aus denen die höhere Schule des 19. Jahrhunderts hervorgegangen war. Gesetzliche Regelungen schienen weithin entbehrlich, weil die Organisation der Schule als Anstalt und das Schulverhältnis als freiwillig begründetes besonderes Gewaltverhältnis auch ohne eine gesetzliche Ermächtigung durch internes Behördenrecht geregelt werden konnte.

Dieser — in Preußen nach Inkrafttreten der Verfassung von 1850 rechtlich problematischen — Praxis entsprach es, daß auch die Aufgaben und Ziele der Schule, wenn überhaupt gesetzlich geregelt, nur durch blankettartige Klauseln umschrieben waren. So bestimmte § 1 II 12 Pr. ALR als Aufgabe der Universitäten und Schulen den Unterricht der Jugend in (der Vermittlung von) nützlichen Kenntnissen und Wissenschaften. Das waren für die Schulen die „einem jeden vernünftigen Menschen seines Standes nothwendigen Kenntnisse“[2]. Dem Pr. ALR

[1] Mehrere Entwürfe scheiterten; daher blieben nach Art. 112 alle schulrechtlichen Bestimmungen der Verfassung suspendiert; zum Schicksal der Entwürfe: *Huber*, Deutsche Verfassungsgeschichte, IV, 1969, 876 ff.

[2] § 46 II 12 Pr. ALR, der die Unterrichtspflicht enden ließ, wenn ein Kind nach dem Zeugnis seines Seelsorgers diese Kenntnisse gefaßt hatte; für den jugendlichen Fabrikarbeiter des Frühkapitalismus war diesem Erfordernis nach dem Pr. Regulativ über die Beschäftigung jugendlicher Arbeiter in Fabriken vom 9. März 1839 (Pr. GS 156) bereits Genüge getan, wenn er einen dreijährigen regelmäßigen Schulunterricht genossen hatte oder durch ein

war nicht zu entnehmen, daß neben der Vermittlung nützlicher Kenntnisse die Schule die Aufgabe der vaterländischen und der christlichen Erziehung hatte. Die vaterländische Erziehungsaufgabe verstand sich gleichsam von selbst; die christliche Erziehungsaufgabe ergab sich aus den fortgeltenden Provinzialschulreglementen des 18. Jahrhunderts, die endgültig erst in der zweiten Hälfte des 19. Jahrhunderts durch staatliche Regulative ersetzt wurden[3]. Die christliche Erziehung war aber auch mittelbar durch die konfessionelle Gliederung und Prägung der Schule und die Übertragung von Aufgaben der Schulaufsicht auf die Geistlichkeit gewährleistet. Anders als in der österreichischen Monarchie, die bereits im ReichsvolksschulG 1869 die Erziehungsziele der allgemeinbildenden Pflichtschulen geregelt hatte, sollte es in Deutschland bei derart unvollständigen Regelungen verbleiben, obwohl die schulpolitischen Konflikte und Entwicklungen bis zum Ende der konstitutionellen Ära sich auf die Ausgestaltung der Aufgabentrias Allgemeinbildung, Gottesfurcht und Vaterlandsliebe und ihre Gewichtung konzentrierten.

Im Grundsätzlichen verliefen die Entwicklungen in den deutschen Ländern parallel; daher kann hier unter Vernachlässigung vieler landsmannschaftlicher Schattierungen und Besonderheiten die Aufmerksamkeit auf die preußische Entwicklung gelenkt werden[4].

1. Die Humboldt-Altenstein'sche Bildungsreform

Die Humboldt-Altenstein'sche Bildungsreform verwirklichte die schon im 18. Jahrhundert eingeleitete Staatlichkeit des Schulwesens und die Unterrichtungspflicht für alle Kinder. Sie rezipierte das Pestalozzische Bildungsziel der Allgemeinbildung und verband es mit den Grundlagen der Fichteschen Nationalerziehung. Für die Elementarschule bestimmte sie als Bildungsziel die Allgemeinbildung, für das Gymnasium die allseitige höhere Bildung. In diesem Erziehungsprogramm war die sittliche und die vaterländische Erziehung ein wesentliches Element, war Fundament und Ziel dieser allgemeinen Bildung. Mit Pestalozzi erstrebte Fichte die Bildung des Kindes zum Menschen,

---

Zeugnis nachwies, daß er in seiner Muttersprache geläufig lesen kann und einen Anfang im Schreiben gemacht hat.

[3] Vgl. *Bornhak*, Das Preußische Unterrichtswesen als Staatsinstitut in rechtsgeschichtlicher Entwicklung, AöR 4 (1889), 101 (124 ff.).

[4] Zur Entwicklung z. B. in Bayern vgl. *v. Seydel*, Bayerisches Staatsrecht, 2. Bd., Die Staatsverwaltung, bearb. von v. Graßmann[3], 1913, 561 ff.; *Friedrich*, Der Lehrplan zwischen Verwaltung und organisierter Gesellschaft. Eine Untersuchung über Lehrplanentscheidungen in Bayern vor dem Übergang zum parlamentarisch-demokratischen Staat, Die Verwaltung, Bd. 10 (1977), 96, der die fehlende Steuerungsfunktion des in Bayern 1811 in Kraft gesetzten Landeslehrplanes, der erst 1926 förmlich aufgehoben wurde, darlegt.

die es „durch eigene Kraft sich erzeuge". Durch freie und harmonische Selbstentfaltung der körperlichen, intellektuellen und sittlichen Kräfte sollte sich der Zögling zur selbständigen, in Charakter und Gesinnung gefestigten Persönlichkeit erheben. Diese Bildung „zur reinen Sittlichkeit" war Nationalerziehung, weil sie der ganzen Nation und nicht nur einzelnen Ständen zuteil werden sollte, zum anderen aber, weil aus den in dieser Weise gebildeten Menschen die Nation neu hervorgehen sollte als eine das Sittliche in sich verwirklichende Gemeinschaft[5].

Das aus diesem Gedanken hervorgegangene Reformprogramm der humanistisch-idealistischen Nationalerziehung setzte ein leistungsfähiges Schulwesen voraus, dessen Leitung und Verwaltung sich das Ethos dieser Bildungsidee zu eigen machte, die Eigenständigkeit und die immanenten Gesetzlichkeiten des Bildungswesens achtete und es nicht in den Dienst anderer Zwecke stellte. Nach der Vorstellung der Reformer konnte nur der Staat diese Voraussetzungen schaffen, der gegenüber Konfessionen und Ideologien neutral als Garant der Freiheit im Bildungswesen erschien, der aber auch durch die Bildungsreform, wie Humboldt formulierte, „statt daß er wie ehemals eine große politische Macht besaß, jetzt eine moralische gewinnen" (soll)[6].

Ungebrochen ließ sich dieser hohe Anspruch an den Staat nicht verwirklichen. Schon der von Humboldt inspirierte und von Süvern ausgearbeitete Entwurf eines Unterrichtsgesetzes von 1819[7], der allerdings nicht Gesetz wurde, ließ einen stärkeren Bezug auf die realen Mächte und ihre Forderungen erkennen. Nach dem Entwurf sollten die Schulen als allgemeine Bildungsanstalten den ganzen Menschen umfassen, sowohl die „Bildung des Wissens und Könnens" als auch die „praktische Bildung zur sittlichen Tätigkeit", die wechselseitig miteinander verflochten und am tiefsten „durch die Bildung der Religiosität" vereinigt sind (§ 7). Daher sollten die Zöglinge „in den Geist wahrer Religiosität und Frömmigkeit" erhoben (§ 8), aber auch „Vaterlandsliebe", „treue Anhänglichkeit an König und Staat und rücksichtsloser Gehorsam gegen Gesetze und gesetzliche Ordnung" belebt und befestigt werden (§ 9)[8]. Prägnant legalisierte diese Aufgabentrias schon die Pr. Kabinettsordre vom 20. Mai 1815; danach hatten die Geistlichen und Schulmeister in ihrem Diensteid auch zu schwören, „... die ihnen anvertraute Jugend nicht nur wissenschaftlich zu bilden, sondern auch zu gottesfürchtigen, guten und verständigen Menschen zu erziehen".

[5] Vgl. *Huber*, I, 264 ff.; *Paulsen / Lehmann*, Geschichte des gelehrten Unterrichts[3], Bd. 2 (1921), 278 ff.; *Schnabel*, Deutsche Geschichte im neunzehnten Jahrhundert[2], Bd. 1 (1949), 249.

[6] Zit. *Huber*, I, 266.

[7] Zit. *Giese*, Quellen zur deutschen Schulgeschichte seit 1800, 1961, 93.

[8] Zit. *Huber*, I, 281 f.

In der Zeit um 1848 konnten die konservativen Kräfte, die im freien Bildungswesen die tiefste Ursache der Revolution sahen, eine Stärkung der Erziehungsaufgabe auf Kosten der Bildungsfunktion vor allem der Volksschule durchsetzen. Das Volksschulwesen, das sich in den pr. Provinzen sehr unterschiedlich entwickelt hatte, sollte nicht nur wieder in „Einheit und Übereinstimmung" gebracht werden; es war auch wieder auf „den alten, schlichten, strengen kirchen- und staatstreuen Elementarunterricht" zurückzuführen. Daher wurde im Volksschulwesen erneut die geistliche Schulaufsicht gestärkt und in den pr. Regulativen von 1854[9] — ebenso auch in dem Bay. Normativ von 1857 — bestimmt, die Volksschule habe bei eingeschränktem Lehrstoff vor allem Frömmigkeit und Vaterlandsliebe zu erwecken[10].

Im weiteren Verlauf der schulpolitischen Kämpfe des 19. Jahrhunderts wurde die geistliche Schulaufsicht wieder zurückgedrängt. Die Einrichtung von Simultanschulen bahnte sich an; aber auch am Regeltyp der Bekenntnisschule trat der Gedanke der bekenntnismäßigen Unterrichtsgestaltung vor den Anforderungen des Fachunterrichts zurück; zu seiner Verbesserung wurde angestrebt, die einklassige Volksschule durch ein dreistufiges Unterrichtssystem zu ersetzen, soweit die Verhältnisse dies zuließen.

Zur Vorbereitung auf den Eintritt in das Gymnasium waren Vorschulen entstanden, die in Preußen 1876 auch förmlich als Einrichtungen der Gymnasien anerkannt wurden. An diesen, vor allem aber an den Gymnasien selbst lag der Schwerpunkt bei den Unterrichtsaufgaben, vor allem der Formalbildung. Dies ließ sich auch an den Lehrplänen ablesen, die für die Volksschulen fünf bis sechs Wochenstunden Religionsunterricht und zwei bis drei Stunden vor allem dem Kirchenlied vorbehaltenen Gesangsunterricht vorsahen; dagegen waren an den Gymnasien nur zwei Wochenstunden Religionsunterricht vorgesehen.

Dem humanistischen Gymnasium wurde in der Auseinandersetzung mit dem Prinzip der realistischen Allgemeinbildung auf neusprachlicher und naturwissenschaftlich-mathematischer Grundlage die Monopolstellung für die Ausbildung der zukünftigen gesellschaftlichen und staatlichen Führungsschicht zunehmend streitig gemacht. Nach österreichischem Vorbild wurden 1875 lateinlose Oberschulen eingeführt[11]; um die Jahrhundertwende wurde den Absolventen der Realgymnasien und der Oberrealschule der Zugang zu allen Studienrichtungen der Universitäten geöffnet.

---

[9] Abgedr. u. a. bei *Giese*, 151 f.

[10] Nachw. bei *Huber*, III, 176 f.; *Oppermann*, Kulturverwaltungsrecht, 1969, 58 ff.

[11] *Giese*, 39.

2. Zur Realisierung der Erziehungsziele

Gesetze und Regulative ließen weithin offen, wie diese allgemein umschriebenen Erziehungsziele zu erreichen seien. Es deutete sich eine gewisse Aufgabenteilung dahin an, daß Religionsunterricht, Schulgebet und -andacht die Gottesfurcht, Geschichts- und Deutschunterricht, aber auch Schulfeiern, Vaterlandsliebe zu wecken hätten. So heißt es in einer Verfügung des Ministers von Altenstein über den Religionsunterricht aus 1826: „Vor allem muß der Lehrer bei dem Religionsunterricht nicht aus dem Auge verlieren, daß es dem Staate darum zu tun ist, in den Mitgliedern seiner Schulen Christen zu erziehen, daß also ... auf eine gottesfürchtige, sittliche Gesinnung, welche auf dem Glauben an Jesum Christum und der wohlbegründeten Erkenntnis der christlichen Heilswahrheit beruht, hingearbeitet werden muß“[12]. Entscheidend war aber nicht diese Aufgabenteilung, sondern das Vertrauen auf die Wirkkraft des das allgemeine Bildungsgut vermittelnden Unterrichts überhaupt auf die Denkfähigkeit, aber auch auf Gesinnung und Gefühl, wenn der Unterricht nur in der rechten pädagogischen, religiösen und vaterländischen Haltung und Gesinnung dargeboten wurde.

Die restaurative Schulpolitik um das Jahr 1848, aber auch die Wirklichkeit des Schulbetriebes verdunkelten dieses Prinzip. Dem Unterricht an der Elementarschule sollte es nach dem bereits genannten Regulativ von 1854[13] nicht mehr zugrundegelegt werden. Es habe sich, so wird in dem Regulativ erläutert, „der Gedanke einer allgemeinen menschlichen Bildung durch formelle Entwicklung des Geistesvermögens an abstraktem Inhalt ... durch die Erfahrung als wirkungslos oder schädlich erwiesen“. Daher wurde angeordnet, der Unterricht an der Elementarschule habe „dem praktischen Leben in Kirche, Familie, Beruf, Gemeinde und Staat zu dienen und für dieses Leben vorzubereiten“. Nach diesen Grundsätzen legte das Regulativ dann des näheren die Unterrichtsgegenstände fest, unter denen dem Religionsunterricht mit sechs Wochenstunden eine zentrale Stellung zukam, zumal der mit drei Stunden vorgesehene Gesangsunterricht vorwiegend der Pflege des Kirchenliedes dienen sollte.

Das Gymnasium mußte sich gegen Vorwürfe verteidigen, die von ihm vermittelte Bildung sei unkirchlich und unchristlich. In der Tat hatte das humanistische Bildungsideal die Spannung zwischen Hellenismus und Christentum nicht ohne Rest auffangen können; greifbarer war, daß der grammatisch-stilistische Formalismus des Gymnasialunterrichts zunehmend in Widerspruch zu dem Ethos dieses Ideals geraten war,

---

[12] Abgedr. bei *Giese*, 115 f.; vgl. auch *Wiese*, Das höhere Schulwesen in Preußen, Bd. 1, 1864, 22.

[13] *Giese*, 151.

die Lehrerschaft nach ihrem Selbstverständnis sich mit den philologischen Wissenschaften identifizierte und die Schüler durch ein anspruchsvolles Lernpensum überbürdete.

Die Wirkungen staatlicher Einflußnahmen aber wurden von Kennern der Materie ebenso skeptisch beurteilt wie die Wirkungen des an dem Gymnasium erteilten Religionsunterrichts, dessen Isolierung beklagt wurde[14].

Am Ausgang des 19. Jahrhunderts schließlich wurden der Schule gegenwartsbezogene Ziele der staatsbürgerlichen Erziehung aufgegeben. Eingeleitet hatte diese Entwicklung ein vielzitierter Erlaß Wilhelm II. vom 1. Mai 1889. In dem Erlaß wurde zwar daran festgehalten, daß die Schule „durch Pflege der Gottesfurcht und der Liebe zum Vaterlande die Grundlage für eine gesunde Auffassung auch der staatlichen und gesellschaftlichen Verhältnisse zu legen“ habe. Es wurde aber zur Abwehr der sozialistischen und kommunistischen Irrlehren gefordert, die Schulen sollten erhöhte Anstrengungen machen „zur Förderung der Erkenntnisse dessen, was wahr, was wirklich und was in der Welt möglich ist“.

Der vaterländische Geschichtsunterricht sollte die neueste Zeitgeschichte einbeziehen und nachweisen, daß allein die Staatsgewalt unter einer sicheren monarchischen Leitung die Freiheit der Bürger schützen und ihre Wohlfahrt fördern könne und er sollte die sozialrevolutionären Ideen der Arbeiterbewegung als eine unrealistische und destruktive Utopie entlarven.

Der kaiserliche Erlaß hatte in einem Ansatz der Schule die Aufgabe zugewiesen, die Urteilsfähigkeit der Schüler zu entwickeln und den Realitäts- und Gegenwartsbezug des Unterrichts zu stärken. Dies wurde in den neuen Lehrplänen berücksichtigt. Die Gefahr, Gegenwartsgeschichte als Mittel zur Verfolgung konkreter gesellschaftspolitischer Ziele einzusetzen, wurde erkannt und die Lehrer daher angewiesen, jede Tendenz zu vermeiden; es müsse vielmehr der gesamte Unterricht von ethischem und geschichtlichem Geist durchdrungen sein[15].

II. Erziehungsziele in der Weimarer Republik

Die Ausrufung der Republik, der Sturz der Monarchie, der auch die Klammer zwischen Kirche und Staat aufhob, der militärische und wirt-

---

[14] *Paulsen / Lehmann,* 494 ff. (509) m. Hinw. auf die resignierende Feststellung des Leiters des Gymnasialwesens im pr. Kultusministerium Wiese, die Schule habe in sehr geringem Maße ihre Aufgabe erfüllt, die Schüler durch den Religionsunterricht zu einem lebendigen Christentum zu erziehen.

[15] *Wiese,* Bd. 4, 6 f.; *Huber,* IV, 919.

schaftliche Zusammenbruch und die Impulse zum Neuanfang nötigten zur Neuordnung der Schule in einem Gemeinwesen, das sich nicht mehr als christlicher Staat, sondern als Volksstaat begriff, eines Staates zudem, der seine künftige Gestalt vorbehaltlos der Mehrheitsentscheidung anvertraute. Erstmals konnten auch die beiden sozialistischen Parteien ihre schulpolitischen Vorstellungen wirksam zur Geltung bringen.

Die Problematik der Aufgabentrias Allgemeinbildung, Vaterlandsliebe und Gottesfurcht, vor allem aber die Problematik der Schulwirklichkeit hatte eine breite reformpädagogische Bewegung seit der Jahrhundertwende bewußt gemacht; sie hatte eine Vielzahl von mehr oder minder ausgeformten Reformvorschlägen hervorgebracht, die teils miteinander harmonierten, teils divergierten und partiell von den politischen Parteien, insbesondere den sozialistischen Parteien als Reformziele aufgenommen wurden. Von nachhaltigem Einfluß war der pädagogische Glaube an die Entfaltungsmöglichkeit „der schöpferischen Kräfte im Kinde"; gefordert wurde daher die Erziehung „vom Kinde aus"; Kerschensteiner hatte das Modell der Arbeitsschule entwickelt, deren Sinn es sei, mit einem Minimum von Wissensstoff ein Maximum an Fertigkeiten, Fähigkeiten und Arbeitsfreude auszulösen und auf diese Weise auch die staatsbürgerliche Gesinnung zu entfalten[16]. Die Einheitsschulbewegung hatte schon seit den achtziger Jahren den Gedanken der nationalen Einheitsschule[17] neu belebt. Die Formel, „ein Volk, eine Schule"[18] mochte zum Ausdruck bringen, daß die Schule die Einheit des Staates vergegenwärtigen, aber auch immer wieder neu hervorbringen soll. Das Schulwesen sollte daher vom Kindergarten bis zur Hochschule auf der Grundlage einer gemeinsamen Bildungsidee organisch aufgebaut und seine Einrichtungen allen bildungsfähigen Kindern ohne konfessionelle, standesmäßige oder soziale Beschränkungen offen stehen. Praktisches schulpolitisches Ziel war, die Isolierung der Volksschule aufzuheben und Verbindungen und Übergänge zwischen den Schularten zu schaffen[19].

1. Der Schulkompromiß

Der Kampf um die Gestalt der neuen Schule entbrannte bereits in den ersten unruhigen Wochen der neuen Republik, als in Preußen durch Proklamationen und Verordnungen der Volksbeauftragten eine

---

[16] *Hoffmann*, Politische Bildung 1890 - 1933, 1970, 135 ff.

[17] s. oben S. 18.

[18] *Tews*, Ein Volk, eine Schule. Darstellung und Begründung der deutschen Einheitsschule, 1919.

[19] Zum Postulat der Einheitsschule vgl. ferner *Evers*, Verwaltung und Schule, VVDStRL 23 (1966), 147 (148), FN 7, 8.

grundlegende Reform der Schule eingeleitet wurde. Als durch Erlaß über die Aufhebung des Religionszwanges in der Schule vom 29. November 1918 das Schulgebet aufgehoben und den Schülern der Besuch, den Lehrern die Erteilung des Religionsunterrichts freigestellt wurde, erhob sich ein solcher Sturm der Entrüstung, daß das Ministerium sich gehalten sah, den Erlaß wieder aufzuheben. In Bayern kam es zu ähnlichen Entwicklungen[20].

Unter dem Eindruck dieser leidenschaftlich geführten Auseinandersetzungen hatte die Reichsregierung in ihrem Entwurf der Reichsverfassung nur einige, der pr. Verfassung von 1850 entlehnte Leitsätze über die Schule aufgenommen. Der Verfassungsausschuß nahm es jedoch auf sich, ein System schulrechtlicher Bestimmungen zu erarbeiten. Das führte erneut zu leidenschaftlichen Auseinandersetzungen zwischen den an der Verfassungsgebung beteiligten Parteien, mit den Regierungen der Länder, den Gemeinden und mit der Öffentlichkeit. Hauptstreitpunkt war das Problem der konfessionellen Gliederung des Schulwesens, verknüpft hiermit die Frage nach der Zuständigkeit des Reiches zur Schulgesetzgebung. Schließlich kam es vor der zweiten Lesung der Reichsverfassung — unter dem Druck der politischen Situation vor der Unterzeichnung des Versailler Vertrages — zu einem Kompromiß zwischen Sozialdemokraten und Zentrum; der sogenannte Erste Weimarer Schulkompromiß wurde vor der dritten Lesung unter Mitbeteiligung auch der Demokratischen Partei noch einmal modifiziert. Kern des Kompromisses war, daß die Gemeinschaftsschule — ohne sie zu nennnen — als Regelschule verstanden, aber die Einrichtung von Volksschulen als Bekenntnis- oder Weltanschauungsschulen auf Antrag der Erziehungsberechtigten zugelassen wurde. Die nähere Regelung war Aufgabe der Landesgesetzgebung nach den Grundsätzen eines Reichsgesetzes (Art. 146 II WRV); Art. 174 WRV bestimmte, daß es bis zum Erlaß dieses Reichsgesetzes bei der bestehenden Rechtslage bleiben sollte. Damit war zunächst die Bekenntnisschule für die Mehrheit der Länder gesichert, die Einrichtung von Weltanschauungsschulen zunächst verhindert. Da aber infolge der weltanschaulichen Gegensätze ein solches Reichsgesetz nie zustande gekommen ist[21], war auch die Landesgesetzgebung blockiert. Dies wiederum behinderte die Länder bei der Fortentwicklung des Rechts der Volksschulen und ihrer Verwaltung insgesamt. In den bayerischen und badischen Konkordaten und Kirchenverträgen 1924 bzw. 1932 wurde aber die Frage des Reli-

---

[20] Zusammenfassende Darstellung u. weit. Nachw. bei *Führ*, Zur Schulpolitik der Weimarer Republik. Darstellung und Quellen, 1970, 31 ff.; *Giese*, 231 ff.

[21] Zu den Regierungsentwürfen aus den Jahren 1920 - 1923 und ihrem Scheitern vgl. *Führ*, 50 f.

gionsunterrichts aufgegriffen[22] und dieser in Entsprechung zu Art. 149 WRV als ordentliches Lehrfach bestätigt; die bayerischen Verträge bestimmten darüber hinaus, daß Erziehung und Unterricht nur solchen Lehrkräften anvertraut werden sollten, die geeignet und bereit sind, in zuverlässiger Weise in der jeweiligen Religionslehre zu unterrichten und im Geiste des katholischen bzw. evangelischen Glaubens zu erziehen.

Nicht nur Art. 146 II, 174 WRV zeigten, daß die WRV, ungeachtet der in ihr angelegten Neutralität des Staates, die Trennung von Staat und Kirche nicht scharf durchgeführt hatte. Zwar nahm die Verfassung die Schule für Staat und Gemeinde in Anspruch (Art. 143), behielt die Schulaufsicht den hauptamtlich tätigen, fachmännisch vorgebildeten Beamten vor (Art. 144) und beseitigte damit die Restbestände geistlicher Schulaufsicht; aber Art. 149 WRV gewährleistete, daß der Religionsunterricht weiterhin grundsätzlich ordentliches Lehrfach ist, wobei die Grundsätze der betreffenden Religionsgesellschaft maßgebend sein sollten. Ferner öffnete sie dem kirchlichen Schulwesen ein Betätigungsfeld im Bereich der Privatschule, die Art. 147 WRV nicht wenig begünstigte.

Mit der Absage an die öffentlichen und privaten Vorschulen (Art. 145 I, 147 III), der Beschränkung der Privatschulfreiheit auf dem Gebiet der Volksschule (Art. 147 II), dem Programmsatz, das öffentliche Schulwesen „organisch" auszugestalten, wonach sich auf einer für alle gemeinsamen Grundschule das mittlere und höhere Schulwesen aufbaue (Art. 146 I WRV) und dem Gebot, den Zugang Minderbemittelter zu den mittleren und höheren Schulen finanziell zu fördern (Art. 146 III WRV), konkretisierte und verwirklichte die Verfassung Postulate der Einheitsschulbewegung[23].

2. Folgerungen für den Inhalt der Erziehungsziele

Die Leitlinien für die innere Gestaltung der Schule, die Art. 148 WRV[24] festlegte, hatten für den Weimarer Schulkompromiß nur ergänzende Bedeutung, bedürfen aber hier einer eingehenderen Darstellung.

In Art. 148 III WRV, der Staatsbürgerkunde und Arbeitsunterricht als neue Lehrfächer der Schule bestimmte, fanden Reformvorschläge Kerschensteiners einen Niederschlag. Das Toleranzgebot des liberalen und weltanschaulich neutralen Staates konkretisierte Art. 148 II WRV

[22] Abgedr. u. a. bei *Weber*, Die deutschen Konkordate und Kirchenverträge der Gegenwart, Bd. I, 1962.

[23] *Landé*, Art. 143 - 149. Bildung und Schule, in: Die Grundrechte und Grundpflichten der Reichsverfassung III, 1930, 1 (28 ff.); vgl. auch 4 ff. die Herausarbeitung der grundrechtlichen Elemente der Art. 143 ff. WRV.

[24] Nach *Landé*, 72, wahllos und fast zusammenhanglos.

durch das Gebot, beim Unterricht in öffentlichen Schulen Bedacht zu nehmen, daß die Empfindungen Andersdenkender nicht verletzt werden.

Nach Art. 148 I WRV wurden als verpflichtende Bildungsziele bestimmt:

— sittliche Bildung,
— staatsbürgerliche Gesinnung,
— persönliche und berufliche Tüchtigkeit,
— deutsches Volkstum, Völkerversöhnung.

Mit dieser Vorschrift war die Erziehungsaufgabe der Schule, die ihr gelegentlich streitig gemacht worden war, verfassungsrechtlich festgelegt. Die Erziehungsziele der sittlichen Bildung und der persönlichen Tüchtigkeit entsprachen dem tradierten Kanon. Dagegen wurden mit der Heraushebung der beruflichen Tüchtigkeit, der staatsbürgerlichen Gesinnung und der Völkerversöhnung neue Akzente gesetzt.

Das Erziehungsziel berufliche Tüchtigkeit trug der bildungspolitischen Forderung Rechnung, das Moment der Berufsvorbildung stärker als bisher in die Arbeit der Schule einzubauen — wie auch Art. 146 I 3 WRV die Mannigfaltigkeit der Lebensberufe als Gestaltungskriterium für den Aufbau des mittleren und höheren Schulwesens bestimmte.

Die vaterländische Erziehung der konstitutionellen Ära war in Mißkredit geraten. Die staatsbürgerliche Komponente der schulischen Erziehung bedurfte daher der Neubestimmung. Sie fand ihren Ausdruck in der besonderen Hervorhebung der staatsbürgerlichen Gesinnung, die über die staatsbürgerliche Bildung (Abs. 2) und Erziehung hinaus aufforderte, Verständnis für den Staat, die Notwendigkeit der Einordnung und die Verbundenheit des Bürgers mit dem Staat zu wecken[25].

Mit diesem Erziehungsziel auf das engste verknüpft ist die Hervorhebung des deutschen Volkstums und der Völkerversöhnung als Werte mit gleichem Rang. Mit diesen Bestimmungen wurde ein Postulat aus dem Gedankenkreis der Einheitsschule — nämlich die Bedeutung des Deutschen, der Deutschkunde als eines Mittelpunktes allen Schulunterrichts — in Verfassungsrang erhoben; es kam aber auch zum Ausdruck, daß der Staat ein Volksstaat ist, der eine andere Einstellung zu internationalen Problemen hat als die Monarchie und daß auch die Schule dies maßgeblich in ihre Erziehungsarbeit einzubeziehen hat. Die einer Initiative der Zentrumspartei entstammende Verpflichtung der Schule auf den Gedanken der Völkerversöhnung führte ein ganz neues Moment ein[26]. Man wird die Bestimmung auf die Einsicht zurückführen dürfen, die der Weltkrieg und seine Folgen gelehrt hat, daß die zer-

[25] *Landé*, 74.
[26] *Landé*, 72 ff.

störerischen Kräfte des Nationalismus und Patriotismus nur durch Völkerversöhnung gebannt werden können.

Daß Erziehung „im Geiste“ dieser Werte aufgegeben wurde, trug der pädagogischen Auffassung Rechnung, daß Gesinnungswerte sich nicht erlernen, sondern nur erleben lassen und daß Erziehung zu positiver Staatsgesinnung mit den Erfordernissen einer auf Entfaltung des Kindes gerichteten kultur- und geisteswissenschaftlichen Erziehung nicht ohne Rest vereinbar ist.

Mit der Festsetzung dieser Erziehungsziele und der bei der Erziehung zu beachtenden Werte war nicht entschieden, ob die religiöse Erziehung allein Angelegenheit des Religionsunterrichts sein sollte[27]. Für die Volksschule als Bekenntnisschule konnte nach dem Sinn des Art. 146 II WRV die christliche, auch die bekenntnismäßige Erziehung vorgesehen werden. Ob die christliche Erziehung auch für die Gemeinschaftsschule legitimerweise vorgesehen werden durfte, war der Verfassung nicht eindeutig zu entnehmen. Die Frage war daher auch umstritten[28], aber ohne praktische Bedeutung. Denn die bereits bestehenden Gemeinschaftsschulen waren solche christlicher Prägung und sollten es auf Grund der Übergangsregelung des Art. 174 WRV jedenfalls bis zum Erlaß eines Reichsgesetzes bleiben.

Der WRV war auch nicht eindeutig zu entnehmen, ob sie den Ländern verwehrte, die mittlere und höhere Schule konfessionell zu gliedern und dementsprechend den Unterricht zu prägen. Jedenfalls wäre wegen der Übergangsregelungen für ein Verbot ein Reichsgesetz erforderlich gewesen, das aber nicht ergangen ist.

Bei alledem war auch zu berücksichtigen, daß der Begriff „sittliche Bildung“ nicht mit materialem Gehalt zu füllen war, ohne das christliche Gedankengut aufzunehmen.

Grenzen der Möglichkeit zur religiösen Erziehung folgten aus dem Toleranzgebot des Art. 148 II WRV, aber auch aus den Sachgegebenheiten des Unterrichts und seiner Erfordernisse. Schon im christlichen Staat der konstitutionellen Ära konnte dieses Erziehungsziel vor allem an der höheren Schule nachhaltig nur im Religionsunterricht verfolgt werden; in den anderen Fächern dominierten die formalen und inhaltlichen Anforderungen, so daß religiöse Erziehung vorwiegend von der Haltung und dem Beispiel des Lehrers zu erwarten war. Der laizistische, zu Gleichheit und Neutralität verpflichtete, auf die ihm zur Verfügung stehende Lehrerschaft[29] angewiesene Staat der WRV konnte

[27] Entschieden trat für die volle Weltlichkeit des Schulwesens, in dem Religionsunterricht ein Fremdkörper sei, ein *Landé*, 30.

[28] *Landé*, 56 ff.

[29] Zur nicht entschiedenen Frage der Einstellung und Beschäftigung be-

eine solche Haltung noch weniger gewährleisten als die konstitutionelle Monarchie. Hinzu kam, daß die pädagogische Wissenschaft auf die Frage wenig Antwort wußte, wie ein Inbegriff von überlieferten Kulturgütern imstande sein sollte, in eine in Kindheit und Jugend vor sich gehende Entwicklung so einzugreifen, daß ein solches Erziehungsziel erreicht werde[30]. Für die christliche Komponente der Erziehung mußte daher in besonderer Weise gelten, daß diese Erziehungsarbeit eine Chance nur hat, wenn sie aus christlichem Glauben geleistet wurde, aber nicht unmittelbar als Ziel verstanden wurde.

Im Streit um die konfessionelle Gliederung der Schule nahmen die großen Kirchen eine unterschiedliche Haltung ein. Während die evangelische Seite nach der Lösung des Bündnisses von Thron und Altar nicht mehr mit derselben Festigkeit auf der öffentlichen Bekenntnisschule bestand, setzte sich die katholische Kirche mit aller Entschiedenheit unter Berufung auf das Elternrecht für die bekenntnismäßige Gliederung der Schule, insbesondere der Volksschule ein. Die Frage nach der konfessionellen Prägung der mittleren und höheren Schulen wurde nicht ausdiskutiert. All dies führte dazu, daß das Gewicht der christlichen Erziehungskomponente der Schule von Land zu Land, in Preußen auch von Provinz zu Provinz erheblich differierte und auch der Schulaufsicht und den Rektoren und Direktoren der Schulen ein Spielraum blieb, den Geist der konkreten Schule nach ihren religiösen und weltanschaulichen Überzeugungen und pädagogischen Vorstellungen zu prägen.

3. Zur Realisierung der Erziehungsziele

Auf die Wirklichkeit der Schule der Weimarer Zeit haben sich die Zielbestimmungen des Art. 148 WRV nur in engen Grenzen ausgewirkt. 1923 kam zwischen den Ländern eine Vereinbarung über den Arbeitsunterricht zustande; danach sollte das ganze Leben an der Schule in den Dienst des Arbeitsgedankens gestellt werden, der sowohl Lehrgrundsatz als auch Unterrichts- und Erziehungsmittel sein sollte. Die Einführung eines Faches Arbeitsunterricht sah die Vereinbarung — im Gegensatz zum Wortlaut des Art. 148 III WRV[31] — nicht vor; hierfür, so wurde argumentiert, fehlten die finanziellen Voraussetzungen[32].

Hervorzuheben sind auch die Bestrebungen, das Neutralitätsgebot zu erfüllen und das Schulleben von parteipolitischen Streitigkeiten fern-

kenntnisloser Lehrer vgl. die kontroversen Untersuchungen von *Giese*, AöR 22 NF (1932), 82 ff. und *Huber*, III, 100 ff.

[30] Als „die große Frage" der Lehrplantheorien des 19. Jahrhunderts bezeichnet von *Dolch*, Lehrplan des Abendlandes, 1965², 357.

[31] Vgl. auch ausführlich *Landé*, 76.

[32] Vgl. *Führ*, 278 ff. und 313 f.

zuhalten. Erlasse schärften den Lehrern ein, jede Beeinflussung ihrer Schüler nach irgendeiner parteipolitischen Richtung hin zu vermeiden; doch sollten, wenn es der Zweck des Unterrichts erforderte, auch politische Probleme erörtert werden, wobei der Lehrer das Problem unparteiisch vortragen und die Schüler mit allen Lösungen bekanntmachen sollte. Den Schülern wurde geboten, sich innerhalb der Schule aller politischen Streitigkeiten und jeder Herausforderung ihres Parteistandpunktes zu enthalten; ihnen wurde das Tragen von Parteiabzeichen, ausdrücklich auch des Hakenkreuzes und national-jüdischer Abzeichen verboten[33].

Der Reichsminister des Innern beanstandete 1930 im Thüringer Schulgebetsstreit unter Berufung auf Art. 148 II WRV die erlaßweise Einführung bestimmter „Schulgebete" als verfassungswidrig, weil diese im Sinne der nationalsozialistischen Weltanschauung bestimmte Gruppen des Volkes als Betrüger und Landesverräter brandmarkten; der Staatsgerichtshof des Deutschen Reiches, vom Reichsinnenminister schließlich angerufen, stellt mit sorgfältiger Begründung fest, daß der Erlaß mit Art. 148 II WRV nicht vereinbar ist[34].

Die weltanschauliche Zerrissenheit des deutschen Volkes, die auch langanhaltende Auseinandersetzungen um die konfessionelle Gliederung des Schulwesens ausgelöst und die Verabschiedung des in der WRV vorgesehenen Reichsschulgesetzes verhindert hatte, aber auch die Richtungskämpfe der pädagogischen Bewegungen, hinter denen kein gemeinsames Bildungsideal mehr sichtbar wurde[35], machen verständlich, daß die Erziehungsziele der WRV nicht zu einem verbindlichen Erziehungskonzept ausgeformt werden konnten. Wie der Weimarer Verfassung insgesamt, blieb es auch Art. 148 WRV versagt, die widerstreitenden politischen Kräfte und Ideologien zu integrieren.

Die Verpflichtung, den Gedanken der Völkerversöhnung in die Erziehungsarbeit einzubeziehen, stieß sogar auf offene oder verdeckte Ablehnung. So bezeichnete der sonst so dem positiven Recht verpflichtete Interpret der WRV, Anschütz, auch noch in der 1926 erschienenen 5. Auflage seines Kommentars zur WRV unter Hinweis auf die unversöhnliche Gesinnung der früheren Feindstaaten und die ungesühnte „Schande, die dem deutschen Volke durch den Frieden von Versailles angetan wurde", diese Verpflichtung als „einen Gewissens-

---

[33] Vgl. die pr. Erlasse v. 14. 11. 1919, UZBl. 668 und v. 30. 12. 1921, UZBl. 1922, 24 f — zit. v. *Bitter*, Handwörterbuch der Preußischen Verwaltung[3], 1928, II, 571.

[34] StGH 11. 7. 1930, in: RGZ 129, 9*; vgl. auch *Evers*, Verfassungsrechtliche Determinanten der inhaltlichen Gestaltung der Schule, in: Essener Gespräche zum Thema Staat und Kirche Bd. 12, 1977, 104 (108 f.); *Führ*, 61.

[35] Vgl. *Führ*, 49.

zwang gegen jeden national Gesinnten, sei er Lehrer oder Schüler"[36]. Dem entsprach es, daß die pr. Richtlinien zur Aufstellung von Lehrplänen für die oberen Jahrgänge der Volksschule von 1921[37] es zwar als Aufgabe der Fächer Geschichte und Staatsbürgerkunde bezeichneten, „Grundlagen zum Verständnis der Gegenwart und des heutigen Staats zu verschaffen, das Bewußtsein der Mitverantwortlichkeit für das Volks- und Staatsganze sowie die Liebe zu Volk und Vaterland ... zu wecken". Dagegen wird der Gedanke der Völkerversöhnung nicht einmal erwähnt, geschweige denn dem Lehrer Hilfe gegeben, dem Verfassungsauftrag in der besonderen Situation der Nachkriegszeit gerecht zu werden. Ebenso verschwieg sich der Reichsminister des Innern 1932 in einem öffentlichen Rundschreiben an die Kultusminister zum Gedanken der Völkerversöhnung, obwohl dieser eindringliche Appell in einer höchst kritischen Stunde ausführlich Grundsätze der staatsbürgerlichen Erziehung ausbreitete und zu einer überparteilichen Erziehung zu Staat und Staatsgesinnung aufrief[38]. Daß der Reichsminister des Innern auch die Weimarer Reichsverfassung nicht der Erwähnung Wert erachtete, beleuchtet ebenso den Zustand, in den das Gemeinwesen und seine Schulpolitik 1932 geraten war, wie der Protest der Opposition, die das Schreiben des Ministers alsbald als Anschlag auf den Schulfortschritt und als Schulreaktion brandmarkte[39].

III. Erziehungsziele im nationalsozialistischen Staat

Der nationalsozialistische Staat[40] garantierte im Reichskonkordat von 1933 erneut die Bekenntnisschule, setzte dann aber alsbald dazu an, sie auch gegen den Widerstand der Elternschaft zu beseitigen.

Als autoritärer, später totalitärer Staat nahm er für sich in Anspruch, die Erziehungsziele der Schule aus seiner Weltanschauung abzuleiten und mit Absolutheitsanspruch in Geltung zu setzen. Daher erteilte er den individualistischen Bildungsvorstellungen eine scharfe Absage und

---

[36] *Anschütz,* Die Verfassung des Deutschen Reichs[5], 1926, Art. 148, Anm. 2; in der 11. Aufl., 1929, wird nicht mehr auf die „Schande" hingewiesen, wohl aber auf die tiefe Verletzung des nationalen Ehrgefühls durch „das Friedensdiktat von Versailles" und die Gesinnung der Siegerstaaten, im übrigen ebenso; ausgewogener in der letzten, 14. Aufl., 1933, Art. 148, Anm. 2.

[37] Abgedr. bei *Giese,* 257 ff.

[38] Abgedr. bei *Führ,* 208; Teilabdr. bei *Giese,* 249.

[39] *Führ,* 60, der selbst das Schreiben als Dokument auf dem Weg zur totalitären Erziehung einordnet und ein hohes Maß an Übereinstimmung in der Zielrichtung der nationalsozialistischen Schulpolitik zu konstatieren glaubt, weil Erziehung zum Dienst, zur Verantwortung und zur Opferfähigkeit gefordert wird.

[40] Grundlegende, aus den Quellen erarbeitete differenzierte Darstellung: *Eilers,* Die nationalsozialistische Schulpolitik, 1963.

verlangte, den Schüler „auf dem Baugrund von Blut und Boden, Volksgemeinschaft und Religiosität zum charaktervollen Menschen" zu erziehen; bei dieser „Formung des nationalsozialistischen Menschen" sollte der „Rassesinn und das Rassegefühl trieb- und verstandesgemäß in Herz und Gehirn" der Jugend „hineingebrannt" werden[41].

Mit ihrer ganzen Härte schlugen die „Säuberungsaktionen" und die Rassepolitik des NS-Staates auf die Lehrerschaft und auf die Schüler durch. Schulorganisatorische Änderungen wurden verwirklicht[42], die Privatschulen und der Religionsunterricht zurückgedrängt und isoliert; auf den Gebieten des Sports und der Wehrertüchtigung kam es unter der Devise „Erziehung durch den Leib"[43] zu der geforderten Betriebsamkeit.

Nationalistisches und völkisch-rassisches Gedankengut machten sich in Unterricht und Unterrichtsmaterial breit; „Mein Kampf" wurde Pflichtlektüre, die Vererbungslehre obligatorisches Prüfungsthema in der Reifeprüfung. Daß die nationalsozialistische Weltanschauung zum „Fundament des Unterrichts" geworden ist[44], daß das Erziehungsziel „Erziehung zum nationalsozialistischen Menschen" in der Wirklichkeit des Unterrichts die tradierten Bildungsgüter und Erziehungsziele überwunden und Erziehungsarbeit nach ihren Eigengesetzlichkeiten nachhaltig ausgeschlossen hat, wird sich nicht nachweisen lassen.

---

[41] Nachw.: BVerfGE 6, 132 (156 ff.); weit. Nachw. bei *Giese*, 281; *Michael / Schepp* (Hrsg.), Politik und Schule von der Französischen Revolution bis zur Gegenwart, Bd. 2, 1974, 194 ff.

[42] Die Bereinigung des Wirrwarrs der Schulformen wird positiv hervorgehoben von *Oppermann*, Kulturverwaltungsrecht, 1969, 65.

[43] *Usadel*, Grundlagen von Erziehung und Recht, Deutsches Recht, 1935, 447.

[44] Wie es ein Erlaß über Erziehung und Unterricht in der höheren Schule aus dem Jahre 1938, Teilabdr. bei *Giese*, 283, forderte.

Zweites Kapitel

Erziehungsziele in der DDR

In der DDR ist ein Bildungssystem eingerichtet worden, das sich durch die Merkmale einheitlich und sozialistisch bewußt und betont von den Bildungssystemen der westlichen Welt absetzt, das auf der Überzeugung von der Richtigkeit der Lehren des Marxismus-Leninismus beruht und im Dienst der Verwirklichung des Sozialismus steht[1].

Oberstes Ziel des Bildungswesens ist nach Art. 25 der Verfassung von 1968[2] die „sozialistische Gemeinschaft allseitig gebildeter und harmonisch entwickelter Menschen, die vom Geist des sozialistischen Patriotismus und Internationalismus durchdrungen sind und über eine hohe Allgemeinbildung und Spezialbildung verfügen".

Oberstes Erziehungsziel ist also nicht der Erwerb formaler Fähigkeiten, auch nicht die personale Qualifikation der „vollständig ausgeprägten sozialistischen Persönlichkeit"[3]. Das Erziehungsziel des Art. 25 ist vielmehr kollektivistisch: Die sozialistische Gemeinschaft von Menschen dieser Qualifikation. Die Erziehung zur sozialistischen Persönlichkeit ist daher Mittel, um das soziale Ideal der sozialistischen Gemeinschaft zu verwirklichen. Der Erreichung dieses Zieles dient eine den gesamten Lebensweg erfassende pädagogische Betreuung durch den Staat. Von den Kinderkrippen und Kindergärten angefangen über die allgemeinbildenden und berufsbildenden Schulen, die Fachschulen, Universitäten und Hochschulen bis zu den Einrichtungen kontinuierlicher Weiterbildung aller Werktätigen reicht der Einflußbereich staatlicher Bildungsansprüche. Insbesondere auf der vorschulischen Erziehungseinrichtung der Kindergärten, welche die Kinder zur Schulreife zu führen haben, ruht die Hoffnung der sozialistischen Bildungspolitik, die gerade hierin maßgeblich von der Sowjetpädagogik beeinflußt ist.

---

[1] Zu Einfluß und Vorbild der Sowjetunion beim Aufbau eines sozialistischen Bildungssystems in der DDR vgl. *Liegle*, Deutsche Demokratische Republik (DDR), in: Braun / Ewert / Liegle / Süssmuth, Kooperation von Elementar- und Primarbereich, 1973, 81 f. m. weit. Lit. (= Deutscher Bildungsrat. Gutachten und Studien der Bildungskommission, Bd. 27).

[2] IdF v. 7. 10. 1974.

[3] Diese nennt Art. 25 erst im Zusammenhang mit der Teilnahme der Bürger an dem kulturellen Leben, der Körperkultur und dem Sport.

Um die Effektivität der Lernprozesse in der Kindheit und Jugend angesichts einer Schulbildung mit steigendem Anspruchsniveau erhöhen und die Gleichheit der Bildungschancen aller Kinder und die Gleichberechtigung und Emanzipation der Frau fördern zu können, sollen pädagogische Maßnahmen zur kulturellen und politisch-ideologischen Reproduktion der Gesellschaft durch die gezielte Vermittlung sozialistischer Verhaltensweisen und Einstellungen im Rahmen einer Kollektiverziehung gerade schon zum frühest möglichen Zeitpunkt, d. h. in den Vorschulinstitutionen ansetzen. Da zur sozialistischen Persönlichkeit daher schon in den Kindergärten erzogen werden soll, hat im letzten Jahrzehnt das Problem der Verbindung von Vorschulerziehung und Schulbildung besondere Aktualität erlangt[4].

Das Gesetz über das einheitliche sozialistische Bildungssystem vom 25. Februar 1965[5] entfaltet das zur Verwirklichung der Erziehung zur sozialistischen Gemeinschaft erforderliche Zielsystem. Es verkennt dabei nicht, daß die sozialistische Gemeinschaft sich aus Individuen zusammensetzt und das kollektive Ziel nur erreicht werden kann durch Erziehung der Individuen. Auf den einzelnen bezogen ist Erziehungsziel daher nach § 1 die „allseitige und harmonisch entwickelte sozialistische Persönlichkeit". Ihre entscheidenden Merkmale sind moderne Allgemeinbildung, hohe Spezialbildung, Charakterzüge im Sinne der Grundsätze der sozialistischen Moral (§ 1 II), die Fähigkeit, „den Sinn des Lebens in unserer Zeit zu begreifen, sozialistisch zu denken, zu fühlen und zu handeln" (§ 5 IV), bewußtes staatsbürgerliches und moralisches Verhalten (§ 5 V).

Die Charakterzüge der sozialistischen Moral umschreibt § 5 V mit „Hilfsbereitschaft, Freundlichkeit, Höflichkeit, Zuvorkommenheit, Achtung gegenüber ... Eltern und allen älteren Menschen sowie ehrliche und saubere Beziehung zwischen den Geschlechtern".

Weitere allgemeine Erziehungsziele sind die Liebe zur Deutschen Demokratischen Republik und zum Stolz auf die Errungenschaften des Sozialismus, die hierauf beruhende Bereitschaft, alle Kräfte der Gesellschaft zur Verfügung zu stellen, den sozialistischen Staat zu stärken und zu verteidigen.

Konkreter sind die schulstufenbezogenen Erziehungsziele. Zu ihnen gehören im Kindergarten die Liebe zur sozialistischen Heimat und zum Frieden (§ 11), auf der Unterstufe die Liebe zum sozialistischen Vaterland und die Gewöhnung, Aufgaben freudig und gewissenhaft auszuführen (§ 14 I), in der Mittelstufe die sozialistische Einstellung zur

[4] Vgl. *Liegle*, 82 f.

[5] GBl. 83.

Arbeit (§ 15), in der Oberstufe die Überzeugung, daß dem Sozialismus in ganz Deutschland die Zukunft gehört (§ 16 II).

Auf das sozialistische Ideal ausgerichtet sind auch die Verhaltensanweisungen an den Lehrer, der die Jugend „in Klugheit, Liebe und Umsicht" erziehen soll, im Geiste des Sozialismus, des Friedens, zur Liebe zur Deutschen Demokratischen Republik, zur Arbeit, zu den arbeitenden Menschen, zur Bereitschaft, die Errungenschaften der sozialistischen Heimat zu verteidigen (§ 25). Gemeinsam ist dem Erziehungsprogramm die Verbindung von Bildung, Erziehung und Arbeit, die Ausbildung in der Lehre des Marxismus-Leninismus, die Aufforderung, das gesellschaftliche Leben im jeweiligen Kollektiv selbst zu gestalten und zur schöpferischen Tätigkeit.

Im Zusammenhang dieser Untersuchung geht es nicht darum, das breit ausgefächerte und nicht wortkarg formulierte Bildungssystem vollständig vorzutragen, es zu interpretieren, zu werten oder mit der Schulwirklichkeit zu konfrontieren. Hier waren nur Konturen eines Bildungssystems nachzuweisen, das ein transpersonales Erziehungsziel absolut setzt, weil es auf einer „wahren Lehre" aufruht und ihrer Verwirklichung nach ihren Gesetzen dient. Ein solches System, so hat sich gezeigt, vermag tradierte und neue Erziehungsziele zu einer Einheit zusammenzufügen, weil es Persönlichkeitsmerkmale, die der deutsche Idealismus als Tugenden bezeichnet hat, als für den Aufbau des Sozialismus nützliche und notwendige Eigenschaften in Pflicht nimmt, weil es tradierten Werten z. B. als sozialistisches Vaterland eine neue Orientierung gibt. In der Präambel wird mit der Bemerkung, das sozialistische Bewußtsein werde in wachsendem Maße zur Grundlage der schöpferischen Aktivität der Bürger, wohl angedeutet, daß von den schöpferischen Aktivitäten des Menschen nur jene zur Entfaltung gebracht werden sollen, von denen angenommen wird, daß sie der Verwirklichung der sozialistischen Gemeinschaft dienlich sind.

Drittes Kapitel

Die Erziehungsziele in den Verfassungen und den Schulgesetzen der Länder (Bestandsaufnahme)

I. Landesverfassungen

Die Verfassungen der Länder Berlin, Hamburg, Niedersachsen und Schleswig-Holstein enthalten ebensowenig wie das GG explizit formulierte Erziehungsziele. Die Verfassungen der Länder Baden-Württemberg, Bayern, Bremen, Hessen, Nordrhein-Westfalen, Rheinland-Pfalz und Saarland enthalten dagegen thematisch, wenn auch nicht inhaltlich, weitgehend übereinstimmende Kataloge schulrechtlicher Vorschriften. Sie gewährleisten ein Recht auf Bildung. Daß dieses in den meisten Verfassungen als Chancengleichheit des Zugangs im Rahmen bestehender Bildungseinrichtungen gedacht ist[1], wird besonders deutlich in Art. 59 hess. Verfassung, der Schulgeldfreiheit, Erziehungsbeihilfe und gleichen Zugang zu den öffentlichen Bildungseinrichtungen nach Maßgabe der Eignung gewährleistet, aber weder das Recht auf Bildung noch eine Pflicht zu einem spezifischen Ausbau des Bildungswesens ausdrücklich anspricht.

Unter dem Einfluß konfessioneller Auseinandersetzungen hatten sich einige Landesverfassungen in ihrer Ursprungsfassung mit ausführlichen Bestimmungen für die Bekenntnisschule als Regelschule entschieden; in den sechziger Jahren haben diese Länder jedoch durch Verfassungsänderung die christliche Gemeinschaftsschule als einzige Schulform, in Nordrhein-Westfalen als Regelschulform, vorgesehen und die Vorschriften über die Konfessionalität der Volksschullehrerbildung aufgehoben. Seitdem gehen alle Verfassungen von der gemeinsamen Erziehung der Schüler unabhängig von ihrer Religionszugehörigkeit oder ihrer Weltanschauung aus. Die Verfassungen der Länder südlich der Main-Linie und längs der Westgrenze betonen aber den christlichen Charakter der Gemeinschaftsschule oder verpflichten zu Unterricht und Erziehung auf der Grundlage christlicher Bildungs- und Kulturwerte. Diese Verfassungen positivieren auch im christlichen Glauben formulierte Erziehungsziele. In den Verfassungen der anderen Länder klin-

---

[1] *Beutler*, Die Landesverfassungen in der gegenwärtigen Verfassungsdiskussion, JÖR 26 (1977), 1 (20).

gen diese[2] in ihren säkularen Erscheinungsformen, z. B. den Erziehungszielen „sittliche Persönlichkeit" oder „Nächstenliebe" nach und finden auch in den Schulgesetzen dieser Länder einen Niederschlag.

Neben der Vermittlung von Wissen, Kenntnissen und Fähigkeiten fordern die Verfassungen gemeinsam vor allem die Erziehung zu sittlicher und politischer Verantwortlichkeit, zu eigenem Denken, zur Bereitschaft zu sozialem Handeln. Gemeinsam und nachdrücklich gebieten sie die Erziehung zu Toleranz und in Toleranz.

Nach Regelungstechnik, verbaler Gestaltung und inhaltlicher Aussage im einzelnen weichen die Verfassungen erheblich voneinander ab; sie sprechen in meist interpretationsbedürftigen Formulierungen von der Menschenwürde, der Einstellung zur Heimat, der Gestaltung des Geschichtsunterrichts, der Erhaltung des humanistischen Gymnasiums und seines Bildungsideals bis zur Säuglingspflege Zentralfragen und Einzelaufgaben an; insgesamt vermittelt ihre Lektüre kaleidoskopische Eindrücke.

Der kaleidoskopische Eindruck bleibt, wenn man nach den geistigen und politischen Einflüssen[3] fragt, die den Erziehungszielen zugrunde liegen. In die Schulartikel der Weimarer Verfassung waren mit dem Postulat der staatsbürgerlichen Gesinnung, der persönlichen und beruflichen Tüchtigkeit, Staatsbürgerkunde und Arbeitsunterricht, Ergebnisse der national-liberalen reformpädagogischen Bewegung prägend eingeflossen[4]. Die Landesverfassungen der Nachkriegszeit haben sich von den Zielvorstellungen der Reformpädagogik wieder entfernt; die wenigen gleich- oder ähnlichlautenden Zielformulierungen überhöhen sie durch Bildungsvorstellungen der Kirche und Zielsetzungen, die sich als Reaktion auf die Mißachtung des Menschen in der nationalsozialistischen Zeit, aber auch auf den Relativismus der Weimarer Zeit erklären. Je nach der parteipolitischen, zum Teil auch nach der individuellen Zusammensetzung der verfassunggebenden Versammlungen schließen sie mit unterschiedlicher Akzentuierung Erziehungsziele ein, die in der Ideenwelt der deutschen Klassik und des Idealismus, der Aufklärung, der Gedankenwelt der französischen Revolution wurzeln; nationales Gedankengut tritt nur noch abgeschwächt in dem Postulat „Liebe zu Volk und Heimat" hervor.

Geschlossener wird das Bild, wenn man die Ziele der Landesverfassungen nach dem Grad der Abstraktion und nach dem ihnen zuerkann-

---

[2] Zu Einzelheiten und Rechtsproblemen dieser Bestimmungen vgl. unten S. 76 - 78.

[3] Grundlegend, aber für die hier anstehenden Fragen mangels nachweisbarer Quellen wenig ergiebig *Beutler*, Das Staatsbild in den Länderverfassungen nach 1945, 1973.

[4] Vgl. oben S. 25 f.

ten Stellenwert in Hauptziele, Ziele und Maßnahmen[5] gliedert. Dann zeigt sich als Hauptziel die Bildung der Persönlichkeit in den einen Ländern als die durch Ehrfurcht vor Gott geprägte Persönlichkeit, in den anderen Ländern als die sittliche oder verantwortliche Persönlichkeit. Geht man davon aus, daß das Erziehungsziel „zur Ehrfurcht vor Gott" nicht oder nur in einer der Neutralität des Staates Rechnung tragenden Beschränkung bindend vorgeschrieben werden darf[6], dann ist den Landesverfassungen als oberstes gemeinsames Erziehungsziel die Erziehung zur sittlichen Persönlichkeit zu entnehmen. Durch mehr oder minder umfängliche Kataloge von allgemeinen Tugenden und Bürgertugenden als Ziele wird das Hauptziel konkretisiert. Auch diese Ziele und Unterziele lassen sich gruppieren in personale und handlungsorientierte Ziele, die das Verhalten des Menschen in verschiedenen Beziehungsgefügen des Gemeinschaftslebens betreffen wie in Familie, Beruf, Staat und Völkergemeinschaft.

Eine weitere Gruppe schulverfassungsrechtlicher Normen sprechen das pädagogische Ethos an, das die schulische Arbeit bestimmen soll. Der Formulierung nach sind dies Handlungsanweisungen an die Schulverwaltung und den Lehrer für den Umgang untereinander und mit den Schülern und Bewertungskriterien für die nähere Ausgestaltung der Erziehungsarbeit nach Themen und Tendenz. Es liegt nahe, sie auch als Erziehungsziele zu interpretieren, da z. B. die Pflicht „in Liebe zu Volk und Heimat" zu erziehen, nur den Sinn haben kann, im Schüler diese Liebe zu wecken. Die zurückhaltenderen Formulierungen respektieren aber die pädagogische und rechtliche Problematik von in Gesinnung, Weltanschauung und Religion fundierten Erziehungszielen.

Mit allen Vorbehalten für die Aussagekraft einer verallgemeinernden Darstellung von ausgedeuteten und aus ihrem Kontext gelösten Verfassungsnormen, können auf diesem Wege die Erziehungsziele der Landesverfassungen in System gebracht und auch synoptisch dargestellt werden:

---

[5] Diese werden im 6. Kapitel (Begriff und Struktur von Erziehungszielen) von den Begriffen Dispositions- bzw. Prozeßnormen erfaßt und in ihrer Struktur ausgeleuchtet.

[6] Vgl. unten S. 77 f.

*Tabelle 1**

Erziehungsziele der Landesverfassungen

Erziehungsziele und ihre erfaßten Bereiche		Verfassungstext (Sinnverwandte Begriffe wurden ggf. nur unter einem Ausdruck angeführt.)	Länderverfassungen, Art.							Weimarer Reichsverfassung Art. 148
			Baden-Württ., 11 ff	Bayern, 128 ff	Bremen, 26 ff	Hessen, 56 ff	Nordrhein-Westf., 7 ff	Rheinl.-Pfalz, 27 ff	Saarland, 26 ff	
Hauptziel		Ehrfurcht vor Gott		●			●	●		
		in Ehrfurcht vor Gott	●						●	
		sittliche Persönlichkeit oder Verantwortung	●	●		●		●	●	sittl. Bildung Tüchtigkeit
Allgemeine Persönlichkeitsmerkmale		eigenes Denken			●					
		Achtung vor Wahrheit u. ä.			●	●		●		
		Rechtlichkeit				●		●		
		Selbstbeherrschung		●						
		berufliche Tüchtigkeit	●	●	●	●			●	Tüchtigkeit
		politische Verantwortung	●		●	●			●	
		Aufgeschlossenheit für alles Gute, Wahre und Schöne		●						
		Teilnahme am kulturellen Leben			●					
Familie		Aufgabe in Familie							●	
Der Staatsbürger in der Gemeinschaft	Einstellung zum Mitmenschen	Nächstenliebe				●		●		
		im Geiste christl. Nächstenliebe	●						●	
		Toleranz u. ä.		●	●	●	●	●		
		Menschenwürde u. ä.		●	●		●	●		
		Hilfsbereitschaft		●						
		Verantwortungsgefühl		●						
	Handeln im (berufl.) Gemeinschaftsleben	Arbeitswille			●					
		berufliche Tüchtigkeit			●	●		●		
		Wissen und Können		●						
		Wille zu sozialer Gerechtigkeit			●					
		berufliche und soziale Bewährung	●						●	
		Bereitschaft zu sozialem Handeln					●			
	Einstellung zu Volk/Staatsganzem	Gemeinschaftsgesinnung			●					
		Dienst am Volk			●		●			
		zur Liebe zu Volk und Heimat						●		im Geiste d. deutschen Volkstums
		in Liebe zu Volk und Heimat	●	●			●		●	
		freiheitliche demokratische Gesinnung u. ä.	●	●			●	●	●	staatsbürgerl. Gesinnung
		Teilnahme am kulturellen Leben			●					
	Einstellung zu and. Völkern	i. S. der Völkerversöhnung		●				●	●	im Geiste d. Völkervers.
		Friedensliebe u. ä.	●				●			
		Brüderlichkeit aller Menschen	●							
		verantwortl. Dienst an der Menschheit				●				
		friedliche Zusammenarbeit			●					
		Teilnahme am kulturellen Leben			●					
		Völkergemeinschaft					●			

* Tabelle 1 und 2 sind mit freundlicher Genehmigung der Herausgeber nachgedruckt aus: *Evers*, Verfassungsrechtliche Determinanten der inhaltlichen Gestaltung der Schule, in: Essener Gespräche zum Thema Staat und Kirche, Band 12, Münster 1977, S. 131, 132.

Tabelle 2

Bestimmungen über Unterrichts- und Erziehungsverhalten / sonstige Gestaltungsgebote / Lehrfächer

	Verfassungstext	Länderverfassungen, Art.							Weimarer Reichsverfassung, Art. 148
		Baden-Württ., 11 ff	Bayern, 128 ff	Bremen, 26 ff	Hessen, 56 ff	Nordrhein-Westf., 7 ff	Rheinl.-Pfalz, 27 ff	Saarland, 26 ff	
Bestimmungen über Unterrichts- und Erziehungsverhalten des Lehrers	in Ehrfurcht vor Gott	●						●	
	Toleranz	●	●	●	●		●	●	Toleranz
	auf der Grundlage christlicher Bildungs- und Kulturwerte							●	
	im Geiste christlicher Nächstenliebe	●						●	
	im Geiste der Menschlichkeit/ sozialer Ethik					●			
	im Geiste der Demokratie u. ä.		●			●	●		
	in der Liebe zu Volk und Heimat u. ä.	●	●			●		●	im Geiste deutschen Volkstums
	im Sinne der Völkerversöhnung		●				●	●	im Geiste der Völkerversöhnung
Sonstige Gestaltungsgebote	Volksschule als christliche Gemeinschaftsschule	●	●			●	●		
	Gleichberechtigung des klassisch-humanistischen Bildungsideals						●		
	begabungsgerechte Ausbildung	●	●	●		●	●		
	bedarfsgerechte Ausbildung					●			
Lehrfächer	Religionsunterricht verbindliches Lehrfach	●	●		●	●	●	●	Religionsunterricht verbindl. Lehrfach
	Unterricht in Biblischer Geschichte			●					
	für vom Religionsunterricht abgemeldete Schüler: Verbindlicher Unterricht über Grundsätze der Sittlichkeit		●				●		
	Staatsbürger-/Gemeinschaftskunde verbindliches Lehrfach	●				●			Staatsbürgerkunde verbindl. Lehrfach
	Gestaltung des Geschichtsunterrichtes				●				
	Säuglingspflege, Kindererziehung u. Hauswirtschaft (nur für Mädchen)		●						
									Arbeitsunterricht verbindl. Lehrfach

II. Schulgesetze

Anders als die Landesverfassungen enthalten die Schulgesetze aller deutschen Bundesländer einen Katalog von Erziehungszielen, oft ergänzt durch Handlungsanweisungen an den Lehrer und Aussagen zu einzelnen Unterrichtsfächern wie Sexualerziehung und Staatsbürgerkunde bzw. Gesellschaftslehre. Sie sind ausführlicher gehalten als die Kataloge der Landesverfassungen, bleiben aber ebenfalls auf hohem Abstraktionsniveau. Wie die Erziehungsziele der Landesverfassungen können auch die Ziele der Schulgesetze systematisch gegliedert werden in allgemeine Persönlichkeitsmerkmale und die Einstellung des Menschen in verschiedenen Beziehungsgefügen des Gemeinschaftslebens:

Erziehungsziele der Landesgesetze

Liste der ausgewerteten Gesetze

Baden-Württemberg:

Schulgesetz für Baden-Württemberg (SchG). Zuletzt geändert durch Gesetz vom 3. Mai 1977 (GesBl. 133).

Bayern:

Gesetz über das Erziehungs- und Unterrichtswesen (EUG) vom 9. März 1960 (GVBl. 19), zuletzt geändert durch Gesetz vom 15. Juli 1977 (GVBl. 349).

Allgemeine Schulordnung (ASchO) vom 2. Oktober 1973 (GVBl. 535), zuletzt geändert durch Dritte Verordnung vom 17. Juli 1976 (GVBl. 311).

Berlin:

Schulgesetz für Berlin in der Fassung vom 19. März 1975 (GVBl. 1042), zuletzt geändert durch Gesetz vom 22. Juni 1976 (GVBl. 1377).

Gesetz über die Schulverfassung für die Schulen des Landes Berlin (SchulVerfG) vom 11. Juli 1974 (GVBl. 1537), geändert durch Gesetz vom 20. Mai 1976 (GVBl. 1074).

Lehrerbildungsgesetz (LBiG) vom 16. Oktober 1958 (GVBl. 1025), zuletzt geändert durch Gesetz vom 5. April 1976 (GVBl. 722).

Bremen:

Bremisches Schulgesetz (BremSchulG) vom 18. Februar 1975 (GesBl. 89), zuletzt geändert durch Gesetz vom 20. Februar 1978 (GVBl. 69).

Hamburg:

Schulgesetz der Freien und Hansestadt Hamburg vom 17. Oktober 1977 (GVBl. 297).

Hessen:

Gesetz über die Unterhaltung und Verwaltung der öffentlichen Schulen und die Schulaufsicht (SchVG) vom 30. Mai 1969 (GVBl. I 88) in der Fassung vom 4. April 1978 (GVBl. I 231).

Niedersachsen:

Niedersächsisches Schulgesetz (NSchG) in der Fassung vom 18. August 1975 (GVBl. 255), zuletzt geändert durch Gesetz vom 10. März 1978 (GVBl. 249).

Nordrhein-Westfalen:

Erstes Gesetz zur Ordnung des Schulwesens im Lande Nordrhein-Westfalen (SchOG) vom 8. April 1952 (GV NW 61; SGV NW 223), zuletzt geändert durch Gesetz vom 21. Februar 1978 (GVBl. 80).

Rheinland-Pfalz:

Landesgesetz über die Schulen in Rheinland-Pfalz (SchulG) vom 6. November 1974 (GVBl. 487), idF vom 23. Dezember 1977 (GVBl. 460).

Saarland:

Gesetz Nr. 812 zur Ordnung des Schulwesens im Saarland (SchoG) idF der Bekanntmachung vom 2. August 1974 (ABl. 698).

Schleswig-Holstein:

Schleswig-Holsteinisches Schulgesetz (SchulG) vom 2. August 1978 (GVBl. 255).

Tabelle 3

Allgemeine Persönlichkeitsmerkmale

BWü.	- in Verantwortung vor Gott - christliche Nächstenliebe - Menschlichkeit und Friedensliebe - Entfaltung der Persönlichkeit und Begabung
Bay.	- Geist, Körper und Charakter bilden - selbständiges Urteil - eigenverantwortliches Handeln
Berl.	- Anlagen der Kinder und Jugendlichen zur vollen Entfaltung bringen - Höchstmaß an Urteilskraft vermitteln - eigenverantwortliches Handeln (§ 10 III SchulVerfG)
Brem.	- Befähigung zu überlegtem persönlichen Handeln
Hamb.	- Fähigkeiten und Neigungen entwickeln - selbständig denken/urteilen/handeln/orientieren - eigene Verantwortung - wertgebunden handeln - Einstellungen entwickeln
Hess.	- nach ethischen Grundsätzen auf der Grundlage der christlichen und humanistischen Tradition handeln - religiöse und kulturelle Werte achten - Kenntnisse und Fähigkeiten erwerben, die zur freien Entfaltung der Persönlichkeit notwendig sind
Nds.	- nach ethischen Grundsätzen handeln - religiöse und kulturelle Werte erkennen/achten - Informationen verschaffen / sich ihrer kritisch bedienen - Wahrnehmungs-, Empfindungs- und Ausdrucksmöglichkeiten entfalten - Selbständigkeit - Fähigkeiten weiterentwickeln

Fortsetzung von Tabelle 3

NW	- Ehrfurcht vor Gott - Achtung vor der Würde des Menschen
RPf.	- Anerkennung ethischer Normen - selbständiges Urteil - eigenverantwortliches Handeln - freie Entfaltung der Persönlichkeit - Orientierungsfähigkeit - Selbstbestimmung in Verantwortung vor Gott und den Mitmenschen
Saar.	- in Ehrfurcht vor Gott - im Geist der Nächstenliebe - sittliche Verantwortung - eigenverantwortliches Handeln (§ 28 III SchOG)
SchH	- Persönlichkeitsbildung - Handeln nach sittlichen Grundsätzen - eigene Überzeugung vertreten - geistige, seelische und körperliche Fähigkeiten entwickeln - selbständiges Urteil bilden - verantwortliches Handeln

Tabelle 4

Einstellung zu Ehe/Familie

BWü.	- ---
Bay.	- ---
Berl.	- ---
Brem.	- ---
Hamb.	- Vorbereitung auf Familie
Hess.	- ---
Nds.	- ---
NW	- in Familie bewähren
RPf.	- ---
Saar.	- Pflichterfüllung in Familie
SchH	- verantwortliches Handeln in Ehe und Familie

Tabelle 5

Einstellung zum Mitmenschen

BWü.	– Achtung der Würde und Überzeugung anderer
Bay.	– Freiheit – Toleranz – Achtung vor anderen Menschen
Berl.	– Anerkennung einer grundsätzlichen Gleichberechtigung aller Menschen – Achtung vor jeder ehrlichen Überzeugung – Gefühl der Verpflichtung der Menschheit gegenüber
Brem.	– ---
Hamb.	– Beziehungen zu anderen Menschen nach den Grundsätzen der Gerechtigkeit/Toleranz/Solidarität – Konflikte erkennen, sich mit ihnen sachbezogen auseinandersetzen
Hess.	– Bereitschaft zu sozialem Handeln entwickeln – die Beziehungen zu anderen Menschen nach den Grundsätzen der Toleranz, der Gerechtigkeit und der Solidarität gestalten
Nds.	– Beziehungen zu anderen Menschen nach den Grundsätzen der Gerechtigkeit/Solidarität/Toleranz – Konflikte vernunftgemäß lösen/ertragen
NW	– Menschlichkeit – Duldsamkeit – Achtung vor der Überzeugung des anderen
RPf.	– Achtung vor Überzeugung anderer – Selbstbestimmung in Verantwortung vor den Mitmenschen
Saar.	– Duldsamkeit – Achtung der Überzeugung anderer
SchH	– Überzeugung anderer achten

Tabelle 6

Einstellung zum Beruf

BWü.	- Leistungswillen und Eigenverantwortung - auf Mannigfaltigkeit der Lebensaufgaben und auf die Anforderungen der Berufs- und Arbeitswelt mit ihren unterschiedlichen Aufgaben und Entwicklungen vorbereiten
Bay.	- Wissen und Können vermitteln - Orientierung über Bedingungen der Arbeitswelt
Berl.	- Wissen und Können vermitteln
Brem.	- Befähigung zu überlegtem beruflichen Handeln
Hamb.	- Vorbereitung auf Arbeit und Beruf - Leistungen erbringen - ständig lernen - überlegtes Handeln
Hess.	- Lern- und Leistungswillen für sich und andere entwickeln - Kenntnisse und Fähigkeiten erwerben, die zur Behauptung im Berufsleben notwendig sind
Nds.	- im Berufsleben behaupten - Fähigkeiten weiterentwickeln
NW	- Wissen und Können - Bewährung im Beruf
RPf.	- Kenntnisse und Fähigkeiten - Aufgabenerfüllung im Beruf
Saar.	- berufliche Bewährung
SchH	- verantwortliches Handeln im Beruf - Kenntnisse und Fähigkeiten erwerben - Befähigung zur Übernahme eines Berufs

Tabelle 7

Einstellung zu Staat und Gesellschaft

BWü.	- in der Liebe zu Volk und Heimat - soziale Bewährung - Anerkennung der freiheitlich-demokratischen Grundordnung - auf Wahrnehmung ihrer verfassungsmäßigen staatsbürgerlichen Rechte und Pflichten vorbereiten und die dazu notwendige Urteils- und Entscheidungsfähigkeit vermitteln
Bay.	- im Geiste der Demokratie - in der Liebe zur Heimat und zum deutschen Volk - ethische Normen, kulturelle und religiöse Werte verständlich machen - Bereitschaft zu demokratischer Verantwortung und politischem Handeln wecken - Wahrnehmung von Rechten und Pflichten in der Gesellschaft
Berl.	- Persönlichkeiten, welche fähig sind, die vollständige Umgestaltung der deutschen Lebensweise auf demokratischer und friedlicher Grundlage zustande zu bringen - der nazistischen Ideologie unerbittlich entgegenstehen - Verantwortung gegenüber der Allgemeinheit - Anerkennung der Notwendigkeit einer fortschrittlichen Gestaltung der gesellschaftlichen Verhältnisse
Brem.	- Befähigung zu überlegtem gesellschaftlichen Handeln
Hamb.	- Verpflichtung gegenüber Staat/Gesellschaft - Vorbereitung auf öffentl. Leben/Familie/Freizeit - politisch/soziale Verantwortung übernehmen - an der Gestaltung der Gesellschaft im Sinne der fdGO mitwirken - Konflikte erkennen, sich mit ihnen sachbezogen auseinandersetzen

Hess.	- in Anerkennung der Wertordnung des GG und der Verfassung des Landes Hessen
	  - die Grundrechte für sich und andere wirksam werden zu lassen
	  - staatsbürgerliche Verantwortung zu übernehmen
	  - zur demokratischen Gestaltung von Staat und Gesellschaft beizutragen
	- Kenntnisse und Fähigkeiten erwerben, die zur Beurteilung komplexer gesellschaftlicher Zusammenhänge notwendig sind

Nds.	- Wertvorstellungen der Verfassung vermitteln - Grundrechte für sich u. jeden anderen wirksam werden lassen - staatsbürgerliche Verantwortung verstehen - zur demokratischen Gestaltung der Gesellschaft beitragen - Konflikte lösen/ertragen - Informationen verschaffen / sich ihrer kritisch bedienen
NW	- Bereitschaft zu sozialem Handeln - Demokratie

Fortsetzung von Tabelle 7

NW	- Freiheit - Liebe zu Volk/Heimat - Dienst an Gemeinschaft - Bewährung in Volk und Staat - Anteilnahme am öffentlichen Leben
RPf.	- soziale und politische Aufgabenerfüllung - freiheitlich- demokratischer und sozialer Rechtsstaat
Saar.	- in Liebe zu Heimat/Volk/Vaterland - politische Verantwortung - soziale Bewährung - freiheitlich-demokratische Gesinnung - Pflichterfüllung

SchH	- Wert- und Ordnungsvorstellungen des GG anerkennen
	- soziale und politische Aufgaben übernehmen, verantwortliches Handeln im Staat
	- geschichtliches Bewußtsein
	  - Bedeutung der Heimat
	  - Lage Deutschlands
	  - Stellung in Europa

Tabelle 8

Einstellung zu anderen Völkern

BWü.	- Menschlichkeit und Friedensliebe
Bay.	- friedliche Gesinnung im Geiste der Völkerverständigung
Berl.	- Anerkennung der Notwendigkeit einer friedlichen Verständigung aller Völker
Brem.	- ---
Hamb.	- Konflikte erkennen, sich mit ihnen sachbezogen auseinandersetzen
Hess.	- ---
Nds.	- Völkerverständigung
NW	- Völkergemeinschaft - Friedensgesinnung
RPf.	- Völkergemeinschaft
Saar.	- Völkerverständigung
SchH	- friedliches Zusammenleben der Völker

Tabelle 9

Handlungsanweisungen an Lehrer

BWü.	– im Geiste christlicher Nächstenliebe – in Verantwortung vor Gott – in der Liebe zu Volk und Heimat – in der Entfaltung ihrer Persönlichkeit und Begabung zu fördern – das verfassungsmäßige Recht der Eltern, die Erziehung und Bildung ihrer Kinder mitzubestimmen, achten und die Verantwortung der übrigen Träger der Erziehung und Bildung berücksichtigen
Bay.	– im Geiste der Demokratie – in der Liebe zur Heimat und zum deutschen Volk – im Sinne der Völkerversöhnung – ethische Normen, kulturelle und religiöse Werte verständlich machen – Bereitschaft zu demokratischer Verantwortung und politischem Handeln wecken – zur Wahrnehmung von Rechten u. Pflichten in der Gesellschaft befähigen – über die Bedingungen der Arbeitswelt orientieren – das überkommene und bewährte Bildungsgut weitergeben – Neues für die Schüler lebendig machen – die zur Erfüllung des Bildungs- und Erziehungsauftrages geeigneten Wege beschreiten
Berl.	– dabei sollen die Antike, das Christentum und die für die Entwicklung zum Humanismus, zur Freiheit und zur Demokratie wesentlichen gesellschaftlichen Bewegungen, das heißt das ganze kulturelle Erbgut der Menschheit, einschließlich des deutschen Erbgutes, ihren Platz finden (§ 1 SchulG) – dafür sorgen, daß auch andere im Rahmen des Bildungsauftrages erhebliche Auffassungen zur Geltung kommen. Jede einseitige Beeinflussung der Schüler ist unzulässig (§ 10 II SchVerfG) – zu sachbezogenem Denken, selbständigem Urteil und zur unparteiischen Erfüllung beruflicher Aufgaben im Rahmen der verfassungsmäßigen Ordnung befähigen (§ 12 BiG)
Brem.	– ---
Hamb.	– den jungen Menschen als Subjekt begreifen
Hess.	– ---
Nds.	– die Persönlichkeit der Schüler auf der Grundlage des Christentums, des europäischen Humanismus und der Ideen der liberalen, demokratischen und sozialen Freiheitsbewegungen weiterentwickeln – Erziehung und Unterricht müssen dem GG und der Vorl. Nds. Verfassung entsprechen – die Wertvorstellungen vermitteln, die diesen Verfassungen zugrunde liegen (§ 2 SchulG)

Fortsetzung von Tabelle 9

NW	- erziehen
	  - im Geiste der Menschlichkeit, der Demokratie und der Freiheit
	  - in Liebe zu Volk und Heimat (§ 1 II)
	- alles vermeiden, was die Empfindungen Andersdenkender verletzen könnte (§ 1 V)
	- die Jugend auf der Grundlage des abendländischen Kulturgutes und deutschen Bildungserbes in lebendiger Beziehung zu der wirtschaftlichen und sozialen Wirklichkeit sittlich, geistig und körperlich bilden und ihr für Leben und Arbeit das erforderliche Wissen und Können vermitteln (§ 1 III)
	- zu tätiger und verständnisvoller Anteilnahme am öffentlichen Leben vorbereiten (§ 1 IV)

RPf.	- dafür sorgen, daß auch andere Auffassungen... zur Geltung kommen - jede einseitige Unterrichtung und Information der Schüler ist unzulässig (§ 20 SchulG)
Saar.	- dafür sorgen, daß auch andere Auffassungen zur Geltung kommen - jede einseitige Beeinflussung der Schüler ist unzulässig (§ 28 II SchOG)
SchH	- auf der Grundlage der christlichen und humanistischen Überlieferungen kulturelle und religiöse Werte vermitteln (§ 4 II) - politische Sachverhalte ausgewogen und parteipolitisch neutral behandeln (§ 4 V)

Tabelle 10

Erziehungsbezogene Lehrfächer (außer Religionsunterricht)

BWü.	- ---
Bay.	- ---
Berl.	- ---
Brem.	- ---
Hamb.	- Sexualerziehung: sie muß für die vielfältigen unterschiedlichen Wertvorstellungen auf diesem Gebiet offen sein (§ 5 SchulG) - Religionsunterricht: im Geiste der Duldsamkeit und Achtung gegenüber allen Bekenntnissen und Weltanschauungen
Hess.	- Gesellschaftslehre - Sexualerziehung - Ersatz für Religionsunterricht: Ethik-Unterricht

Fortsetzung von Tabelle 10

Nds.	– Ersatz für Religionsunterricht: religionskundlicher Unterricht, Ersatz hierfür: Ethik-Unterricht
NW	– Staatsbürgerkunde und staatsbürgerliche Erziehung
RPf.	– ---
Saar.	– ---
SchH	– Ersatz für Religionsunterricht: „anderer Unterricht"

Als zentrales Anliegen der Erziehung erkennen fast alle Schulgesetze die freie Entfaltung der Persönlichkeit entweder ausdrücklich oder dem Sinne nach an; dabei wird in einzelnen Ländern die Fähigkeit zu eigenverantwortlichem Handeln, zur Selbständigkeit oder zur Bildung eines eigenen Urteils akzentuiert.

In größerer Variationsbreite als in den Landesverfassungen stellen sich die Vorschriften dar, die über die Einbindung des Menschen in Pflichten und Wertentscheidungen handeln:

Die theonomen Zielsetzungen der Landesverfassungen fließen in sehr unterschiedlicher Weise in die Schulgesetze ein; so übernimmt Nordrhein-Westfalen das Ziel der Erziehung „zur Ehrfurcht vor Gott" — ungeachtet seiner verfassungsrechtlichen Problematik, stellt ihm aber ein als Handlungsanweisung formuliertes Toleranzgebot zur Seite, das die Verfassung jedenfalls nicht ausdrücklich vorsieht; der bayerische Gesetzgeber verschweigt sich zur Fortgeltung dieses Erziehungszieles und begnügt sich damit, die Schule zu verpflichten, „im Rahmen der von der Verfassung des Freistaates Bayern festgelegten Bildungsziele", ihre — durch einige Stichworte konkretisierte — Bildungsaufgabe wahrzunehmen. Rheinland-Pfalz formuliert das theonome Erziehungsziel seiner Verfassung neu als „Selbstbestimmung in Verantwortung vor Gott".

Die Mehrzahl der Schulgesetze geht von der Vorgegebenheit „ethischer Grundsätze" oder „ethischer Normen" und „religiöser und kultureller Werte" oder „sittlicher Grundsätze" aus, deren Erkenntnis und Anerkennung durch Erziehung angestrebt werden soll. Dagegen verpflichtet Hamburg die Schule, dem Schüler zu helfen, „sich an Werte zu binden und entsprechend zu handeln", mutmaßlich, um der Auffassung, daß Werte ihre Verbindlichkeit erst aus der autonomen Entscheidung des Menschen empfangen, nicht vorzugreifen.

In der Einstellung zum Mitmenschen nimmt die Achtung vor und Toleranz gegenüber dem Mitmenschen den höchsten Stellenwert ein. Hierin sind sich alle Landesgesetzgeber einig, wobei Bremen wortkarg auf die brem. Verfassung verweist. Solidarität in den Beziehungen zu anderen Menschen und die Bereitschaft zu sozialem Handeln sind weitere kollektive Werte dieses Bereichs. In Hamburg und Niedersachsen sollen — gegenwärtige Trends der emanzipatorischen Pädagogik aufgreifend — die Schüler auch lernen, Konflikte zu erkennen, sich mit ihnen sachbezogen auseinanderzusetzen und sie zu lösen oder zu ertragen.

Im Hinblick auf die spätere berufliche Tätigkeit der Schüler soll die Schule Kenntnisse und Fähigkeiten vermitteln. Einige Länder betonen den erzieherischen Aspekt dieser Bildungsaufgabe stärker und fordern die Entwicklung von Leistungswillen oder der Fähigkeit zur Behauptung oder Bewährung im Beruf (Niedersachsen, Nordrhein-Westfalen, Saarland, Hessen); es scheint, daß die letztgenannten Gesetze Gedanken Kerschensteiners und Gaudigs aufnehmend, auf die Entwicklung von „Arbeitstugenden" abheben.

Die Bindung an die „Wertordnung" oder „Wertvorstellungen" des GG und der jeweiligen Landesverfassungen wird häufig vorgesehen, in Nordrhein-Westfalen als Bereitschaft zu sozialem Handeln und Erziehung im Geiste der Demokratie und Freiheit konkretisiert. Andere Länder betonen die Notwendigkeit, zur Wahrnehmung von politischen und staatsbürgerlichen Rechten und Pflichten zu erziehen. Berlin geht andere Wege. Während die anderen Länder die gesellschaftspolitische Erziehungsaufgabe auf die gegebene Verfassungslage ausrichten, soll nach dem weitgreifend oder pathetisch formulierten Berliner Schulgesetz die Schule die Fähigkeit „zur vollständigen Umgestaltung der deutschen Lebensweise" hervorbringen und die „Anerkennung der Notwendigkeit einer fortschrittlichen Gestaltung der gesellschaftlichen Verhältnisse" bewirken. Diese Aufgabenzuweisungen erklären sich, wie das der Schule zur Verwirklichung aufgegebene Persönlichkeitsmerkmal (?) „der nazistischen Ideologie unerbittlich entgegen(zu)stehen" aus der Entstehungszeit des Gesetzes und der besonderen geographischen und politischen Lage des Landes Berlin.

Wie in den staats- und gesellschaftsbezogenen Erziehungszielen spiegeln sich auch in der Normierung der Erziehungsziele „Friedensliebe" und „Völkerverständigung", in der die Landesgesetze grundsätzlich übereinstimmen, Grundentscheidungen der Präambel und der Art. 24 - 26 GG und verschiedener Landesverfassungen wider.

Die den Ländern gemeinsamen Festsetzungen der Erziehungsaufgaben der Schule hat die KMK in einem Katalog zusammengefaßt. Er stellt einen Konsens der Kultusminister auf kleinstem gemeinsamen Nenner dar, nicht aber einen Idealkatalog und läßt auch nicht die Fülle der Gestaltungsmöglichkeiten des Gesetzgebers erkennen. Der Katalog erscheint aber informativ und ist daher im folgenden wiederzugeben[7]:

„In der Zielsetzung für Unterricht und Erziehung zeigt sich in den Landesverfassungen, Gesetzen, Rechts- und Verwaltungsvorschriften einschließlich der Bildungspläne bei zum Teil unterschiedlichen Formulierungen eine weitgehende Übereinstimmung:

Die Schule soll

— Wissen, Fertigkeiten und Fähigkeiten vermitteln,
— zu selbständigem kritischen Urteil, eigenverantwortlichem Handeln und schöpferischer Tätigkeit befähigen,
— zu Freiheit und Demokratie erziehen,
— zu Toleranz, Achtung vor der Würde des anderen Menschen und Respekt vor anderen Überzeugungen erziehen,
— friedliche Gesinnung im Geist der Völkerverständigung wecken,
— ethische Normen sowie kulturelle und religiöse Werte verständlich machen,
— die Bereitschaft zu sozialem Handeln und zu politischer Verantwortlichkeit wecken,
— zur Wahrnehmung von Rechten und Pflichten in der Gesellschaft befähigen,
— über die Bedingungen der Arbeitswelt orientieren.“

III. Entwicklungstendenzen im Hinblick auf Regelungsdichte und Regelungstechnik

Die Durchsicht der Schulgesetze zeigt, daß die Gesetzgeber auf je unterschiedlichem Wege versucht haben, die Struktur- und Formulierungsprobleme der Bestimmung von Erziehungszielen zu meistern.

Einige Gesetze erwecken mehr den Eindruck einer Kapitulation als einer sachlichen Regelung durch Leitentscheidungen. So begnügt sich das brem. Schulgesetz mit einer generellen Verweisung auf die Bildungs- und Erziehungsaufgaben der Landesverfassung, § 2 I brem. Schulgesetz. Zwar wird in § 2 II die Befähigung des einzelnen Schülers „zu überlegtem persönlichen, beruflichen und gesellschaftlichen Han-

[7] Erklärung der Ständigen Konferenz der Kultusminister der Länder vom 25. Mai 1973 „Zur Stellung des Schülers in der Schule“, abgedr. u. a. Handbuch für die Kultusministerkonferenz, 1977, 106 ff.; *Niehues*, Schul- und Prüfungsrecht, 1976, 254 ff.

deln" angesprochen und damit eines der Erziehungsziele der Verfassung besonders hervorgehoben; aber § 2 II will nicht der Erziehungsarbeit den Weg weisen, sondern der Organisation des Schulsystems, das nach § 3 zu einem integrierten Gesamtsystem zu entwickeln ist.

§ 1 Schulgesetz für Berlin ist wortreich und gibt der Schule auf, höchst anspruchsvoll formulierte Wertvorstellungen zu vermitteln. Es schleppt noch das Postulat der ersten Nachkriegszeit nach „vollständiger Umgestaltung der deutschen Lebensweise" fort und verlangt unter anderem weiterhin, daß das „ganze kulturelle Erbgut der Menschheit, einschließlich des deutschen Erbgutes" in der Erziehungsarbeit der Schule seinen „Platz finden" soll. Damit aber verzichtet es auf jede Steuerungswirkung.

§ 4 bay. EUG beschränkt sich auf einige Klarstellungen der Bildungsziele der Verfassung, auf die generell verwiesen wird; so wird die Wendung von Art. 131 bay. Verfassung „Herz und Charakter bilden" ersetzt durch „Geist, Körper und Charakter bilden". Auch die Anweisung an die Schule, „die zur Erfüllung ihres Bildungs- und Erziehungsauftrages geeigneten Wege zu beschreiten" ist eine triviale Leerformel geblieben. Daß sich das Gesetz zu der Frage der Fortgeltung des theonomen Erziehungszieles der Verfassung verschweigt, wurde bereits hervorgehoben[8].

Die gesetzlichen Regelungen jüngeren Datums (Hamburg, Hessen, Niedersachsen, Schleswig-Holstein) sind ausführlicher und dichter; die Sprache ist nüchterner geworden; die Sachaussagen sind syntaktisch, zum Teil auch optisch klarer gegliedert. Ob und in welchem Ausmaß die Neuregelungen die Wahrnehmung der Erziehungsaufgabe steuern, bedürfte einer detaillierten Untersuchung.

Regelungstechnisch gehen sie davon aus, daß die Schule Fähigkeiten und Bereitschaften zu entwickeln und zu fördern hat, die katalogartig aufgeführt werden. Eine Reihung ist nicht vorgesehen. Ob die Schule alle Ziele mit gleicher Intensität oder infolge ihrer unterschiedlichen Bedeutung für den Schüler mit unterschiedlicher Intensität anstreben soll, ist nicht erkennbar.

Bei der Umschreibung der einzelnen Ziele der Kataloge bedienen sich die Gesetze der verschiedensten Anknüpfungspunkte. Als anzustrebende Ziele werden umschrieben:

— relativ dauernde psychische Bereitschaften zu Gruppen von Erlebnis- und Verhaltensweisen (Dispositionen)[9], z. B. „Leistungswille", „Wahrhaftigkeit" oder „Bereitschaft zu sozialem Handeln";

---

[8] Vgl. oben S. 48.

[9] Vgl. unten S. 120.

— Aufgaben, auf deren Wahrnehmung die Erziehung vorbereiten soll, z. B. „auf Arbeit und Beruf vorbereiten“; dabei bleibt offen, ob außer der Orientierung über die Bedingungen der Berufs- und Arbeitswelt auch Dispositionen anzustreben sind und welche das sein sollen;
— allgemeine Verhaltensweisen von rechts- und gesellschaftspolitischer Bedeutung, z. B. die Fähigkeit, „die Grundrechte für sich und andere wirksam werden zu lassen“; auch bei diesen Festsetzungen liegt die Erwägung nahe, daß die Schule mehr als die für diese Verhaltensweisen erforderlichen Kenntnisse vermitteln soll;
— einzelne Kenntnisse und Fertigkeiten, z. B. die Fähigkeit, „sich Informationen zu verschaffen und sich ihrer kritisch zu bedienen“, deren Rang als Erziehungsziel nur verständlich wird vor dem Hintergrund der Auseinandersetzungen über Aufgaben und Ziele der politischen Bildung und die daher darauf befragt werden müssen, ob sie die weltanschaulich verwurzelten Dissense für die praktische Erziehungsarbeit der Schule aufzulösen geeignet sind oder mit einer Leerformel den Streit perpetuieren.

Abgehoben von den Erziehungszielen formulieren einzelne Gesetze die geistigen Grundlagen der Erziehungsarbeit; sie erinnern daran, daß Erziehung und Unterricht Grundgesetz und Landesverfassung zu entsprechen hat; soweit sie die Vermittlung von Werten ansprechen, begnügen sie sich mit Leerformeln oder blankettartigen Verweisungen.

Verwiesen wird auch generell auf die „Wertordnung“ bzw. die „Wertvorstellungen“ des GG und der jeweiligen Landesverfassung; da die Kataloge der Erziehungsziele einige dieser Wertentscheidungen näher konturieren, bleibt offen, welchen Stellenwert die anderen Wertentscheidungen für die schulische Erziehungsarbeit haben sollen, obwohl für einzelne von ihnen ein beachtliches Regelungsbedürfnis bestehen dürfte.

So ist von der Mehrzahl der Gesetzgeber nicht angesprochen Ehe und Familie, obwohl Art. 6 GG ihnen besonderen Schutz verheißt; das Verfassungsgebot, die Wiedervereinigung anzustreben[10] findet nur in Schleswig-Holstein einen Niederschlag, aber auch dort gleichsam überhöht in dem Gebot, das geschichtliche Bewußtsein für die Lage Deutschlands, insbesondere seine Stellung in Europa zu wecken. Die Grundentscheidung des GG für die militärische Landesverteidigung[11] wird in keinem Schulgesetz berücksichtigt, es sei denn in den je interpretationsbedürftigen Regelungen über die staatsbürgerliche Verantwortlichkeit

[10] Präambel, vgl. BVerfGE 36, 1 (17 ff.) — Deutschlandvertrag.

[11] Art. 73 Nr. 1, 87 a I GG, vgl. BVerfGE 48, 127 (159) — Kriegsdienstverweigerung.

und die Übernahme von Pflichten gegenüber Staat und Gesellschaft oder auch der Liebe zu Volk und Heimat. Der Schule bleibt daher praktisch überlassen, ob und mit welcher näheren Zielrichtung und Intensität sie sich dieser und anderer in den Schulgesetzen nicht angesprochener Wertentscheidungen des GG zuwenden soll. Sie hat auch weitgehend freie Hand bei der Auswahl der ethischen Normen, mit denen sie die Schüler vertraut machen will.

Durch den Wechsel zwischen generalklauselförmigen Verweisungen auf Wertvorstellungen, Zielformulierungen auf höchstem und hohem Abstraktionsniveau, Aufgabennormen und konkret ausformulierten lernzielartigen Bestimmungen, zudem solcher, die pädagogische Gegenwartstrends aufgreifen, sind die Zielkataloge unausgewogen; schon aus diesem Grunde lassen sie für ihre Umsetzung in konkretere Curricula und in die praktische Schularbeit mehr als einen breiten Spielraum. Aufs Ganze sind sie weniger Leitentscheidungen für die Wahrnehmung der Regelungs- und Aufsichtskompetenzen der Schulverwaltung und die Erziehungsarbeit der Schule als eine „Handlungs- und Wertorientierung", wie dies auch ausdrücklich für die Erziehungsziele des hess. Gesetzes erklärt wurde[12].

[12] Anlage zur Begründung der Gesetzesvorlage der Landesregierung zur Änderung des Schulverwaltungsgesetzes, Hess. LT-Drucks. 8/5000, 10.

Viertes Kapitel

Befugnis des Staates zur Festsetzung und Verwirklichung von Erziehungszielen in materiell-rechtlicher Hinsicht

In diesem Abschnitt sollen die materiell-rechtlichen Aspekte der Befugnis des Staates zur Festsetzung und Verwirklichung von Erziehungszielen analysiert werden unabhängig davon, welches Organ — Gesetzgeber, Kultusminister, Schule, Mitbestimmungsgremium, Lehrer — jeweils zuständig ist und in welchen Formen und Verfahren Erziehungsziele zu bestimmen sind[1].

Die rechtstheoretische Struktur von Erziehungszielen wird noch in einem späteren Abschnitt genauer zu untersuchen sein. Das geltende Recht als eine gewachsene, in hohem Maße durch pragmatisch-politische Motive bestimmte Ordnung läßt sich angemessen nur erfassen, wenn der Begriff der Erziehungsziele unprätentiös als Inbegriff der rechtlichen Instrumente verstanden wird, welche den Erziehungsprozeß steuern.

Die Erziehungsaufgabe der Schule läßt sich von ihrer Bildungs- und Ausbildungsaufgabe weder begrifflich noch in der Praxis des Unterrichts scharf trennen. Für die Zwecke dieser Untersuchung genügt festzuhalten, daß das Schwergewicht der Bildungs- und Ausbildungsaufgabe in der Vermittlung von Kenntnissen und Fertigkeiten, das Schwergewicht der Erziehungsaufgabe in der Gewinnung von Handlungskompetenzen und Haltungen des Schülers liegt. Genauer läßt sich Erziehung umschreiben als ein Komplex von pädagogischen Handlungen mit dem Zweck der Festigung, Veränderung oder Gewinnung von relativ dauernden, als wertvoll beurteilten Bereitschaften zu Gruppen von Erlebnis- und Verhaltensweisen des Schülers (Dispositionen). Durch Festsetzung von Erziehungszielen kann Richtung und Grad der gesollten Änderung solcher Dispositionen und das zulässige Maß der Einflußnahme auf den Schüler bestimmt werden. Freilich ist der Erziehungsprozeß als eine personale Begegnung von Lehrer und Schüler oder Gruppen von ihnen immer nur in gewissen Grenzen einer rechtlichen Steuerung zugänglich[2].

---

[1] Vgl. unten S. 137 - 143.

[2] Vgl. unten S. 121, S. 143.

I. Begriff der Schulaufsicht

Art. 7 I GG bestimmt, daß das gesamte Schulwesen unter der Aufsicht des Staates — genauer: der Länder — steht. Der Begriff der staatlichen Schulaufsicht — zunächst als Absage an die Beteiligung der Kirchen an der Aufsicht über das Schulwesen konzipiert — hatte sich im Laufe des 19. Jahrhunderts zu einem über den normalen Wortsinn hinausgreifenden eigenen Rechtsbegriff entwickelt. Unter Schulaufsicht wurde der Inbegriff des staatlichen Bestimmungsrechts über die Schule verstanden, der jedenfalls — nach der jetzt üblichen Terminologie — die Befugnis zur Normierung, Planung, Organisation und Leitung des Schulwesens, die Aufsicht über die Lehrer und das Recht zur inhaltlichen Festlegung der Ausbildungsgänge und auch der Erziehungsziele umfaßt. Diese Bedeutung wurde daher auch dem Begriff der Aufsicht über das Schulwesen in Art. 144 Satz 1 WRV und, weil das Grundgesetz hieran nichts habe ändern wollen, auch in Art. 7 I GG zuerkannt[3]. Daß Art. 7 I GG die Befugnis zur Festsetzung und Verwirklichung von Erziehungszielen umfaßt, bestätigt auch Art. 6 II GG, da nach dieser Vorschrift die Erziehung der Kinder zwar eine Pflicht ist, die den Eltern „zuvörderst" obliegt, aber danach eben ihnen nicht allein zusteht. Die Vorschrift setzt mithin die Erziehungsmacht anderer Träger voraus, ohne die Ziele und Grenzen der Erziehungsgewalt der Schule damit schon im einzelnen zu regeln.

Daher geht auch das Bundesverfassungsgericht[4] davon aus, daß Art. 7 GG die bundesverfassungsrechtliche Grundlage der Bildungs- und Erziehungsaufgabe des Staates ist, zu der auch die Befugnis gehört, grundsätzlich unabhängig von den Eltern Erziehungsziele festzusetzen und in der Schule zu verfolgen, um das Kind zu einem selbstverantwortlichen Mitglied der Gesellschaft heranzubilden.

Als Sammelbegriff für eine Vielzahl staatlicher Funktionen im Bereich der Schule besagt er wenig darüber, wer nach dem GG zur Wahrnehmung der einzelnen Funktionen zuständig ist.

---

[3] Zur Begriffsgeschichte vgl. *Fuß*, Verwaltung und Schule, VVDStRL 23, 199 (206 ff.); *Heckel*, Schulrecht und Schulpolitik, 1967, 47 ff.; *v. Campenhausen*, Erziehungsauftrag und staatliche Schulträgerschaft, 1967, 20. Zur Interpretation des Begriffs Aufsicht in Art. 7 GG vgl. BVerwGE 6, 101 (104); 18, 38 (39); 23, 351 (352); BVerfGE 26, 228 (238 f.); 34, 165 (182); *Hennecke*, Staat und Unterricht, 1972, 107 ff.; *Maunz*, in: Maunz / Dürig / Herzog, Grundgesetz Kommentar Art. 7, Rdnr. 14 ff.; *Wolff / Bachof*, Verwaltungsrecht II[4], 1976, § 101 VI a; *Oppermann*, Nach welchen rechtlichen Grundsätzen sind das öffentliche Schulwesen und die Stellung der an ihm Beteiligten zu ordnen? Gutachten C für den 51. DJT, 1976, C 47.

[4] BVerfGE 6, 309 (355) — Konkordatsurteil; 34, 165 (183) — Förderstufe; 41, 29 (44) — Badische Gemeinschaftsschule; 41, 65 (78) — bay. Bekenntnisschule; 41, 88 (108) — nw. Gemeinschaftsschule; BVerfGE 47, 46 (71 f.) — Sexualkunde.

Vereinzelt wird im Schrifttum dem Staat die Befugnis abgesprochen, Erziehungsziele festzusetzen, sei es, weil Erziehung den Eltern vorbehalten und die staatliche Schule daher auf die Vermittlung von Wissen beschränkt sei[5], sei es, weil Erziehung in das Recht des Kindes auf Entfaltung seiner Persönlichkeit einwirke, daher vor jeder einseitigen Beeinflussung des Unterrichts in erster Linie durch den Staat bewahrt und daher aus der staatlichen Verwaltung herausgenommen werden müsse[6]. Diese Forderung nach einem Rückzug des Staates aus der Erziehungsaufgabe und nach Autonomie der Schule wird seit Pestalozzi immer wieder erhoben, seit Mitte des vorigen Jahrhunderts insbesondere von der genossenschaftlichen Schulbewegung als Forderung nach Selbstverwaltung der Schule in einer von Lehrern und Eltern gestalteten pädagogischen Provinz[7]. Sie hat sich nicht durchsetzen können.

Aus guten Gründen: Den verfassungsrechtlich und aus der Sache legitimierten Anliegen, die mit der Forderung nach Rückzug des Staates aus der Erziehungsaufgabe verfolgt werden — Schutz des elterlichen Erziehungsrechts, Abwehr staatlicher Manipulation und Indoktrination des Kindes und über die Erziehung der nachrückenden Generation auch der Meinungsbildung und Willensbildung der Gesellschaft, Wahrung der Eigengesetzlichkeiten des pädagogischen Prozesses und Aktivierung des pädagogischen Eros — kann durch eine verfassungskonforme Orientierung und Limitierung des staatlichen Erziehungsauftrages Rechnung getragen werden. Dadurch können diese Anliegen sogar wirksamer verfolgt werden als durch eine Tabuisierung der staatlichen Erziehungsfunktion. Denn Schule erfaßt den Menschen über viele Jahre hinweg in seiner noch nicht geprägten und gefestigten Phase des Kindseins. Dabei setzt Schule emotive Lernprozesse in Gang, auch wenn sie nur kognitive Lernziele verfolgt, weil kognitives und emotives Lernen ineinandergreifen[8]. Die Schule sieht sich ferner genötigt, soziale Lernprozesse zu verwirklichen, weil ein geordneter und effektiver Schulbetrieb voraussetzt, daß die Schüler bestimmte Normen des Zusammenlebens in der Schule einhalten. Hinzu treten die sogenannten heimlichen sozialen Lernprozesse, die durch die

[5] Ansätze hierzu etwa bei *v. Hippel*, Schulverfassung und Demokratie, DÖV 50, 601; zurückhaltender: *Ossenbühl*, Schule im Rechtsstaat, DÖV 77, 801 (808), der eine schulische Erziehung nur soweit als zulässig ansieht, als sie notwendiger Annex der Wissensvermittlung sei oder auf allgemeinem und gesichertem Konsens beruhe.

[6] *Stein*, Das Recht des Kindes auf Selbstentfaltung in der Schule, 1967, 58.

[7] *Dörpfeld*, Die freie Schulgemeinde und ihre Anstalten auf dem Boden der freien Kirche im freien Staate, 1863; weit. Nachw. bei *Evers*, Verwaltung und Schule, VVDStRL 23 (1966) 147 (184); *Tomuschat*, Der staatlich geplante Bürger, in: Menzel-FS 1975, 21 (27); *Dietze*, Von der Schulanstalt zur Lehrerschule, 1976, 196 ff.

[8] *R. Tausch* und *A.-M. Tausch*, Erziehungspsychologie[7], 1973, 47 f., 317 ff.

sozialen Bezüge in dem Kollektiv Schule ausgelöst werden. Wenn aber Schulbesuch Erziehungswirkungen hat, dann sollten auch diese Wirkungen in das Bewußtsein gehoben und die Ziele und Grenzen der Erziehung in der Weise des Rechts bestimmt werden.

Aber auch der Optimismus, die in die Sache Schule verstrickten Lehrer, Schüler, Eltern, vielleicht auch Gemeinden seien die besseren Wahrer jener Belange, obwohl weder die pädagogische Wissenschaft noch das allgemeine Gesetz ihnen verbindliche Maßstäbe für ihr Tun gibt[9], wird nur den Anhängern dieser Bestrebungen berechtigt erscheinen. Selbst engagierte Vertreter des Gedankens der Mitbestimmung in der Schule halten daher dafür, daß die Autonomie der Schule nur eine relative und begrenzte sein kann, eine, wenn auch limitierte staatliche Lenkung und Kontrolle der Schule unentbehrlich ist[10].

Nach anderer Auffassung ist es nicht erforderlich, die Kompetenz des Staates zur Regelung der Schulangelegenheiten auf Art. 7 GG abzustützen, da der Gesetzgeber ohnehin im Rahmen der Zuständigkeitsverteilung von Bund und Ländern seine Gesetzgebungstätigkeit auf alle Lebensbereiche erstrecken könne[11]. In der Tat bedarf die allgemeine Gesetzgebungsbefugnis keiner nochmaligen Bestätigung oder Ermächtigung. Da sie aber nur in den von den Grundrechten und Verfassungsdirektiven gezogenen Grenzen wahrgenommen werden darf, kann bei der näheren Bestimmung der Reichweite der Gesetzgebungsbefugnis in Schulangelegenheiten nicht daran vorbeigegangen werden, daß das Grundgesetz die Schulgewalt des Staates im Grundrechtsteil besonders hervorhebt[12]. Das GG und die Landesverfassungen enthalten kein in sich geschlossenes Schulkonzept, geschweige denn, einen abschließenden Katalog notwendiger und/oder zulässiger Erziehungsziele. Aber sie setzen Schranken, erteilen Aufträge und geben Direktiven; innerhalb dieses Rahmens aber kommt den für die Bestimmung von Erziehungszielen zuständigen Organen, insbesondere den Gesetzgebern, Gestaltungsfreiheit zu[13].

In diesem verfassungsrechtlichen Rahmen ist der Erziehungsauftrag des Staates nicht auf Erziehung allein im Individualinteresse der ein-

---

[9] Auf den Mangel verbindlicher Maßstäbe weist zutreffend hin *Schlaich*, Neutralität als verfassungsrechtliches Prinzip, 1972, 97; sorgfältiger Nachw. der Staatlichkeit der Schule im Sinne des Art. 7 GG bei *Hennecke*, 19 ff.

[10] *Dietze*, 196.

[11] *Fuß*, VVDStRL 23, 213.

[12] Ebenso wohl *Maunz*, Das Elternrecht als Verfassungsproblem, in: Scheuner-FS 1973, 419 (427).

[13] BVerfGE 34, 165 (185); 45, 400 (414); 47, 46 (72 f.); vgl. ferner *Evers*, Verfassungsrechtliche Determinanten der inhaltlichen Gestaltung der Schule, in: Essener Gespräche zum Thema Staat und Kirche, Bd. 12, 1977, 104 (107); *Maunz*, Scheuner-FS, 426 ff.

zelnen Kinder beschränkt. Der Erziehungsauftrag enthält auch eine auf die Gemeinschaft bezogene Komponente, die mit der individuellen Komponente mannigfach verflochten ist. Sie befugt zur Verfolgung von Zielsetzungen, die für Bestand und Wohlfahrt des Gemeinwesens als erforderlich angesehen werden dürfen[14].

Im folgenden ist das Geflecht verfassungsrechtlicher Normen darzustellen, die als Ge- und Verbote, als Direktiven oder Wertungskriterien die Festsetzung von Erziehungszielen für die Schule und ihre Umsetzung in Erziehungsarbeit verwehren, beschränken, ergänzen oder ihnen inhaltlich die Richtung weisen. Von besonderer Bedeutung sind:

— Das Recht des Kindes auf Schutz und Achtung seiner Würde und auf Entfaltung seiner Persönlichkeit (Art. 1 I, 2 I GG),
— das Recht der Eltern auf Erziehung ihrer Kinder (Art. 6 II GG),
— die Religionsfreiheit von Eltern und Kindern (Art. 4 GG),
— das Recht auf Gleichheit in Verbindung mit der Sozialstaatsklausel (Art. 3, 20 I, 28 I GG),
— die Pflicht des Staates zur Neutralität und Toleranz,
— die Legitimation, ggf. die Aufgabe des Staates, im Rahmen der verfassungsrechtlichen Schranken Vorkehrungen zu treffen,
  — die zur Erhaltung seiner Existenz notwendig sind,
  — die der Verwirklichung von Wohlfahrt und Freiheit seiner Bürger dienen.

Die Auflistung ist nicht als System von Begriffshülsen gedacht, denen einzelne Erziehungsziele oder bestimmte Problemkreise abschließend zugeordnet werden könnten; sie sind hier aus dem normativen Geflecht hervorgehoben, um dem Leser eine erste Übersicht zu geben, nicht aber, um sie aus ihrem verfassungsrechtlichen Kontext zu isolieren. Es wird sich vielmehr alsbald zeigen, daß einzelne Pflichten und Rechte Antinomien in sich bergen, daß Spannungslagen zwischen den hier genannten Rechten und Pflichten bestehen, die nur im Wege praktischer Konkordanz aufgelöst werden können.

II. Grundrechtliche Schranken und Direktiven

1. Das Recht des Kindes auf Selbstentfaltung (Art. 1 I, 2 I GG)

a) Zur Bedeutung von Art. 2 I GG im Schulbereich

Es ist heute anerkannt, daß die Entfaltung der Kindespersönlichkeit in einem freien, humanen Sinne, d. h. insbesondere unter Einbeziehung des Verfassungsgebotes, die Menschenwürde zu achten, die eigentliche

[14] Vgl. *Evers*, VVDStRL 23, 148 f.; *Fehnemann*, 118 ff. m. weit. Nachw.

Zielsetzung und Rechtfertigung der Schule unter der Herrschaft des GG ist[15]. Da Art. 2 I GG jedermann, damit auch dem Kinde[16] das Recht auf Entfaltung seiner Persönlichkeit gewährleistet, hat das Kind auch ein prinzipielles Recht auf „seine Entfaltung“[17]. Das bedarf der näheren Untersuchung.

Art. 2 I GG ist nach der ständigen Rechtsprechung des BVerfG[18] Auffangrecht für alle Erscheinungsformen der allgemeinen Handlungsfreiheit, die nicht unter Berufung auf ein Spezialfreiheitsrecht eingeklagt werden können; daher ist es auch auf den ersten Blick ein konturloses Recht und beschränkt und beschränkbar durch alle Normen, die formell und materiell der Verfassung gemäß sind. Insoweit ist die praktische Funktion des Art. 2 I GG, den Bürger mit Abwehrrechten gegen gesetzlose staatliche Einwirkungen auszustatten und ihm den Weg zum BVerfG zu öffnen. Auch den Schüler vermag daher dieses Grundrecht nicht vor den mannigfachen Reglementierungen durch die Schule zu bewahren — vorausgesetzt nur, diese sind formell und materiell verfassungsgemäß. In dieser rechtstechnischen Funktion erscheint daher Art. 2 I GG für die Konkretisierung der Erziehungsaufgabe des Staates wenig ergiebig. Zudem ist Art. 2 I GG als Abwehrrecht konzipiert, daher nicht unmittelbar dazu bestimmt, auch der Erfüllung von Staatsaufgaben die Richtung zu weisen. Pointiert ließe sich sogar formulieren, daß der freiheitliche Staat zwar befugt und ggf. auch verpflichtet sein kann, Entfaltungsmöglichkeiten zu schaffen, zu verbessern, zu schützen, aber von der Aufgabe, die Persönlichkeit seiner Bürger zu entfalten, um der Freiheitlichkeit des Gemeinwesens und um der Freiheit der Bürger willen ausgeschlossen bleiben muß — wie auch das BVerfG im Sozialhilfe-Urteil bestätigt hat, daß es nicht Aufgabe des Staates ist, seine Bürger zu „bessern“[19].

Für die Gestaltung von Erziehungszielen wirksam wird Art. 2 I GG nicht in der rechtstechnischen Ausgestaltung, die ihm das BVerfG bei der Entscheidung von oft aus recht banalem Anlaß erhobenen Verfas-

[15] Zuerst hervorgehoben von *Stein,* Das Recht des Kindes auf Selbstentfaltung in der Schule, 1967 — wenn auch mit übersteigerten Folgerungen aus dieser Einsicht; vgl. *Evers,* Besprechung von Stein, Das Recht des Kindes auf Selbstentfaltung in der Schule, JZ 68, 608; *Stock,* Pädagogische Freiheit und politischer Auftrag der Schule, 1971, 157 ff.; *Oppermann,* Gutachten C, 82 m. weit. Nachw.

[16] Zum Problem der Grundrechtsträgerschaft und Grundrechtsmündigkeit vgl. die Nachw. bei *Oppermann,* Gutachten C, 83.

[17] *Oppermann,* Gutachten C, 83.

[18] Seit E 6, 32; zusammenfassend: *Scholz,* Das Grundrecht der freien Entfaltung der Persönlichkeit in der Rechtsprechung des Bundesverfassungsgerichts, AöR 100 (1975), 80 ff.; *Rupp,* Vom Wandel der Grundrechte, AöR 101 (1976), 161 ff.

[19] BVerfGE 22, 180 (220).

sungsbeschwerden gegeben hat[20]. Es bedarf des Rückgriffs auf den Wesensgehalt dieses Grundrechts, der sich aus seinem Zweck und seiner engen Verknüpfung mit dem Grundsatz der Menschenwürde ergibt. Nach der Rechtsprechung des BVerfG erschöpft sich Art. 2 I GG nicht in der Funktion, den Bürger vor gesetzwidrigem Zwang zu schützen. Aus Art. 1 I GG iVm. Art. 2 I, 19 II GG folgt vielmehr, daß dem einzelnen Bürger eine Sphäre privater Lebensgestaltung verfassungskräftig vorbehalten ist, also ein letzter unantastbarer Bereich, der der Einwirkung der gesamten öffentlichen Gewalt entzogen ist[21]. Dieser Bereich wiederum ist gewährleistet, um die „Eigenständigkeit der Person"[22], die „Integrität der menschlichen Person in geistig-seelischer Beziehung"[23] zu wahren. Daher sind Freiheitsbeschränkungen und andere Einwirkungen auf die Freiheit des Menschen immer nur — neben anderen Voraussetzungen — zulässig, wenn die Eigenständigkeit der Person gewahrt bleibt.

Unter Eigenständigkeit im Sinne der Rechtsprechung des BVerfG ist die Autonomie der Person zu verstehen, d. h. die Fähigkeit des Menschen, seine Identität zu erfahren, zu begreifen und zu bestimmen und nach diesem seinem Selbstverständnis sich selbst zu entfalten und im Tätigwerden sowie in sozialen Kontakten sich selbst zu verwirklichen.

In welchem Ausmaß dem Bürger, weil anders diese seine Eigenständigkeit verletzt wäre, nicht beschränkbare Handlungsbefugnisse im sozialen Raum zustehen, nach welchen Kriterien dieses von Art. 2 I iVm. 1 I, 19 II GG gewährleistete „Mindestmaß menschlicher Handlungsfreiheit, ohne das der Mensch seine Wesensanlage als geistig-sittliche Person überhaupt nicht entfalten kann"[24] zu bestimmen ist, kann hier offen bleiben. Denn ungeachtet aller Kontroversen um die Auslegung des Art. 2 I GG ist man sich einig, daß jedenfalls das personale Selbstbestimmungsrecht des Menschen vor jedem staatlichen Eingriff geschützt ist. Wie das traditionsreiche Recht der Glaubensfreiheit (Art. 4 GG) zwar nicht nur, aber nicht zuletzt dem Menschen die vom Staat unantastbare Freiheit gewährleistet, in seinem forum internum seine religiösen oder weltanschaulichen Auffassungen zu entwickeln, zu fühlen, zu glauben, oder nicht zu glauben und sich Gewissensüberzeugungen zu bilden, so gewährleistet das Recht der freien Entfaltung

---

[20] Zu prüfen war u. a., ob Körordnungen (BVerfGE 10, 55 (59)) und Hundesteuergesetze (BVerfGE 7, 89 (99)) den Bürger in Art. 2 I GG verletzen.

[21] Seit BVerfGE 6, 32 (41), zuletzt E 38, 312 (320).

[22] BVerfGE 4, 7 (15).

[23] BVerfGE 27, 344 (351).

[24] BVerfGE 4, 7 (15).

der Persönlichkeit in seinem Wesensgehalt eine allgemeine Freiheit des Denkens[25], verstanden als Entfaltung der geistig-sittlichen Existenz[26].

Wenn es zur Freiheit des Menschen gehört, seine Einstellung zu sich und der Welt selbst zu bestimmen, dann muß er auch grundsätzlich selbst darüber befinden dürfen, „ob, in welchen Grenzen und mit welchen Zielen er Einwirkungen Dritter auf diese Einstellung hinnehmen will"[27]. Ein Recht, Einwirkungen auf seine Einstellungen zuzulassen oder abzuweisen, hat der Schüler in der Schule nicht; auch die Eltern können nicht ein solches Recht für ihr Kind wahrnehmen. Der Schüler ist erzieherischen Einwirkungen umso mehr ausgesetzt, je weniger er noch in seiner Entwicklung gefestigt ist und je weniger er die Bedeutung der Einwirkungen beurteilen kann.

Damit ist nicht gesagt, daß schulische Erziehung, weil sie notwendig die Integrität des Kindes in geistig-seelischer Beziehung berührt, den Wesensgehalt des Art. 2 I GG verletzt und daher unzulässig ist. Eigenständigkeit und Integrität der Person können nicht analog zu räumlichen Gebilden verstanden werden, innerhalb deren der Mensch sich von seiner Umwelt abschließen und auch alle staatlichen Einwirkungen sich verbitten kann. Der Mensch führt keine Robinsonexistenz. Das Denken und Fühlen des Menschen über sich selbst und seine Handlungen ist ein Denken und Fühlen des Menschen in sozialer Kommunikation, aus der er Anstöße und Maßstäbe für die eigene Urteilsbildung erfährt und in der er sein Urteil wiederum in sozialer Kommunikation bestätigt, verwirft und verwirklicht. Die Entfaltung der Person in geistig-sittlicher Beziehung kann daher nicht als ein Zustand der Isolation, sondern immer nur zugleich auch als ein auf Kommunikation angewiesener Prozeß verstanden werden[28].

Daher verwirklicht sich in der Kommunikation die Gemeinschaftsbezogenheit und Gemeinschaftsgebundenheit des Menschen, von der auch das GG ausgeht[29]. Die Grenzen zulässiger staatlicher Einwirkung durch Kommunikation werden sich daher auch nicht nach Kriterien

---

[25] *Herzog,* in: Maunz / Dürig / Herzog, Art. 4, Rdnr. 16.

[26] Vgl. *Peters,* Das Recht auf freie Entfaltung der Persönlichkeit in der höchstrichterlichen Rechtsprechung, 1963 m. weit. Nachw.; kritisch hierzu: *Evers,* Zur Auslegung von Art. 2 Abs. 1 des Grundgesetzes, insbesondere zur Persönlichkeitskerntheorie, AöR 90 (1965), 88 ff.; *Nipperdey / Wiese,* Freie Entfaltung der Persönlichkeit, in: Bettermann / Nipperdey (Hrsg.), Die Grundrechte IV, 2. Halbbd. (1962), 741 (830); *Hesse,* Grundzüge des Verfassungsrechts der Bundesrepublik Deutschland[10], 1977, 173 f.

[27] BVerfGE 47, 46 (73) — Sexualkunde, aber ausdrücklich nur in Bezug auf die „Einstellung zum Geschlechtlichen".

[28] *Suhr,* Entfaltung der Menschen durch die Menschen, 1976, 102 ff.

[29] BVerfGE 4, 7 (15) und vielfach, 12, 45 (51); 33, 1 (10); 45, 187 (227).

bestimmen lassen, die für andere staatliche Agenden zum Schutze der personalen Integrität gelten[30]. Wie sie für den Bürger allgemein des näheren zu bestimmen sind, kann hier offen bleiben, weil Art. 7 GG die Einwirkung durch Bildung und Erziehung grundsätzlich, aber nicht grenzenlos legitimiert. Im Problemzusammenhang des Art. 2 I GG bestimmt sich die der Schule gesetzte Grenze nach Art. 1 I GG, 19 II GG. Auch die Schule ist nicht befugt, den Eigenwert der Person des Schülers und seine Integrität in geistig-seelischer Beziehung anzutasten. Über die Frage, welche Grenzen sich hieraus für die praktische Erziehungsarbeit der Schule ergeben, wird alsbald zu handeln sein[31]. Abstrakt folgt jedenfalls aus der Pflicht, bei der Wahrnehmung von Erziehungs- und Bildungsaufgaben, den Eigenwert der Person des Schülers als Höchstwert zu achten, daß diese Arbeit nur mit Art. 1 I, 2 I, 19 II GG vereinbar ist, wenn sie in ihrem letzten Zweck als Dienst an der Entfaltung der Persönlichkeit des konkreten Schülers gerechtfertigt werden kann. Wenn das richtig ist, bestimmen Art. 2 I, 1 I GG als oberstes Leitziel der Bildungs- und Erziehungsaufgabe das Recht des Schülers auf Selbstentfaltung.

b) Die Selbstentfaltung des Kindes in der Gemeinschaft — Konsequenzen

Aus diesem obersten Leitziel kann nicht gefolgert werden, daß Erziehung verfassungskonform nur höchst individuell vom Kind aus betrieben werden darf[32]. Über die pädagogische Sachgerechtigkeit und Möglichkeit einer Erziehung vom Kinde her ist hier nicht zu handeln. Rechtlich ist zu vermerken, daß Art. 7 GG Erziehung in der Schule als einem Kollektiv vorschreibt und daher der Individualisierung der Erziehungsarbeit nach den Besonderheiten und Wünschen der Schüler Grenzen setzt. Kollektive Erziehung ist Voraussetzung dafür, daß sich der Aufwand des Staates für Bildung und Erziehung in vertretbaren Grenzen hält. Sie ist aber auch Voraussetzung für die Wahrnehmung der weiteren, der Schule übertragenen Aufgabe, zur Integration des Gemeinwesens beizutragen oder, wie Adolf Arndt formuliert, „in Gemeinschaft durch Gemeinschaft zur Gemeinschaft zu erziehen“[33].

---

[30] Zum Schutz der Privatsphäre vgl. *Evers*, Privatsphäre und Ämter für Verfassungsschutz, 1960, 126 ff.

[31] Vgl. S. 65 f.

[32] So aber *Stein*, 37 ff.

[33] *Arndt*, Aufgaben und Grenzen der Staatsgewalt im Bereich der Schulbildung, in: Arndt, Geist der Politik. Reden 1965, 149 (157); die Aufgabe der Schule, das Bewußtsein staatsbürgerlicher Allgemeinheit hervorzubringen und zu stärken, in dem die Existenz des Staates gründet, betont *Krüger*, Allgemeine Staatslehre², 1966, 229; vgl. auch unten S. 106 ff.

Eine solche Hervorbringung des Allgemeinen darf nicht den Eigenwert der Person als Höchstwert negieren. Aber gerade auch zum Schutze der Integrität der Person ist eine Orientierung der Erziehungsarbeit auf das Allgemeine geboten. Der Staat hat keinen Maßstab, die geistig-sittliche Existenz des Kindes in ihrer ganzen Tiefe zu beurteilen; daher kann auch die Schule nicht verbindlich festlegen, was die wahre Natur des Menschen überhaupt oder die wahre Natur des konkreten Schülers ist, um hieraus Richtung und Maß der Erziehung abzuleiten. Die Wahrheit, auf die Schule ihre Erziehungsarbeit gründet, hat Teil an der Wahrheit, wie sie der Mensch in seinem Denken und Glauben erfahren kann. Aber sie ist nicht die ganze Wahrheit, weil sie nur soweit reicht, wie die Rechtsgemeinschaft gemeinsame Wahrheiten anerkannt hat; der Ursprung der gemeinsamen Wahrheit aber ist nicht mehr Gemeingut der Rechtsgemeinschaft[34]. Auf diese Teilhabe an der Wahrheit beschränkt, muß sie ihre Erziehungsarbeit offenhalten, damit vom Schüler autonom der Weg zur Wahrheit in ihrer ganzen Fülle und Tiefe gefunden wird. Daher gewährleistet auch in seinem engsten Zweck Art. 2 I GG jedermann das Recht, sich selbst zu entfalten. Für die Erziehungsaufgabe der Schule bedeutet das, daß es ihr versagt ist, den Schüler in seiner personalen Sphäre zu entfalten. Sie hat zu respektieren, daß jedermann gewährleistet ist, sich selbst zu entfalten, d. h. aber vor allem, sich selbst und seine Position in der Welt zu begreifen und autonom darüber zu bestimmen, was für seine Person Reichtum und Glück, Verantwortung, Weltbild und Glauben ausmachen. Anderes gilt für die öffentliche Bekenntnis- (und Weltanschauungs-)Schule. Sie gründet ihre Erziehungsarbeit auf die Wahrheit des Glaubens (der Weltanschauung), kann dies im pluralistischen Gemeinwesen freilich nur tun, weil und soweit alternative Schulangebote vorgehalten werden[35].

Dem steht nicht entgegen, daß der Schüler erst die Fähigkeit zum autonomen Prozeß der Selbstentfaltung im Prozeß der Erziehung erwerben soll und die beiden Prozesse vielleicht theoretisch, sicher aber nicht in der Praxis der Erziehungsarbeit getrennt werden können. Daß diese Verlegenheit der Schule nicht die Vollmacht gibt, den Entfaltungsprozeß an sich zu reißen, verdeutlicht Art. 6 GG, der Erziehung als eine „zuvörderst“ den Eltern und gerade nicht der Schule obliegende Aufgabe ausweist. Hieraus ist im Hinblick auf das Selbstentfaltungsrecht des Kindes zu entnehmen: Wenn und soweit der Prozeß der personalen Selbstentfaltung des Kindes der Steuerung durch Dritte bedarf, obliegt diese den Eltern, nicht der Schule[36]. Mit dem Hinein-

[34] *Arndt*, 165.

[35] Vgl. unten S. 76, S. 105 f.

[36] In der Rechtswirklichkeit war bislang nicht diese Abgrenzung, sondern

wachsen in die Grundrechtsmündigkeit aber wird die persönliche Selbstentfaltung zur höchstpersönlichen Angelegenheit des Schülers. Auch für sie muß daher die Schule offen sein. Sehr wohl aber ist der Schule die Aufgabe gestellt, den Schülern den Zugang zur Sinnfrage zu öffnen und ihnen bei der Suche nach Antworten Hilfestellung zu geben.

Um es an einem Beispiel zu verdeutlichen: die Schule soll den Schüler für die verantwortliche Wahrnehmung seiner Rollen in Staat und Gesellschaft vorbereiten und kann ihn daher auch zu Bürgertugenden wie etwa der Redlichkeit erziehen, die um des Gemeinschaftslebens und der Bürger in dieser Gemeinschaft willen anzustreben sind. Zu Tugenden zu erziehen, nur weil sie im gesellschaftlichen und politischen Leben bedeutsam sind, hieße, den Sinn der Persönlichkeitsentfaltung verkennen, hieße, den Menschen um seiner sozialen Funktion und Aufgabe, nicht aber um seiner selbst willen zu erziehen und müßte ihn letztendlich zum Werkzeug zur Erfüllung von Sozialaufgaben herabwürdigen. Dies alles wäre mit Art. 2 I iVm. Art. 1 I, 19 II GG unvereinbar und würde auch nicht dem System der Erziehungsziele der Schulgesetze entsprechen, denen die Entfaltung des Kindes als Person von unverfügbarem Eigenwert als oberstes Erziehungsziel zu entnehmen ist[37].

Letztendlich gerechtfertigt ist die Erziehung zu Bürgertugenden nur, weil sie auch einen Eigenwert der Person ausmachen. Den Wert der Bürgertugenden als Eigenwert der Person aber vermag der Staat nicht zu begründen. Denn ob eine solche Tugend, wie etwa die Redlichkeit, für eine Person wertvoll ist, weil sie mit ihr Gottes Geboten folgt, oder weil anders die Person nicht vor sich selbst bestehen kann oder weil sie sie schlicht als nützlich erkennt — über all das können die staatlichen Schulen Verbindliches nicht aussagen, weil zwar Redlichkeit als Gemeingut der Rechtsgemeinschaft anerkannt ist, nicht aber der wahre Grund ihrer Verbindlichkeit. Aus der Sicht des Staates bleibt es den Eltern und mit dem Heranwachsen des Schülers in die Grundrechtsmündigkeit ihm selbst überlassen, ob und wie eine solche Sinnfrage zu beantworten ist.

Soll der Erziehungsprozeß gelingen, ist die Schule zwar darauf verwiesen, daß die Eltern von ihrem Erziehungsrecht und die Schüler von ihrer Autonomie sinnvollen Gebrauch machen, erzwingen oder

---

die sich aus ihr ergebenden Folgerungen für die Organisation der Schule, die Mitsprache der Eltern bei der konfessionellen Gliederung des Schulwesens, das Recht der Eltern auf Wahl der Schule und der Bestimmung der Schullaufbahn von Bedeutung, auch wenn sich in diesen Entscheidungen weitere Komponenten des elterlichen Erziehungsrechts verwirklichen.

[37] Vgl. oben S. 48.

auch nur steuern kann sie es nicht. Sie bleibt insoweit auf Angbot und Hilfe durch Belehrung und Vorbild beschränkt.

c) Aktuelle Anwendungsfälle

Die Immaterialität der Prozesse Erziehung und Persönlichkeitsentfaltung, ihr gegenseitiges Verwiesensein und ihre Durchdringung schließen die Entwicklung handfester Formeln zu ihrer Abgrenzung aus. Hier können daher nur noch ergänzend einige Gesichtspunkte hervorgehoben werden, die bei der Festlegung von Erziehungszielen zu beachten sind.

Wenn Entfaltung der Persönlichkeit des Schülers durch den Schüler selbst oberstes Leitziel der Bildungs- und Erziehungsarbeit ist, dann ist es der Schule verwehrt, der Verfolgung anderer Ziele den Vorrang zu geben.

Ausgeschlossen ist daher die Vorordnung kollektiver oder transpersonaler Erziehungszwecke oder die Erziehung des Schülers zum Wegbereiter einer Heilslehre oder einer politischen Idee.

Aber auch die Befrachtung der Schule mit Nebenaufgaben darf die Erreichung des Hauptzieles nicht beeinträchtigen. Wenn die Funktion der Schule als Zuteilungsapparatur von Lebenschancen (Schelsky) unter der Vorwirkung der Studienplatzverteilung nach diffizil berechneten Durchschnittsnoten des Reifezeugnisses das Schulgeschehen in einem die Erziehungsfunktion ernsthaft beeinträchtigenden Maße dominiert, muß Abhilfe geschaffen werden.

Unzulässig wäre ferner, den Schüler nicht in seiner Persönlichkeit zu entfalten, sondern auf ein vorgegebenes Menschenbild hin zu erziehen, auch wenn man sich erhofft, daß dies zur Emanzipation oder einer sonstigen Beglückung des Schülers führt.

In dieser Hinsicht bedarf das Postulat, oberstes Erziehungsziel sei die Erziehung zur Mündigkeit[38] der kritischen Überprüfung. Wenn damit nur gemeint sein soll, daß der Schüler instand zu setzen ist, seine Geisteskräfte zu entwickeln und selbständig, auch kritisch anzuwenden, ist nichts zu erinnern, mag auch diese Aufgabe mehr auf dem Gebiet der Bildung als dem der Erziehung liegen. Wenn mit der Erziehung zur Mündigkeit das Postulat der emanzipatorischen Erziehung verknüpft wird, ist vorab zu fragen, welche weitergreifende Zielsetzung damit gemeint ist, da dieser Begriff mit unterschiedlichen Inhalten verknüpft wird. Es wird ferner nach dem Stellenwert eines solchen Er-

---

[38] *Bull*, Die Staatsaufgaben nach dem Grundgesetz, 1973, 293 m. weit. Nachw.; *Göring*, Bildungsziele in der Bundesrepublik Deutschland, in: Materialien zur politischen Bildung, 1973, Heft 3, 49 ff.; vgl. auch KMK-Erklärung vom 25. 5. 1973, zit. oben S. 50.

ziehungszieles zu fragen sein, das als oberstes Erziehungsziel nur gerechtfertigt wäre, wenn Emanzipation notwendige Eigenschaft der freien Entfaltung der Persönlichkeit ist. Dies aber läßt sich nicht nachweisen, da Emanzipation, wie immer man sie definiert, nur eine der Möglichkeiten menschlicher Selbstentfaltung und Selbstverwirklichung ist. Dann aber kann die Schule nur diese Möglichkeit der Selbstentfaltung in Verknüpfung mit den sozial relevanten Alternativen aufweisen. Emanzipation als oberstes Erziehungsziel wäre daher Anmaßung der Schule, verbindlich festlegen zu können, was individuelle Freiheit ist, bzw. welcher Gebrauch von ihr zu machen ist.

Ebenso ist die Forderung zu bedenken, die Schule solle den Schüler so erziehen, wie ihn das GG braucht[39]. Es ist legitime Aufgabe der Schule, den Schüler zur Teilnahme an den künftigen politischen Willensbildungsprozessen zu befähigen und zu motivieren, ihm die Entscheidungen des GG für die freiheitliche demokratische Grundordnung und seine Offenheit gegenüber dem Pluralismus divergierender Anschauungen und Kräfte im Rahmen dieser Grundordnung, die Abhängigkeit seines Bestandes auch von der Loyalität seiner Bürger nahezubringen[40]. Oberstes Erziehungsziel ist diese Aufgabe nicht. Das GG hat keinen Idealbürger konzipiert, auf den hin die Schüler zu erziehen wären. Das GG geht vielmehr vom Menschen aus, wie er ist und anerkennt seine Würde und seine Freiheit als Höchstwerte, nicht aber die eines Idealbürgers. Es kennt daher kein „normatives Menschenbild“[41], auf das hin zu erziehen staatliche Erziehungsgewalt eingesetzt werden dürfte. Das meint auch das BVerfG nicht, wenn es in einer Vielzahl von Entscheidungen von dem Menschenbild des GG spricht[42]. Das BVerfG benutzt die Formel, das Menschenbild des GG sei nicht das isolierte, souveräne Individuum, sondern die gemeinschaftsbezogene und gemeinschaftsgebundene Person von unantastbarem Eigenwert, meist nur als Argumentationsbehelf, um Grenzen der Freiheitsrechte aufzuweisen und umschreibt damit die Stellung des Menschen in Staat und Gesellschaft nach dem GG. Wenn aber das GG den Menschen so nimmt, wie er ist, dann ist auch Erziehung mit dem Ziel, die Schüler in die auf sie zukommenden Aufgaben, Wirkungsmöglichkeiten und Pflichten in Staat und Gesellschaft einzuweisen, nur Teilaufgabe der viel umfassenderen Erziehungsaufgabe und kann von dort ihre Begrenzung erfahren.

---

[39] So die nordrhein-westfälischen Richtlinien für den politischen Unterricht, 1973; kritisch hierzu: *Frowein*, Erziehung zum Widerstand, in: Geiger-FS 1974, 579.

[40] Vgl. unten S. 106 - 112.

[41] *Tomuschat*, Menzel-FS, 21 (33).

[42] BVerfGE 4, 7 (15) und vielfach, 33, 1 (10); 45, 187 (227).

Noch mißverständlicher wird die Erziehungsaufgabe der Schule formuliert, wenn als oberstes Erziehungsziel die Erziehung zum Gebrauchmachen von den Grundrechten führen soll. So postulierte der Deutsche Bildungsrat[43]: „Das umfassende Ziel der Bildung ist, die Fähigkeit des einzelnen zum individuellen und gesellschaftlichen Leben, verstanden als eine Fähigkeit, die Freiheit und Freiheiten zu verwirklichen, die ihm die Verfassung gewährt." Formulierungen dieser Art sind vieldeutig. Sie gestatten, die Erziehungsaufgabe der Schule in dem hier dargelegten Sinne zu deuten. Das setzt aber voraus, die Verantwortlichkeiten und Bindungen der autonomen Person[44] wie die Fülle der im Schema von Grundrechten und -pflichten nicht erfaßten Entfaltungsmöglichkeiten des Menschen, um die es Art. 2 I GG geht, mitzudenken.

2. Die Verantwortung der Eltern für die Erziehung ihrer Kinder (Art. 6 II GG)

a) Zur Bedeutung von Art. 6 II GG im Schulbereich

Wie die Mehrzahl der Landesverfassungen[45] anerkennt Art. 6 II Satz 1 GG Pflege und Erziehung der Kinder als ein natürliches Recht der Eltern und als ihnen zuvörderst zustehende Pflicht. Damit bestätigt das GG, daß „der Mensch sich als Person auch in der Familie verwirklicht und zu dieser Verwirklichung Recht und Pflicht zur Pflege der Kinder zählen"[46].

Nach Art. 6 II Satz 2 GG steht diese Elternverantwortung unter dem Vorbehalt des staatlichen Wächteramtes, der aber als beschränkter Vorbehalt Gesetzgeber und Verwaltung zu Eingriffen in das Grundrecht nur befugt, wenn ein wichtiges öffentliches Interesse es zwingend erfordert und wenn hierbei die Entscheidung des GG für Ehe und Familie und die Anerkennung des Elternrechts hinreichend zur Geltung kommen[47]. Den schweren Eingriff in das Elternrecht, die Trennung von Familie und Kind, die für die Dauer der Trennung zu einer praktisch völligen Übernahme der Erziehung durch den Staat führen kann, gestattet Art. 6 III GG nur auf Grund eines Gesetzes und unter der Voraussetzung, daß die Eltern nachweisbar versagen oder das Kind aus anderen Gründen zu verwahrlosen droht.

---

[43] Strukturplan 1970, 29; auch § 1 hess. SchulG (Zitat s. S.39) bindet zutreffend dieses Erziehungsziel in weitere gleichwertige Ziele ein.

[44] So *Stein*, Hessischer Landtag, Drucks. 8/5000, 14.

[45] Nachw. bei *Oppermann*, Gutachten C, 38, FN 74.

[46] BVerwGE 20, 188 (192); vgl. auch BVerfGE 24, 119 (143).

[47] *Maunz*, in: Maunz / Dürig / Herzog, Art. 6, Rdnr. 26; weiter eingrenzend *Ossenbühl*, Schule im Rechtsstaat, DÖV 77, 801 (806): Das Wächteramt diene lediglich der Verhinderung von Mißbrauch der elterlichen Personensorge.

Das elterliche Erziehungsrecht umfaßt die Sorge für die geistige, seelische und körperliche Existenz des Kindes und beschränkt sich nicht auf den häuslichen Bereich[48]. Über die nähere Zuordnung zu der von Art. 7 GG angeordneten Erziehungsgewalt des Staates in einem, nur durch die Privatschulfreiheit aufgelockerten staatlichen Schulsystem ist Art. 7 III GG zu entnehmen, daß die Erziehungsberechtigten das Recht haben, über die Teilnahme des Kindes am Religionsunterricht zu bestimmen. Daß es sich hierbei um ein singulares, dem Grundrecht der Glaubensfreiheit zuzuordnendes Bestimmungsrecht handelt, verdeutlicht die Gesetzgebung und die Rechtsprechung, die den Eltern nicht die Möglichkeit zugestehen, allein aus pädagogischen Gründen über die Teilnahme des Kindes am Schulunterricht oder einzelnen Unterrichtsveranstaltungen zu bestimmen[49]. Den Eltern wird auch kein Recht auf eine bestimmte Ausgestaltung der Schule oder auf Eröffnung oder Schließung bestimmter Schulen oder Klassen zugestanden[50].

Auch die Entscheidung über die weltanschauliche und konfessionelle Prägung der Schule überläßt das GG der Landesgesetzgebung, ohne den Eltern, wie dies noch in Art. 146 II WRV vorgesehen war, ein Antragsrecht auf Errichtung von Weltanschauungs- und Bekenntnisschulen zuzugestehen. Ein vergleichbares kollektiv wahrzunehmendes und bedingtes Antragsrecht der Eltern sieht nur noch Art. 12 IV nw. Verfassung vor.

b) Das Spannungsverhältnis von staatlicher und elterlicher Erziehungsgewalt

Aus dem Schweigen des GG zur näheren Auflösung des Spannungsverhältnisses zwischen staatlicher und elterlicher Erziehungsgewalt kann nicht geschlossen werden, das elterliche Erziehungsrecht ende an der Pforte der Schule. Von dem Separationsprinzip, wonach elterliche und schulische Erziehungsgewalt voneinander getrennt sind und der Staat als Herr der inneren Schulangelegenheiten in seiner Gestaltungsfreiheit durch das elterliche Erziehungsrecht nicht beengt sei, ging man zwar bei der Interpretation der Weimarer Verfassung aus.

---

[48] *v. Campenhausen,* Erziehungsauftrag und staatliche Schulträgerschaft, 1967, 33.

[49] BVerfGE 34, 165 (185); 47, 46 (85); aber auch im Hinblick auf die Wehrpflicht BVerwGE 22, 235 (237); zu dem Wahlrecht der Eltern vgl. unten S. 131 ff.; zu den Abwehrrechten der Eltern im Falle der Unzumutbarkeit, etwa des Schulweges BVerwGE 18, 40 (42); OVG Münster 17. 10. 1966, DÖV 67, 312 (313); VGH München 25. 11. 1969, BayVerwBl. 70, 69; VGH München 26. 11. 1969, BayVerwBl. 70, 69.

[50] BVerwGE 5, 164 (165); 18, 40 (42); 35, 111 (112); 47, 202 (206); hess. VGH VerwRspr. 4, 113 (114 ff.); BVerfGE 34, 165 (192).

Damals hatte man aber in der Gewährleistung des elterlichen Erziehungsrechtes (Art. 120 WRV) nur einen Programmsatz[51] oder eine Einrichtungsgarantie[52] gesehen. Obwohl sich die verfassungsrechtliche Lage durch die Anerkennung der elterlichen Erziehungsverantwortung als Grundrecht in Art. 6 entscheidend geändert hat, beruft sich die Reformliteratur der jüngsten Zeit erneut auf das Separationsprinzip. Sie verschweigt nicht, daß sie im Einfluß der Eltern auf die Gestaltung der Schule, insbesondere durch Entscheidungen über die Schullaufbahn ihrer Kinder, eine Gefahr für die Verwirklichung der Reformziele sieht, die schon aus diesem Grund eingedämmt werden müsse[53].

Andererseits kann auch das staatliche Erziehungsrecht nicht unter Hinweis auf die naturrechtliche Begründung des Elternrechts und die Betonung seines Vorranges in Art. 6 II GG seiner rechtlichen Relevanz entkleidet werden, sei es, daß die Verfassungsmäßigkeit der Schulpflicht überhaupt in Frage gestellt[54] oder aber das staatliche Erziehungsrecht in die Rolle der Subsidiarität verwiesen wird[55].

Diese Versuche zur Lösung des Spannungsverhältnisses zwischen staatlicher und elterlicher Erziehungsgewalt verkennen, daß Art. 6 GG ein Grundrecht und Art. 7 GG eine eigenständige staatliche Erziehungsgewalt begründen[56], daß aber häusliche und staatliche Erziehung dem einen Menschen gelten und auf die Erziehung und Bildung der einen Persönlichkeit zielen, dessen Rolle als Kind und als Schüler nicht auseinandergerissen werden kann[57]. Eine die Einheit der Verfassung wahrende Interpretation darf daher nicht das elterliche gegen das staatliche oder das staatliche gegen das elterliche Erziehungsrecht ausspielen und den Inhalt des einen Rechts unmittelbar aus dem Inhalt des anderen Rechts zu bestimmen suchen. Sie hat sich vielmehr darum zu bemühen, einen verhältnismäßigen Ausgleich zu finden, welcher die

---

[51] RGZ 117, 377.

[52] *Anschütz*, Art. 120 Anm. 3; *Holstein*, Elternrecht, Reichsverfassung und Schulverwaltungssystem, AöR, NF 12 (1928), 187 (215); vgl. auch *Maunz*, 419 (420 f.) m. weit. Nachw.

[53] Nach *Richter*, Bildungsverfassungsrecht, 1973, 55, müsse das Elternrecht grundsätzlich auf die familiäre Erziehung beschränkt bleiben und dürfe nicht in das Schulleben übergreifen; denn (S. 62) die Zuerkennung von Wahlrechten der Eltern „schützt die Bildungsunwilligkeit der Eltern und behindert eine Förderung der Kinder in ihrem eigenen und im gesamtgesellschaftlichen Interesse"; die herrschende Meinung, die derartige Wahlrechte aus der Verfassung ableite, sei ein Versuch, „die schichtspezifischen Lernprivilegien durch einen Verfassungswandel zu erhalten" (S. 64); *ders.*, RdJB 71, 131 (132).

[54] So *Mayer*, Elternrecht, Schule und Kirche, DVBl. 55, 581 (585).

[55] *Peters*, Elternrecht, in: Bettermann / Nipperdey / Scheuner (Hrsg.), Die Grundrechte IV, 1. Halbbd. 1960, 369 (379).

[56] Vgl. oben S. 55.

[57] BVerfGE 34, 165 (183).

juristische Wirkungskraft beider Normen am stärksten entfaltet und zu ermitteln, welches Prinzip bei der Entscheidung einer konkreten verfassungsrechtlichen Frage das stärkere Gewicht hat[58].

Von dieser Einsicht geht auch das BVerwG aus, wenn es Art. 6 II und 7 GG als Rechte anerkennt, die selbständig nebeneinanderstehen, die aber ineinandergreifen und sich gegenseitig begrenzen[59]. Zur näheren Abgrenzung ist versucht worden, Sphären herauszuarbeiten, in denen entweder der staatlichen oder der elterlichen Erziehungsgewalt der Vorrang gebührt[60]. So wurde insbesondere die Organisationsgewalt der staatlichen Sphäre zugeordnet und daher dem Staat die Befugnis zur Ordnung und Gestaltung des Schulwesens zuerkannt[61]. Der Sphäre der elterlichen Erziehungsgewalt zugeordnet wurde, neben dem konfessionellen Bestimmungsrecht und den individuellen Mitwirkungs- und Anhörungsrechten in der Schule, das Recht auf Wahl des Bildungsweges und der Schule, das allerdings immer nur im Rahmen der vom Staat zur Verfügung gestellten Schulformen geltend gemacht werden dürfe[62]. Indessen führt die Sphärentheorie nicht weiter, wenn in Frage steht, ob der Staat bei Wahrnehmung seiner Organisationsgewalt dem Elternrecht hinreichend Rechnung getragen hat, insbesondere, ob er das Wahlrecht der Eltern „mehr als notwendig" begrenzt[63] und muß vollends bei der hier wesentlichen Frage nach dem Recht des Staates zur Bestimmung von Erziehungszielen versagen[64].

Wenn es richtig ist, daß Art. 6 und 7 GG das Kind sowohl der elterlichen als auch der staatlichen Erziehung unterstellen, beide Erziehungsfunktionen aber im Dienste der Selbstentfaltung des Kindes stehen[65], dann ist bei der näheren Abgrenzung der staatlichen Befugnisse mit dem BVerfG[66] davon auszugehen, daß die Erziehung des Kindes eine gemeinsame Aufgabe von Eltern und Schule ist, die nur in einem sinnvoll aufeinander bezogenen Zusammenwirken erfüllt werden kann.

---

[58] BVerfGE 2, 1 (72); 6, 55 (72); 28, 243 (261).

[59] BVerwGE 5, 153 (155); 18, 40 (42, 44); BVerwG 29. 12. 1958, DVBl. 59, 366; 8. 7. 1966, DVBl. 66, 862 (863); 6. 12. 1968, DVBl. 69, 930.

[60] Vgl. den Rechtsprechungsbericht von *Ossenbühl*, Erziehung und Bildung, AöR 98 (1973), 361 (366 ff.).

[61] BVerwGE 5, 153 (157); 18, 40 (41); 23, 351 (355); *Maunz*, in: Maunz / Dürig / Herzog, Art. 7, Rdnr. 43 ff.

[62] BVerwGE 5, 153 (156); 5, 164 (165).

[63] BVerfGE 34, 165 (185); 45, 416; vgl. auch *Frowein*, Das Verfassungsgebot des gegliederten Schulwesens in Nordrhein-Westfalen, in: Ipsen-FS 1977, 31 (40 f.); *Maunz*, Scheuner-FS, 428.

[64] Daß die Sphärentheorie in eine Sackgasse führt, zeigt sich an der Entscheidung des OVG Berlin, 7. 12. 1972, JZ 73, 551 m. Anm. *Evers* zur Frage der Zulässigkeit der Sexualkunde.

[65] Vgl. oben S. 60 - 67.

[66] E 34, 165 (183); 47, 46 (73).

Dabei kommt den Eltern eine umfassendere Erziehungsaufgabe zu, da sie die Verantwortung für die Gesamterziehung des Kindes tragen, während das Erziehungsrecht des Staates auf ein bestimmtes Lebensalter des Kindes und auch während dieser Zeit auf Teilbereiche der Erziehung beschränkt ist. Die Beschränkung betrifft nicht allein äußere Phänomene, die sich durch die Ferien- und Feiertagsordnung und die beschränkte Stundenzahl ergeben, die der Schüler der Schule zur Verfügung steht[67], sondern vor allem wesentliche Funktionen denkbarer schulischer Erziehung. Zu nennen sind vor allem die religiöse Erziehung, die Einstellung zum politischen Leben, die Berufswahl, das Verhältnis zur sozialen Umwelt mit ihren mannigfachen, die Entwicklung des Kindes mitbestimmenden Einflüssen, das Freizeitverhalten inbegriffen. Die in diesen Bereichen zu treffenden Entscheidungen und die maßgeblichen erzieherischen Einwirkungen vertraut das GG allein den Eltern an. Daher sind auch nur die Eltern zur Erziehung als einem gesamthaften, richtungsorientierten Prozeß berufen. Anschaulich formulierend erkennt das BVerfG daher den Eltern die Verantwortung für den Gesamtplan der Erziehung ihrer Kinder zu; der Staat muß diese Verantwortung in der Schule achten und für die Vielfalt der Anschauungen in Erziehungsfragen soweit offen sein, als es sich mit einem geordneten staatlichen Schulsystem verträgt[68].

c) Der elterliche Gesamtplan und sein Verhältnis zum staatlichen Teilplan

An einen solchen Gesamtplan wird man weder formale noch besondere qualitative Anforderungen stellen dürfen — von den Fällen elterlichen Versagens hier abgesehen, die den Staat zur Ausübung seines Wächteramtes befugen[69]. Es kann auch nicht entscheidend sein, ob die Eltern bei der Erziehung weit in die Zukunft gerichtete Ziele verfolgen oder sich stärker von den Gegebenheiten der jeweiligen Situation bestimmen lassen. Wesentlich ist, daß ihnen, nicht aber dem Staat obliegt, die Entwicklung des Kindes solange zu leiten, „bis dieses die zur Entfaltung der Persönlichkeit notwendigen Maßnahmen selbst ergreifen kann"[70]. Das staatliche Erziehungsrecht umfaßt daher, wenn

[67] Obwohl die Einrichtung von Ganztagsschulen als Pflichtschulen noch darauf zu befragen sein wird, ob die staatliche Schule das Kind den größten Teil seiner Wachzeit für sich in Anspruch nehmen darf; vgl. kritisch *Ossenbühl*, Schule im Rechtsstaat, DÖV 77, 801 (805).

[68] BVerfGE 34, 165 (183); 47, 46 (83). In der Schutzwirkung wohl enger, aber in gleicher Schutzrichtung Art. 2 Erstes Zusatzprotokoll zur Konvention zum Schutze der Menschenrechte und Grundfreiheiten (BGBl. II, 1956, 1879); vgl. unten S. 135, FN 4.

[69] Vgl. oben S. 67.

[70] OVG Lüneburg, 15. 4. 1955, VerwRspr. 8, 400 (402); *v. Campenhausen*, Erziehungsauftrag und staatliche Schulträgerschaft, 1967, 34.

den Eltern die Verantwortung für den Gesamtplan der Erziehung obliegt, nur die Verantwortung für einen Teilplan; dieser ist zwar eigenständig und nicht aus dem elterlichen Erziehungsrecht abgeleitet oder ihm unterstellt, hat aber den Gesamtplan der Eltern zu beachten und soll die Verwirklichung des Gesamtplans fördern und nicht erschweren. Andererseits müssen auch die Eltern hinnehmen und, soll ihre Erziehungsarbeit sinnvoll sein, auch berücksichtigen, daß die Schule bestimmte Erziehungsziele verfolgt.

Das pädagogisch komplexe, vom GG nur in groben Umrissen geordnete Beziehungsgefüge zwischen staatlicher und elterlicher Erziehungsverantwortung kann mit der Vorstellung vom Gesamtplan und Teilplan veranschaulicht werden; bei der Lösung konkreter Abgrenzungsprobleme geht es jedoch nicht um eine nähere Ausdeutung dieses Argumentationsbehelfs, sondern um die Zuordnung von elterlicher und staatlicher Erziehungsverantwortung zu der ihnen gemeinsam obliegenden Aufgabe der Erziehung konkreter Schüler nach dem Prinzip der Konkordanz. Dabei wird vom Staat nach komparativen Maßstäben um so mehr Rücksichtnahme auf die Gesamtverantwortung der Eltern zu verlangen sein, je stärker seine organisatorischen Maßnahmen oder die Bestimmung von Erziehungszielen in den Kernbereich der Persönlichkeitsentfaltung des Kindes und des Eltern-Kind-Verhältnisses einwirken[71]. Andererseits werden die Eltern die schulorganisatorischen und die schulinhaltlichen Entscheidungen des Staates um so mehr hinzunehmen und sich ihnen anzupassen haben, wenn diese die Ausbildung in Fähigkeiten und Kenntnissen und die allgemeine Sozialisation betreffen. Im Rahmen solcher komparativer Maßstäbe erscheint dann auch die Sphärentheorie geeignet, den Abwägungsprozeß zu konturieren. Das BVerfG rechnet zum Gestaltungsrecht des Staates, das dem elterlichen Bestimmungsrecht grundsätzlich entzogen sei, die organisatorische Gliederung der Schule, die strukturelle Festlegung des Ausbildungssystems, das Setzen der Lernziele, einschließlich der Festlegung der Sprachenfolgen, grundsätzlich auch die Bestimmung von Erziehungszielen und inhaltlicher und didaktischer Programme der Lernvorgänge (Groblernziele, Feinlernziele), die Voraussetzungen für den Zugang zur Schule, den Übergang von einem Bildungsweg zum anderen und die Versetzung innerhalb eines Bildungsweges, die Entscheidung,

---

[71] Vgl. BVerfGE 47, 46 (75) und unten S. 88 f.; weitergreifend postuliert *Becker*, Neue Dimensionen des Elternrechts, RdJB 73, 210 (211), die Schule sei verpflichtet, analog zu § 3 I JWG die Grundrichtung der häuslichen Erziehung nicht zu verlassen, es sei denn, eine Gefährdung des Wohls des Kindes erfordere dies; die Notwendigkeit der Abwägung verkennt *Ossenbühl*, Schule im Rechtsstaat, DÖV 77, 808, der den Eltern ein Interpretationsprimat für das Kindeswohl zuspricht und hieraus ihr Letztentscheidungsrecht ableitet, das dann freilich wiederum „im schulischen Bereich“ durch die Gegebenheiten der Kollektiverziehung beschränkt sei.

ob und wieweit die Ziele von dem Schüler erreicht worden sind[72]. Dem elterlichen Bereich ordnet es zu die Bestimmung des Gesamtplanes für die Erziehung ihrer Kinder, des Bildungsweges nach Durchlaufen der Grundschule, das Wahlrecht im Rahmen vorhandener Schulen, angebotener Kurse und Fächer[73], Teilaufgaben der Sexualerziehung, weil sie eine „Affinität" zur elterlichen Erziehung hätten[74].

In jedem Falle müssen Staat und Schule Rücksicht nehmen auf die religiöse oder weltanschauliche Überzeugung der Eltern und ihre, mit fortschreitender Entwicklung auch vom Kind selbst wahrzunehmenden Rechte zur Selbstbestimmung des Lebensweges des Kindes, wie es in Art. 12 und des Selbstverständnisses, wie es in Art. 1 GG einen Niederschlag gefunden hat. Maß und Form, in der diese Rücksichtnahme sich verwirklicht, bestimmen sich nach der Intensität, mit der organisatorische und innerschulische Maßnahmen sich auf diese Freiheiten des Menschen auswirken und nach den Möglichkeiten, mit denen diese Rücksichtnahme in einem geordneten Schulsystem verwirklicht werden kann. Bedenkt man ferner, daß das GG, und in einzelnen Ländern auch die Landesverfassung, Schranken zieht, aber nicht ein Schulprogramm vorzeichnet, dann wird deutlich, daß dem Gesetzgeber für die Verwirklichung der gemeinsamen Aufgabe der Erziehung des Kindes durch Staat und Eltern eine Vielzahl verfassungskonformer Gestaltungsformen zu Gebote stehen[75]. Rechtswissenschaftliche Untersuchungen können, wie die verfassungsgerichtliche Kontrolle der Schulgesetzgebung, sich nur um die Aufdeckung der Grenzen staatlicher Gestaltungsmacht der Schule bemühen.

3. Religionsfreiheit von Eltern und Kindern (Art. 4 GG)

a) Zur Bedeutung von Art. 4 GG im Schulbereich

Das Recht der Glaubens- und Gewissensfreiheit und der Freiheit des Bekenntnisses konkretisiert und modifiziert Art. 7 GG für den Bereich der Schule durch:

— die Pflicht des Staates, Religionsunterricht als ordentliches Lehrfach zu veranstalten, bekenntnisfreie Schulen und die Sonderregelung des Art. 141 GG ausgenommen[76];

---

[72] BVerfGE 34, 165 (182 und 192); 45, 400 (415); 47, 46 (72, 83).

[73] Das erst bei mangelnder Eignung des Schülers endet und bei dessen Wahrnehmung das GG in Kauf nehme, daß das Kind durch einen Entschluß der Eltern Nachteile erleide, die im Rahmen einer nach objektiven Maßstäben betriebenen Begabtenauslese vielleicht vermieden werden könnten, BVerfGE 34, 165 (184); 45, 400 (416).

[74] BVerfGE 47, 46 (75).

[75] Vgl. die Zusammenstellung unten S. 132 f.

[76] Religionsunterricht darf daher als versetzungserhebliches Fach einge-

- das Recht der Eltern, über die Teilnahme ihrer Kinder am Religionsunterricht zu bestimmen, das auf Grund einfachgesetzlicher Zuerkennung auch von einem bestimmten Lebensalter an von den Schülern wahrgenommen werden kann und ein entsprechendes Recht des Lehrers, die Erteilung von Religionsunterricht niederzulegen;
- die sich aus einem Umkehrschluß ergebende Zulassung von Bekenntnis- und Weltanschauungsschulen, Art. 7 V GG;
- die Privatschulfreiheit, Art. 7 IV, V GG, die den Eltern erlaubt, ihre Kinder der Erziehung in einem Glauben oder einer Weltanschauung zuzuführen[77].

Die von Art. 4 GG gewährleisteten Freiheiten erschöpfen sich für den schulischen Bereich indessen nicht in diesen Vorschriften. Art. 4 GG schützt die inneren Vorgänge und Überzeugungen des Menschen (forum internum) und verwehrt daher dem Staat, vom Bürger ein bestimmtes Denken oder Überzeugtsein in religiösen oder weltanschaulichen Fragen zu fordern und schließt vollends aus, daß der Staat eine solche Forderung durch Einsatz staatlicher Zwangs- oder Lenkungsmittel durchzusetzen versucht[78]. Der Schüler, in seinen religiösen und weltanschaulichen Überzeugungen noch nicht gefestigt, erscheint besonders schutzbedürftig gegen die geistige und seelische Beeinflussung in religiös-weltanschaulicher Hinsicht durch die Lenkungsmittel der Erziehung. Geschützt ist auch das Recht der Eltern auf Selbstbestimmung der weltanschaulichen Erziehung der Kinder als ein von der Glaubensfreiheit umfaßtes Recht[79].

Art. 4 GG verwehrt daher der Schule und ihren Lehrern[80], auf die religiösen oder weltanschaulichen Überzeugungen der Schüler durch Werbung oder Abwerbung Einfluß zu nehmen oder sie in anderer Weise ihrem Glauben zu entfremden[81]. Darüber hinaus erscheint die Forderung folgerichtig, daß die staatliche Schule sich jedes, wie auch immer gearteten Einflusses auf Denken und Überzeugung der Schüler im religiös-weltanschaulichen Bereich enthält und zu strikter Indifferenz verpflichtet ist. Dies bedarf der Nachprüfung.

---

richtet werden, obwohl der Schule die Bestimmung des Lehrinhaltes weitgehend entzogen ist, BVerwGE 42, 346 (349 f.); kritisch: *Obermayer*, NJW 73, 1817 f.; *ders.*, Staat und Religion, 1977, 13.

[77] Vgl. unten S. 150.

[78] *Herzog*, in: Maunz / Dürig / Herzog, Art. 4, Rdnr. 68 ff.

[79] BVerfGE 41, 29 (60).

[80] Die sich für ihren „missionarischen Drang" auch nicht selbst auf das Grundrecht der Gewissensfreiheit berufen dürfen; vgl. *Ossenbühl*, Erziehung und Bildung, AöR 98 (1973), 382.

[81] Eine Formulierung von *Arndt*, 170 (s. Anm. 33 dieses Kapitels) aufnehmend BVerfGE 41, 29 (51): Die Schule dürfe keine missionarische Schule sein.

b) Indifferenz des Staates in weltanschaulich-religiösen Fragen?

Dem säkularen Staat ist die Verfügung über die letzten Wahrheiten versagt. Er kann in seinen Schulen daher keine allseitige Persönlichkeitsentfaltung bieten. Er muß — vom Religionsunterricht mit seinen Besonderheiten hier abgesehen — die religiöse und weltanschauliche Erziehung den Eltern und den Kirchen überlassen. Aus seiner Erziehungsarbeit die weltanschaulichen und religiösen Fragen schlicht ausklammern kann er jedoch nicht[82], will er nicht seinen pädagogischen Auftrag verfehlen.

Erziehung begnügt sich nicht mit punktuellem äußeren Gehorsam, sondern ergreift die ganze Persönlichkeit und kann an der Frage nach dem Sinn menschlicher Existenz nicht vorbeigehen. Erziehung kann daher nicht von dem weltanschaulichen oder religiösen Fundament, auf dem sie aufruht und zu dem sie — gewollt oder nicht gewollt — hinführt, gelöst werden. Weltanschaulich/religiös indifferente Erziehung gerät daher in Gefahr, daß sie Stückwerk bleibt und steuerlos wird, wenn sie diese Grundlagen in den Erziehungsprozeß nicht einbezieht.

Die Schule muß, wie bereits dargelegt, Rücksicht nehmen auf den Gesamtplan der Eltern für die Erziehung des Kindes; die indifferente Schule wahrt diese Rücksichtnahme gegenüber den Eltern, die eine religiös/weltanschaulich indifferente Erziehung wünschen, nicht aber gegenüber jenen Eltern, die sich in ihrem Glauben zu einer umfassenden religiösen Erziehung ihres Kindes verpflichtet wissen oder die die Einbeziehung religiös/weltanschaulicher Komponenten in die Erziehungsarbeit für die Entfaltung ihres Kindes als erforderlich ansehen. Denn die religiöse und weltanschauliche Erziehung der Kinder ist untrennbarer Bestandteil der Eltern-Kind-Beziehung, die Art. 6 GG durch Gewährleistung von Ehe und Familie und des elterlichen Erziehungsrechts besonders schützt[83].

Von gleichem Gewicht ist, daß das Recht auf Bekenntnisfreiheit auch das Recht auf aktive Betätigung der Glaubensüberzeugung und die Verwirklichung der autonomen Persönlichkeit auf weltanschaulichem Gebiet umfaßt, dem der freiheitliche Staat, wenn möglich, Raum verschaffen soll[84], dem er aber eine bedeutsame Verwirklichungsmöglich-

---

[82] Im Schrifttum vielfach gefordert, vgl. *Krüger*, Allgemeine Staatslehre², 1966, 179; *Weber*, Schule, Staat und Religion, in: Der Staat 8 (1969), 493 (506); *Stein*, 66 ff.; *E. Fischer*, Trennung von Staat und Kirche², 1971, 33; *Obermayer*, Gemeinschaftsschule — Auftrag des Grundgesetzes, 1967; vgl. aber *ders.*, Staat und Religion, 1977, 23, der Staat habe aus seiner Sinnverantwortung die Frage für die Religion wachzuhalten.

[83] BVerfGE 41, 29 (47).

[84] BVerfGE 41, 29 (49); *Podlech*, Das Grundrecht der Gewissensfreiheit und

keit vorenthält, wenn Religion und Weltanschauung aus der Schule ausgeklammert werden. Da das Bedürfnis nach positiver Entfaltung bestimmter Bekenntnisse und Anschauungen mit dem Recht anderer, sich über ihre religiösen und weltanschaulichen Anschauungen zu verschweigen und ihrem Recht, von jeder Beeinflussung frei zu bleiben, sich in der für alle zugänglichen Schule nicht vereinbaren läßt, führt die Glaubensfreiheit im Bereich der Schule — aber nicht nur dort — in eine Antinomie; die Spannungslage zwischen „negativer" und „positiver" Religionsfreiheit wird insbesondere in den Auseinandersetzungen um die Zulassung des Schulgebets[85] und die konfessionelle Prägung der Volksschule sichtbar. Die Frage nach der Zulässigkeit des Schulgebetes kann hier nicht ausgebreitet werden. Das Problem der konfessionellen und der christlichen Prägung der Schule ist hier nur in seiner gegenwärtigen Erscheinungsform anzusprechen.

Art. 7 V GG gestattet zur Auflösung der Antinomie zwischen positiver und negativer Religionsfreiheit die Einrichtung von Bekenntnis- und Weltanschauungsschulen. Es hat sich indes die Einsicht durchgesetzt, daß unter den Gegebenheiten dieser Zeit eine durchgehende konfessionelle und weltanschauliche Gliederung des Schulwesens weder ohne schwerwiegende Beeinträchtigung der Leistungsfähigkeit der Schule zu verwirklichen wäre, noch im Hinblick auf das Interesse, die Schüler an das Zusammenleben mit Andersdenkenden zu gewöhnen, politisch erstrebenswert erscheint. Ist aber für die überschaubare Zukunft die Auflösung der Spannungslage auf dem von Art. 7 V GG zugelassenen Wege nicht generell[86] möglich, bleibt dem Gesetzgeber nur, in der für alle Schüler zugänglichen Schule einen für alle Schüler und ihre Eltern zumutbaren Ausgleich zu finden.

Das BVerfG hat in seinen Entscheidungen über die Verfassungsmäßigkeit der christlichen Gemeinschaftsschule[87] Grundsätze für die

---

die besonderen Gewaltverhältnisse, 1969, 28, 35; *Scheuner*, Grundlagen des Verhältnisses von Staat und Kirche, in: Handbuch des Staatskirchenrechts, 1974, Bd. 1, 62; *Ossenbühl*, Erziehung und Bildung, AöR 98 (1973), 374; ausführliche Nachw. auch bei *Müller*, Christliche Gemeinschaftsschule und weltanschauliche Neutralität des Staates, DÖV 69, 441 ff.

[85] Zuletzt: BVerwGE 44, 196 ff.; *Böckenförde*, Vorläufige Bilanz im Streit um das Schulgebet, DÖV 74, 253 m. weit. Nachw.

[86] Bekenntnisschulen sind nur in Niedersachsen für die Grundschulen und in Nordrhein-Westfalen für die Volksschule insgesamt zugelassen; in beiden Ländern aber ist die Gemeinschaftsschule die bevorzugte bzw. regelmäßige Schulform; in allen anderen Ländern ist sie die einzige Schulform, vgl. die Nachw. in BVerfGE 41, 29 (53 ff.); profunder Aufriß der rechtlichen und kirchenrechtlichen Probleme bei *Hollerbach*, Die Kirchen unter dem Grundgesetz, VVDStRL 26 (1968), 57 (90 ff.) m. weit. Nachw.; weit. Nachw. auch bei *Müller*, 441 ff.

[87] BVerfGE 41, 29 — Baden; 41, 65 — Bayern; 41, 88 — Nordrhein-Westfalen.

Auflösung der Antinomie im Wege praktischer Konkordanz aufgewiesen. Es geht davon aus, daß Art. 4 GG dem Staat verwehrt, für die öffentliche Pflichtschule — außerhalb des Religionsunterrichts — ein christlich-konfessionell fixiertes Erziehungsziel festzusetzen und Glaubenswahrheiten als verbindlich zu beanspruchen, daß Art. 7 GG aber im Bereich des Schulwesens weltanschauliche und religiöse Einflüsse zulasse. Da keiner der Normen und Grundsätze von vornherein der Vorrang zukomme, sei unter Abstimmung der geschützten Rechtsgüter eine ausgleichende Lösung zu finden. Dabei dürfe der Tatsache Rechnung getragen werden, daß das Christliche — als Ganzes gesehen — ein Stück abendländischer Tradition sei, daß die gesamte abendländische Kultur weitgehend vom Christentum geprägt worden und dadurch weitgehend zum Gemeingut des abendländischen Kulturkreises geworden sei. Die Werte, die den christlichen Bekenntnissen gemeinsam seien, und die ethischen Normen, die daraus abgeleitet würden, äußerten aus der gemeinsamen Vergangenheit des abendländischen Kulturkreises eine gewisse verpflichtende Kraft. Es dürften auch Schultraditionen, die konfessionelle Zusammensetzung der Bevölkerung und ihre mehr oder weniger starke religiöse Verwurzelung berücksichtigt werden. Daher dürfe der Gesetzgeber anordnen, das Christentum als Orientierungsbasis der Erziehungsarbeit zugrunde zu legen, von der aus sich die Schule in Toleranz den nicht-christlichen Religionen und Weltanschauungen, ihren Werten und Inhalten zu öffnen habe. Schließlich müsse durch die Ausgestaltung der Schule sichergestellt sein, daß Eltern und Schüler nicht in einen verfassungsrechtlich unzumutbaren Glaubens- und Gewissenskonflikt gebracht würden und es müsse daher dafür gesorgt werden, daß die Erziehung, soweit sie auf die Glaubens- und Gewissensentscheidungen der Kinder Einfluß gewinnen könne, nur das Minimum an Zwangselementen enthalte.

Nach alledem verwehrt das Grundrecht der Glaubens- und Gewissensfreiheit (Art. 4 GG), an der christlichen Gemeinschaftsschule der schulischen Erziehung die Bejahung des Christentums als Glaubenswahrheit zugrundezulegen; das christliche Gedankengut ist aber auch nicht nur einer der Faktoren, der neben anderen mehr oder minder beliebig auszuwählenden Faktoren zu berücksichtigen ist. Die Bejahung des Christentums als Kulturgut ist demnach Grundlage der schulischen Erziehung, deren Verbindlich-Erklären — unter Beachtung der Offenheit auch für andere religiöse Überzeugungen — durch die Bedeutung des Christentums für den abendländischen Kulturkreis auch für jene legitimiert ist, die jegliche religiöse Elemente in der Erziehung ablehnen.

c) Folgerungen aus den Gemeinschaftsschul-Urteilen des BVerfG

Interpretation und Anwendung der schulrechtlichen Bestimmungen, nicht zuletzt auch jener Landesverfassungen, die in Anlehnung an die Tradition theonome und christliche Erziehungsziele bestimmen, werden sich an diesen Grundsätzen der Entscheidungen des BVerfG auszurichten haben. BVerfGE 41, 65 (82 ff.) hat die Vereinbarkeit der christlichen Gemeinschaftsschule bayerischen Rechts mit Art. 4 GG bestätigt. Da nach Art. 131 II bay. Verfassung die Erziehung zur Ehrfurcht vor Gott ein oberstes Erziehungsziel und nach Art. 135 bay. Verfassung die Grundsätze der christlichen Bekenntnisse Grundlage des Unterrichts und der Erziehung sein sollen, bedurfte es hierzu einer verfassungskonformen Interpretation, die einer Umdeutung dieser Vorschriften zumindest nahekommt. Folgt man dieser Entscheidung des BVerfG, zeichnet sich die Zulässigkeit verfassungskonformer Interpretation entsprechender schulrechtlicher Bestimmungen anderer Länder[88] ab.

Es erscheint zulässig, in ihnen ebenfalls die Festlegung einer Orientierungsbasis in dem Sinne der Rechtsprechung des BVerfG zu sehen. Darüber hinaus aber können sie auch als Verhaltensanweisungen und Bewertungskriterien interpretiert werden, die — wie die ausdrücklich als Normen dieses Charakters formulierten erziehungsrechtlichen Bestimmungen anderer Verfassungen — die Schule und den Lehrer verpflichten, Vorbilder zu geben, aber dem Schüler eine Nachfolge nur auf Grund freigebildeter Überzeugung ermöglichen und erleichtern wollen. Dies setzt freilich voraus, daß auch die dem Lehrer auferlegten Verhaltens- und Gesinnungspflichten mit der ihm gewährleisteten Glaubens- und Gewissensfreiheit zum Ausgleich gebracht werden[89].

4. Gleichheit und Sozialstaatsgebot (Art. 3, 20 I, 28 I GG)

Der Gleichheitssatz, Art. 3 GG umhegt iVm. dem Sozialstaatsgebot, Art. 20, 28 GG, das Recht des Kindes auf seine Selbstentfaltung[90]. Der Gleichheitssatz gewährleistet einen einklagbaren Anspruch auf gleichen Zugang zu den vorhandenen Bildungseinrichtungen in den Grenzen der jeweiligen Zulassungsbedingungen und Kapazitäten — soweit sie auch Einrichtungen der Ausbildung sind, iVm. Art. 12 GG. Diesem Anspruch liegt das umfassendere Recht auf gleiche Chancen zur Persönlichkeitsentfaltung zugrunde. Inwieweit dieser Anspruch einklagbar

---

[88] Vgl. oben S. 36, S. 48.

[89] Nach BVerfGE 41, 29 (60) dürfen bekenntnismäßig nicht gebundene Lehrer nicht benachteiligt werden, im Zweifelsfalle habe das Benachteiligungsverbot Vorrang bei der Stellenbesetzung, Art. 33 III GG.

[90] *Oppermann*, Gutachten C, 89.

ist, erscheint fraglich. Jedenfalls verpflichten Art. 20, 28 GG „dem Grunde nach“ zu ständigen Bemühungen um ein leistungsfähiges Schulwesen[91] und zu kompensatorischen Maßnahmen, wenn der effektiven Wahrnehmung der Bildungschancen vom Gleichheitssatz perhorreszierte reale Ungleichheiten wie die der Herkunft, entgegenstehen. Dazu kann der Abbau finanzieller Zugangsbarrieren ebenso gehören wie besondere Hilfestellung zum Abbau schichtenspezifischer Bildungsbarrieren durch Vorschulunterricht, Vorhaltung von Förderkursen, Einrichtung von Förderstufen- und Gesamtschulen.

Die engagierte Reformliteratur postuliert weitergreifende Forderungen. Ihre Vertreter glauben, dem Grundgesetz entnehmen zu können, Gleichheit sei ein vom GG aufgegebenes Ziel, daher sei „um dem GG Genüge zu tun, ein ständiger sozialer Wandel in Richtung auf stärkere Verwirklichung von Freiheit, Gleichheit und Demokratie anzustreben“[92]; manche glauben auch zu wissen, welche Mittel einzusetzen die historische Situation gebietet und geben daher die jeweils als erforderlich erachtete „Chancengleichheitsmaßnahme“ (Reuter) als Verfassungsgebot, wenn nicht als einklagbaren Anspruch aus[93]. Wenn dann weitere Überlegung zeigt, daß eine solche Verbesserung der Aufstiegschancen „eher zu einer Verhärtung der gegenwärtigen sozialen Schichtung als zu einer sozialen Umstrukturierung“ führt[94], Gleichheit sich mithin nicht im Rahmen des gegenwärtigen politischen Systems verwirklichen läßt, bleibt als letzte Konsequenz des Gleichheitspostulates, durch neue Erziehungsziele zur Beseitigung dieses Systems einen Beitrag zu leisten, insbesondere durch emanzipatorische Erziehung die Unterprivilegierten zur „kollektiven Emanzipation“ zu befähigen[95]. Daß dann die Schüler nicht mehr um ihrer selbst willen, sondern als Mittel des gesellschaftlichen Fortschrittes erzogen werden, gerät bei einer solchen Argumentationskette aus dem Blickfeld; die Verkümmerung der Liberalität des Schulwesens zugunsten seiner Sozialität wird hingegen ausdrücklich gefordert, wenn z. B. Elternrecht und Privatschul-

---

[91] Zur Erfassung der Gleichheitsproblematik in ihrer ganzen Komplexität hat angesetzt *Hufen*, Gleichheitssatz und Bildungsplanung. Zum Funktionswandel der Grundrechte im modernen Sozialstaat, 1975; zur Pflicht zum Ausbau der Hochschulen BVerfGE 33, 303 (332 ff.).

[92] *Heymann / Stein*, Das Recht auf Bildung, AöR 97 (1972), 185, (202).

[93] So *Heymann / Stein*, 203, 207: Anspruch der Unterschichtenkinder auf Vorschulerziehung, die voll integrierte Gesamtschule als allein dem Anspruch auf Gleichheit der Aufstiegschancen gemäße Schule.

[94] *Heymann / Stein*, 208.

[95] *Heymann / Stein*, 209 m. weit. Nachw.; *Reuter*, Das Recht auf chancengleiche Bildung, 1975, 195; Kritisch zu den Postulaten der kompensatorischen Erziehung *Evers*, Reformen des Schulverhältnisses als Grundrechtsproblem, JZ 76, 265 (267 ff. m. weit. Nachw.); *Oppermann*, Gutachten C, 23 f.; vgl. auch *Schwarz*, Emanzipation als Bildungsziel? Eine Streitschrift wider die Unvernunft der Pädagogik, 1973.

freiheit die Erfolgschancen kompensatorischer und emanzipatorischer Erziehung mindern könnten[96].

Eine die Einheit der Verfassung wahrende Interpretation des GG wird sich von Mißverständnissen und Mißdeutungen im Dienste partikulärer Aufträge und Wertungen freihalten müssen. Die Verfassung als Grundordnung einer pluralistischen Gesellschaft verlangt von dem Gesetzgeber und den anderen zur Normsetzung befugten Organen, nach dem Prinzip der praktischen Konkordanz ihre konkreten Entscheidungen so einander zuzuordnen und so zu begrenzen, daß alle Verfassungsaufträge zur Wirksamkeit kommen[97] und dabei auch die Sozialität und Liberalität des Schulwesens zum Ausgleich zu bringen. Dabei darf nicht übersehen werden, daß der Abbau der schichtenspezifischen Ungleichheit der Bildungschancen nur eine der aus dem Gleichheitssatz ableitbaren Konsequenzen ist. Eine andere Konsequenz ist die reale Gleichbehandlung nach Maßgabe der Leistungs- und Bildungsfähigkeit; sie begründet in gleicher Weise die Forderung nach besonderer Obsorge für körperlich und geistig behinderte Schüler, sei es durch Sonderschulen, sei es durch andere pädagogisch wirksame Vorkehrungen und Leistungen[98], eine gleichheitliche Berücksichtigung von Aufgaben und Bedürfnissen des Berufsschulwesens im Verhältnis zum allgemeinen Schulwesen, dem sich zeitweilig die Bildungspolitik mit bedenklicher Einseitigkeit zugewendet hatte als auch die Förderung von Spitzenbegabten durch einen ihnen gemäßen Unterricht[99].

Insoweit stützt das Postulat der Sozialität des Schulwesens das Postulat der Mannigfaltigkeit des Bildungsangebotes, das sich an den Gegebenheiten, Möglichkeiten und Entscheidungen der Schüler und ihrer Eltern orientiert und dadurch Liberalität des Schulwesens in einer pluralistischen Gesellschaft Wirklichkeit läßt.

Andererseits begrenzt die Sozialität des Schulwesens seine Liberalität[100]; der Bildungsauftrag der Schule, die persönlichen, sachlichen und zeitlichen Grenzen der Bildungskapazität der Schule als einer kollek-

---

[96] So *Richter*, Bildungsverfassungsrecht, 1973, 64, 187, 190; *ders.*, RdJB 71, 131.

[97] *Hesse*, Grundzüge des Verfassungsrechts der Bundesrepublik Deutschland[10], 28 f., 134 f. m. Hinw. auf RSpr. und Lit.; vgl. auch *Evers*, Reformen des Schulverhältnisses als Grundrechtsproblem, 269 m. weit. Lit.

[98] Vgl. *Evers*, Reformen des Schulverhältnisses als Grundrechtsproblem, 265 (266) m. weit. Nachw.

[99] *Maunz*, in: Staats- und Verwaltungsrecht in Bayern, hrsg. v. Mang u. a., 1975, 731 ff.; die Förderung der Hochbegabten postuliert der Bildungsgesamtplan 1973, BT-Drucks. 7/1474, 10.

[100] Das Recht des Gemeinwesens, sich bei Planung und Verwirklichung des Bildungsangebotes von gesamtgesellschaftlichen Bedürfnissen bestimmen zu lassen, anerkennt BVerfGE 33, 303 (334 ff.) — Numerus clausus; vgl. *Oppermann*, Gutachten C, 91.

tiven Einrichtung, die notwendige und zulässige Rücksicht auf die gesamtgesellschaftlichen Bedürfnisse nach bestimmten Ausbildungsgängen und Leistungsstandards — kurz: die Erfordernisse eines geordneten staatlichen Schulsystems[101] setzen der Individualisierung des Bildungsangebotes unübersehbare Schranken.

Die Sozialität des Schulwesens wirkt sich weniger auf die Bestimmung abstrakter Erziehungsziele aus als auf die Realitäten und Modalitäten ihrer Verwirklichung, damit aber auch auf den Stellenwert, dem ein — abstraktes — Erziehungsziel in der Erziehungsarbeit der Schule zugewiesen werden darf. Es legitimiert dabei insbesondere die Entscheidung über Mittel und Intensität, mit der die Selbstentfaltung des Schülers durch schulische Erziehungsarbeit anzustreben ist, daran zu orientieren, was zur Pflege und Förderung des sozialen Zusammenlebens — nicht nur in der Schule — erforderlich ist, vorausgesetzt, daß dabei die Eigenständigkeit der Person des Schülers gewahrt bleibt und der Gesamtplan der Eltern für die Erziehung ihrer Kinder respektiert wird.

Bedenkt man ferner, daß bei Entscheidungen über die Mittel der Verwirklichung von Erziehungszielen stets nach den außerschulischen Erziehungsfaktoren zu fragen ist, die der schulischen Erziehungsarbeit entgegenlaufen, sie unterstützen oder aber entbehrlich machen können, dann wird erneut die Breite des Entscheidungsspielraumes bei der Bestimmung und der Verwirklichung von Erziehungszielen deutlich. Wie die Ausgestaltung des Sozialstaates steht daher auch die Ausgestaltung des Schulwesens und der von ihr zu verwirklichenden Erziehungsziele in erster Linie in der Verantwortung des Gesetzgebers, der im Wege politischer Leitentscheidungen für einen angemessenen Ausgleich zwischen Sozialität und Liberalität des Schulwesens zu sorgen hat[102].

---

[101] BVerfGE 34, 165 (183).

[102] Die Entscheidungsverantwortung des Gesetzgebers im Rahmen verfassungsrechtlicher Determinanten bei der Verwirklichung des Sozialstaatsauftrages betont das BVerfG in ständiger Rechtsprechung, vgl. BVerfGE 1, 97 (105); 5, 85 (198); 8, 274 (329); 33, 303 (333); 36, 237 (248 ff.); 42, 263 (298); 43, 291 (313 f.); grundlegend: *Weber*, Die verfassungsrechtlichen Grenzen sozialstaatlicher Forderungen, Der Staat, 4 (1965), 409 (437 f.); *Scheuner*, Die Funktion der Grundrechte im Sozialstaat. Die Grundrechte als Richtlinie und Rahmen der Staatstätigkeit, DÖV 71, 505 (507 f.); die Konsequenzen für die Entwicklung von Curricula zeigt auf *Wimmer*, Die rechtliche Legitimation von Curricula, Zeitschrift für Pädagogik 24 (1978), 241 (244): der Beitrag des Verfassungsrechts an der Formulierung von Curricula beschränke sich auf wenige Grundpositionen; es seien zahlreiche alternative Curricula für eine verfassungskonforme Schule vorstellbar; die öffentliche Schule habe möglichst viele dieser Alternativen anzubieten.

III. Verfassungsprinzipien und Direktiven

1. Neutralität und Identifikation

a) Neutralität

Der Staat des Grundgesetzes ist Heimstatt aller Bürger[103] einer pluralistischen Gesellschaft. Er gewährt ihnen und ihren Organisationen Freiheit, durch Pflege ihrer Besonderheiten insbesondere auf weltanschaulich-religiösem Gebiet (Art. 4, 7, 140 GG), in Kunst und Wissenschaft (Art. 5 GG), im beruflichen und wirtschaftlichen Bereich (Art. 9 II, 12, 14, 15 GG) sich selbst zu verwirklichen. Die Mitwirkung an der Willensbildung des Staates im gesellschaftlichen Bereich (Art. 5, 8, 9 GG), durch die Parteien (Art. 21 GG) und durch Wahlen und Abstimmungen (Art. 38 ff. GG) sind weitere Bereiche der Selbstverwirklichung, die zwar ebenfalls aus den jeweiligen, autonom bestimmten Besonderheiten der beteiligten Personen und Gruppen hervorgehen, aus ihren Interessen Impuls und Inhalt erfahren und ihren Interessen auch dienen wollen, aber zugleich darauf zielen, im geordneten Prozeß der Staatswillensbildung das Allgemeine hervorzubringen. Daher läßt sich sagen, der Staatswille und damit die Realität des Staates geht aus dem Zusammenspiel der Bürger und ihrer pluralen Gruppen hervor, ohne daß die Gesellschaft mit dem Staat identisch würde. Für das Zusammenspiel schreibt das GG Regeln vor, überläßt aber den Beteiligten, wenn sie sich nur an die Spielregeln des parlamentarisch-demokratischen Rechtsstaates halten, Zielrichtung und politischen Stil der Auseinandersetzung zu bestimmen, Konsens oder Konflikt hervorzubringen.

Geht der Staat aus den Beiträgen seiner Bürger und pluralen Gruppen zur Herstellung des Allgemeinen hervor und soll die Freiheitlichkeit dieses Prozesses gewahrt bleiben, dann muß er dem Streit der Meinungen und Anschauungen neutral gegenüberstehen; er darf sich nicht mit einer der Besonderheiten identifizieren. Dieses Gebot muß insbesondere gelten in allen Kommunikationsprozessen, die für die politische Meinungs- und Willensbildung relevant sind.

Das Prinzip der Neutralität oder Nicht-Identifikation — zuerst von Herbert Krüger so formuliert[104] — als Bedingung der Freiheit der Bürger und als Grundzug des modernen Verfassungsstaates ist eine der

---

[103] BVerfGE 19, 206 (216).

[104] *Krüger*, Allgemeine Staatslehre², 1966, 178 ff.; vgl. auch *Schlaich*, Neutralität als verfassungsrechtliches Prinzip, 1972, insbesondere 186 ff., 236 ff.; *Böckenförde*, Die Entstehung des Staates als Vorgang der Säkularisation, in: Böckenförde, Staat, Gesellschaft, Freiheit, 1976, 42; *Zippelius*, Allgemeine Staatslehre⁶, 1978, 132.

Erkenntnisse, die aus leidvoller geschichtlicher Erfahrung gewonnen und der Gestaltung des modernen Staates zugrunde gelegt wurden. Im GG ist dieses Prinzip jedoch differenziert verwirklicht:

Die verfassungsrechtliche Gewährleistung der Glaubensfreiheit (Art. 4 GG) wird konkret geschützt auch durch die besonderen Gleichheitssätze der Art. 3 III, 33 III GG; sie verpflichten den Staat, über die Zuerkennung von Rechten und Pflichten, nicht zuletzt bei der Zulassung zu öffentlichen Ämtern, unabhängig von dem religiösen Bekenntnis oder der Weltanschauung des Betroffenen zu entscheiden, d. h. aber im Hinblick auf diese Besonderheit des Menschen neutral zu sein. Er kann und darf sich nicht das Urteil anmaßen, ein Mensch wäre wegen seines religiösen Bekenntnisses oder wegen seines Glaubens mehr oder weniger als ein anderer Mensch würdig[105] für die Zuerkennung eines Vorteils oder einer Leistung.

Der Glaubensfreiheit korrespondiert ein Staatskirchenrecht, in dem sich das Prinzip der Trennung von Staat und Kirche mengt mit dem Prinzip der Kooperation von Staat und Kirche und mannigfacher Förderung der Kirche nach dem Prinzip der Parität und das überlagert ist von Resten staatskirchenrechtlicher Aufsicht.

Im Lebensbereich von Wissenschaft, Rundfunk und Kunst hält der Staat wesentliche Einrichtungen selbst vor. Er verwirklicht die ihm aufgegebene Neutralität im Bereich der Wissenschaft durch Gewähr der Freiheit von Forschung und Lehre der an der Universität tätigen Wissenschaftler, die nicht ausschließt, daß der Staat bei der personellen und finanziellen Ausstattung der Universitäten gewichtige Auswahlentscheidungen zwischen Personen, Projekten und ganzen Wissenschaftszweigen trifft. Der Staat verwirklicht die Neutralität im Rundfunkwesen durch in Rundfunkgesetzen und Staatsverträgen normierte Grundsätze und Richtlinien der Programmgestaltung und eine pluralistisch-paritätische Besetzung der maßgeblichen Organe dieser Einrichtungen. Beide zusammen sollen eine von staatlichen Organen wie von sozialen Mächten ungestörte Rundfunkkommunikation sicherstellen. Dazu gehört insbesondere, daß die Sendungen der freiheitlichen demokratischen Grundordnung entsprechen, die plurale Vielfalt der Standpunkte, Richtungen und Meinungen zur Darstellung kommt, das Programm insgesamt aber ausgewogen ist[106]. Die Kulturpflege durch Vor-

[105] Auf die Verbindung der besonderen Gleichheitssätze mit Art. 1 I GG weist zutreffend hin *Dürig*, in: Maunz / Dürig / Herzog, Art. 3 III, Rdnr. 1; zu den aus der Natur der Sache folgenden Grenzen der besonderen Gleichheitssätze, insbesondere dem Problem der Ungleichheit der Eignung auf Grund dieser Merkmale vgl. ebd., Rdnr. 23 ff.

[106] Grundlegend: BVerfGE 12, 205 (263); *Schlaich*, 83 ff.; *Herrmann*, Fernsehen und Hörfunk in der Verfassung der Bundesrepublik Deutschland, 1975, 242 ff., beide m. weit. Nachw.

haltung von Theatern und Museen ist einer ausdrücklich formulierten und geprägten Neutralitätspflicht nicht unterworfen. Dennoch wird erwartet, daß der Staat sich auch in diesen Bereichen Zurückhaltung auferlegt, die Pluralität der künstlerischen Entfaltung respektiert, nicht eine inhaltlich bestimmte „Staatskunst“ hervorzubringen sucht und die künstlerische Gestaltungsfreiheit in seinen Kunst-„Betrieben“ institutionell absichert[107].

Im wirtschaftlich-sozialen Bereich dominiert die politische Gestaltungsfreiheit des Staates. Insbesondere der Gesetzgeber vermag kraft Mehrheitsprinzips auch partikularen Interessen zu dienen, Postulate aus Parteiprogrammen in verbindlichen Staatswillen umzusetzen und „Farbe zu bekennen“[108]. Vorausgesetzt ist nur, daß bei der Umsetzung der partikularen Auffassungen in Rechtsnormen die verfahrensrechtlichen Vorschriften der Verfassung eingehalten werden und auch die Rechtsnorm selbst nicht gegen die Verfassung verstößt. Insbesondere die Grundrechte setzen der staatlichen Einwirkung auf Wirtschaft und Gesellschaft Schranken, deren Reichweite aber hier nicht zu erörtern ist[109].

Das Gebot der Neutralität wird jedoch sichtbar bei der Gestaltung des Tarif- und Arbeitskampfrechts mit dem in Begründung und Reichweite problematischen Gebot, Parität und Waffengleichheit der Tarifpartner zu gewährleisten[110].

b) Identifikation

Das Prinzip der Neutralität des Staates erstreckt sich nicht auf die Entscheidung des GG für eine freiheitliche demokratische, rechtsstaatliche und soziale Grundordnung. Im Hinblick auf diese Grundentscheidungen und die von ihr geschützten Werte ist das GG nicht neutral sondern identifiziert sich mit Werten und ist zu ihrem Schutz ggf. sogar „abwehrbereit“:

---

[107] *Heckel,* Staat, Kirche, Kunst, 1968, 98; *Oppermann,* Kulturverwaltungsrecht, 1969, 442 ff.; *Bull,* Staatsaufgaben nach dem Grundgesetz, 1973, 308; zur Gestaltungsfreiheit des Gesetzgebers bei der positiven Kunstförderung vgl. auch BVerfGE 36, 321 (332).

[108] *Püttner,* Toleranz als Verfassungsprinzip, 1977, 35.

[109] Zum Problemkreis der wirtschaftspolitischen Neutralität des GG, das sich nicht auf ein bestimmtes wirtschaftspolitisches Konzept festgelegt hat, aber jedenfalls imperative Zentralplanung der Wirtschaft ausschließt vgl. BVerfGE 4, 7 (17); *Badura,* Die Rechtsprechung des Bundesverfassungsgerichts zu den verfassungsrechtlichen Grenzen wirtschaftspolitischer Gesetzgebung im sozialen Rechtsstaat, AöR 92 (1967), 382 ff.; *Papier,* Unternehmen und Unternehmer in der verfassungsrechtlichen Ordnung der Wirtschaft, VVDStRL 35, 55 (75 ff.) m. weit. Nachw.

[110] *Evers,* Arbeitskampffreiheit, Neutralität, Waffengleichheit und Aussperrung, 1969; *Rüthers,* Zur Kampfparität im Arbeitsrecht, JurA 70, 85 ff.; *Schlaich,* 112 ff., alle m. weit. Nachw.

Das GG stellt einen Kanon wertbezogener Begriffe an die Spitze, nämlich „Verantwortung vor Gott und den Menschen“, die „nationale und staatliche Einheit“, den „Frieden der Welt“ (Präambel), die „Unantastbarkeit der Menschenwürde“, die „unverletzlichen und unveräußerlichen Menschenrechte als Grundlage jeder menschlichen Gemeinschaft“ (Art. 1 GG), die freie Entfaltung der Persönlichkeit, das „Sittengesetz“ (Art. 2 GG). Das GG trifft Vorkehrungen zur Sicherung dieser wertbezogenen Gewährleistungen, indem es eine freiheitliche, demokratische, rechtsstaatliche und sozialstaatliche Ordnung einrichtet, diese in ihren Grundzügen gegen den verfassungsändernden Gesetzgeber absichert (Art. 79 III GG), ein Widerstandsrecht konstituiert (Art. 20 IV GG) und den Staat befugt und verpflichtet, Angriffe, die sich aus der Gesellschaft auf die freiheitliche demokratische Grundordnung richten, bereits abzuwehren, wenn nur versucht wird, diese Grundordnung zu beeinträchtigen (Art. 9 II, 18, 20 IV, 21 II, 73 Ziff. 10, 87 I, 91, 98 II GG).

Bedenkt man die historische Situation bei Erlaß dieser Vorschriften, den Willen des Parlamentarischen Rates zum Neuanfang unter bewußter Abkehr von der totalitären Herrschaft des Nationalsozialismus, die Ausgestaltung der wertbezogenen Aussagen des GG insbesondere durch den Grundrechtsteil, bedenkt man ferner die Aufnahme dieser Vorschriften durch die Rechtsgemeinschaft, dann wird deutlich, daß das GG eine wertbezogene Ordnung errichtet hat. Über die sich hieraus ergebenden Folgerungen für die Erziehung des Kindes wird noch zu handeln sein[111]. Hier genügt es festzuhalten, daß das GG die Staatsorgane durch ein Bündel wertbezogener Begriffe verpflichtet, ihr Handeln mit diesen Normen in Einklang zu halten und die von diesen Normen in Bezug genommenen Werte zu sichern und zu gewährleisten. In bewußter Abkehr von dem Relativismus der WRV, die ihren völligen Umbau der Mehrheitsentscheidung anheim stellte, wenn diese nur in den Formen des verfassungsändernden Gesetzes erging[112], will das GG nicht mehr die Hand zu seiner Totalbeseitigung oder Vernichtung reichen, die auch zur Gefährdung oder Vernichtung der zentralen Freiheitsrechte führen würde. Im Hinblick auf diese materiellen und institutionellen Grundentscheidungen ist das GG daher nicht neutral, sondern „streitbar“ oder „wehrhaft“[113] und verlangt daher auch von den Beamten und mit gewisser Abstufung auch von den Arbeitnehmern im öffentlichen Dienst, sich mit „der freiheitlichen demokratischen rechts- und sozialstaatlichen Ordnung dieses Staates zu identifizieren“ und das zu ihrem Schutz Gebotene zu tun[114].

---

[111] Vgl. unten S. 106 - 112.

[112] *Anschütz,* Anm. zu Art. 76 WRV; *Jellinek,* Das verfassungsändernde Reichsgesetz, in: Anschütz / Thoma, Handbuch des deutschen Staatsrechts, 1932, 2. Bd., 182 ff.; Pr. OVGE 77, 493 (494); vgl. auch BVerfGE 39, 334 (346 ff.).

[113] BVerfGE 30, 1 (19); 39, 334 (349) — Radikalenbeschluß.

Der Überblick erhebt keinen Anspruch auf Vollständigkeit. Er will nur die Mannigfaltigkeit der Funktionen, Formen und Inhalte, aber auch die unübersehbaren Grenzen der Prinzipien Neutralität und Identifikation verdeutlichen. Die Ambivalenz der Prinzipien schließt aus, sie als hinreichend konturierte Rechtsbegriffe zu verstehen, aus denen selbständige Rechtsfolgen abgeleitet werden können[115]. Ob sie als Verfassungsdirektiven mit sinnvariablem Begriffsinhalt[116] oder als Hilfs- und Interpretationsmittel zur Erkenntnis von Normen und deren Inhalte[117] zu verstehen sind, könnte sinnvoll nur in einer Aufarbeitung grundsätzlicher Methodenfragen erörtert werden, für die hier kein Raum ist. Es genügt daher festzuhalten, daß das Postulat der Neutralität als Komplementärprinzip der Freiheitssicherung in einzelnen Lebensbereichen wirksam wird, seine inhaltliche Gestalt aus der Ordnung dieser Lebensbereiche erfährt, aber seine Reichweite auch begrenzt wird durch die Grundentscheidungen des GG für die freiheitliche demokratische, rechtsstaatliche und soziale Grundordnung.

c) Neutralitätsgebot in Kommunikationsprozessen

Verallgemeinerungsfähig erscheint, daß das Postulat der Neutralität von besonderem Gewicht ist für die religiös-weltanschaulichen Lebensbereiche und für Kommunikationsprozesse im Umfeld der Meinungsfreiheit, insbesondere der politischen Meinungs- und Willensbildung im gesellschaftlichen Raum.

Das Neutralitätsgebot im religiös-weltanschaulichen Bereich hat seine Ausformung im Prozeß der Säkularisierung des Staates erfahren. Das hat dazu geführt, daß der Staat auf säkulare Aufgaben beschränkt und ihm die Fähigkeit aberkannt wurde, sich zu einem Glauben zu bekennen oder auch nur über die Wahrheit eines Glaubens oder einer Welt-

---

[114] BVerfGE 39, 334 (347 ff.); das BVerfG hat klargestellt, daß die Pflicht zur Identifikation nicht ausschließe, „an Erscheinungen dieses Staates Kritik üben zu dürfen“, für Änderungen der bestehenden Verhältnisse — innerhalb des Rahmens der Verfassung und mit den verfassungsrechtlich vorgesehenen Mitteln — eintreten zu können, solange in diesem Gewand nicht eben dieser Staat und seine verfassungsmäßige Grundlage in Frage gestellt werden. An einer „unkritischen“ Beamtenschaft können Staat und Gesellschaft kein Interesse haben. Vgl. auch BVerwGE 47, 330 (343), der auch von den Lehrern diese Einstellung verlangt und in der Lehrtätigkeit eine Aufgabe großer staatspolitischer Bedeutung sieht, weil die Schule in hervorragendem Maße die Werte der Staatsordnung bewußt zu machen habe; BAG 31. 3. 1976, 5 AZR 104/77 macht sich ausdrücklich diese E des BVerfG zu eigen; vgl. ferner BVerfGE 48, 127 (165) aus Art. 73 Nr. 1, 87 a I GG folge die „Verfassungsentscheidung für die militärische Landesverteidigung“.

[115] Vor dieser neuen Spielart der Begriffsjuristerei warnt eindringlich *Schlaich*, 221 ff.

[116] So zum Neutralitätsprinzip *Häberle*, ZevKR 18 (1973), 420 (426) in seiner Besprechung von *Schlaich*, Neutralität als verfassungsrechtliches Prinzip.

[117] So zum Neutralitätsprinzip *Schlaich*, 231.

anschauung zu entscheiden[118]. Nicht verwehrt wurde ihm in Deutschland, die religiöse Betätigung der Bürger und ihrer Kirchen nach den Grundsätzen der Parität zu schützen und zu fördern.

Die Neutralitätspflicht in Bezug auf die politische Meinungs- und Willensbildung im gesellschaftlichen Raum dient dem Schutz der Freiheit der an der Willensbildung beteiligten Personen und pluralen Gruppen, zugleich aber auch dem Schutz der demokratischen Willensbildung selbst und damit der Entwicklung des Soziallebens und der Chance der Minderheit von heute, zur Mehrheit von morgen zu werden.

Dieses Wechselspiel, aber auch der Prozeß der Mit- und Vorformung des politischen staatsgerichteten Entscheidungswillens, aus dem der Staat eigentlich erst hervorgeht, darf von den Organen des Staates nicht gestört und nicht verfälscht werden. Daher folgert das BVerfG aus der Entscheidung des GG für die freiheitliche demokratische Grundordnung zutreffend, daß sich die „Willensbildung des Volkes frei, offen und unreglementiert ... vollziehen muß“[119]. Dem Staat ist mithin verwehrt, in diesen Kommunikationsprozessen „Partei“ zu ergreifen.

Mit dem Postulat, der Prozeß der Meinungs- und Willensbildung des Volkes müsse „staatsfrei“ bleiben, damit sich die Willensbildung vom Volk zu den Staatsorganen und nicht umgekehrt von den Staatsorganen zum Volk vollziehen kann, ist dem Staat nicht die Befugnis zur Einwirkung auf diese Kommunikationsprozesse grundsätzlich aberkannt[120] — wie auch die Schule in mannigfacher Weise auf die Meinungs- und Willensbildung des einzelnen und der Gesellschaft einwirken darf. Hieraus folgen Abgrenzungsprobleme, die wegen der Komplexität der Einwirkungen durch Kommunikation auf Kommunikationsprozesse, wegen der Verflechtungen zwischen Gesellschaft und Staat, der auch befugt ist, die Freiheitsentfaltung seiner Bürger zu fördern, nicht schematisch gelöst werden können.

Aus der Rechtsprechung des BVerfG zu der Einwirkung von Schule, Rundfunk und Öffentlichkeitsarbeit der Regierung auf die geschützten Freiheitsbereiche Glauben, öffentliche Meinung und politische Willens-

---

[118] *Hesse*, Grundzüge des Verfassungsrechts der Bundesrepublik Deutschland[10], 1977, 66.

[119] Seit BVerfGE 9, 162 (165); vgl. E 20, 56 (98) und jüngstens E 44, 125 (139).

[120] Geschweige denn ist der Staat darauf verwiesen, sich nur durch Organhandlungen wie Rechtserzeugung und Rechtsanwendung zu äußern, wie im Schrifttum gelegentlich angenommen wird, so *Lenz*, Rundfunkorganisation und öffentliche Meinungsbildungsfreiheit, JZ 63, 338 (342); vgl. auch *Hamann / Lenz*, Das Grundgesetz für die Bundesrepublik Deutschland[3] (Kommentar) 1970, Art. 5 (S. 182), 21 (S. 352); *Lenz / Sasse*, JZ 62, 232 (237); *Krüger*, Allgemeine Staatslehre[2], 1966, 548.

bildung lassen sich die Problemlösung bestimmende Gesichtspunkte entnehmen, die im folgenden stichwortartig zusammenzustellen sind. In einem weiteren Schritt ist dann das Neutralitätsgebot für den Bereich der Schule unter Berücksichtigung dieser Gesichtspunkte näher zu bestimmen.

Als maßgebliche Gesichtspunkte hat das BVerfG seinen kommunikationsrechtlichen Entscheidungen folgende Gesichtspunkte zugrunde gelegt:

(1) Die verfassungsrechtliche Legitimation des Staates zur Aufgabenwahrnehmung

— für die religiös-weltanschauliche Ausprägung der Schule: Art. 7 III GG (BVerfGE 41, 29 (46)),

— für die Errichtung von Rundfunkanstalten das tradierte Verständnis des Rundfunks als Aufgabe der öffentlichen Verwaltung (BVerfGE 12, 205 (244 ff.)),

— für die Öffentlichkeitsarbeit die allgemeinen Staatsaufgaben (BVerfGE 20, 56 (106); 44, 125 (147 ff.))[121].

(2) Die Mächtigkeit der Einwirkung und ihre Bedeutung für den geschützten Freiheitsbereich

— die Einführung religiöser Bezüge in die Gestaltung der Schule ist nur unter der Voraussetzung zulässig, daß die Zwangselemente auf ein Minimum beschränkt werden und Toleranz gewährt wird (BVerfGE 41, 29 (51)),

— weil Rundfunk ein eminenter Faktor der Meinungsbildung ist und Oligopolstellung hat, bedarf es besonderer Vorkehrungen (BVerfGE 12, 205 (263)),

— die Quantität der von einer Regierung aufgegebenen Anzeigen und veröffentlichten Drucksachen und die Nähe zum Wahltag sind Kriterien für die Abgrenzung zwischen zulässiger Öffentlichkeitsarbeit und verfassungswidriger, parteiergreifender Einwirkung auf die Wahl (BVerfGE 44, 125 (150 ff.))[122].

(3) Sachgegebenheiten des jeweiligen Kommunikationsprozesses

— bei der religiös-weltanschaulichen Prägung der Schule die konfessionelle Zusammensetzung der Bevölkerung, ihre religiöse Verwur-

[121] Vgl. zu diesem Problemkreis *Krüger*, Von der Staatspflege überhaupt, in: Selbstdarstellung des Staates, Schriftenreihe der Hochschule Speyer, 1977, 21 ff.; *Kempen*, Grundgesetz, amtliche Öffentlichkeitsarbeit und politische Willensbildung, 1975; *Leisner*, Öffentlichkeitsarbeit der Regierung im Rechtsstaat, 1966.

[122] Hier mag es dahinstehen, ob das BVerfG unter Berücksichtigung dieser Maßstäbe zu enge Grenzen gezogen hat; kritisch das Sondervotum des Richters *Rottmann*, ebd., 191 ff.

zelung, das Lehrverständnis der christlichen Kirchen (BVerfGE 41, 26 (51, 63)),

— die Nähe zum Wahltag (BVerfGE 44, 125 (151)).

(4) Die (Wettbewerbs-)Neutralität der Einwirkung

— die christlich geprägte Schule soll das Christentum nicht als Glaubenswahrheit sondern als prägenden Kultur- und Bildungsfaktor vermitteln und für andere weltanschauliche und religiöse Inhalte und Werte offen sein (BVerfGE 41, 26 (51))[123],

— im Rundfunk soll die Programmgestaltung ausgewogen sein (BVerfGE 12, 205 (263))[124],

— die Informationen der Regierung sollen sachgerecht und objektiv gehalten sein; in der Vorwahlzeit soll sich die Regierung auf Erklärungen in amtlicher Funktion beschränken (BVerfGE 44, 125 (154)).

(5) Die besondere verfassungsrechtliche Legitimation, sich mit einer Auffassung identifizieren zu dürfen,

— das Gebot, bei der Bestimmung der Schulform das unvermeidliche Spannungsverhältnis zwischen „negativer" und „positiver" Religionsfreiheit durch einen für alle zumutbaren Kompromiß zu lösen (BVerfGE 41, 29 (50)),

— mangels einer Legitimation[125] dürfen Rundfunkanstalten bei der Zuteilung von Sendezeiten an politische Parteien nicht prüfen, ob ein Wahlspot verfassungsfeindlichen Inhalt hat (BVerfGE 47, 198 (227)),

— die Befugnis zur Abgabe von Erklärungen in amtlicher Funktion (BVerfGE 44, 125 (154)); die Zuständigkeit zum Schutze der freiheitlichen demokratischen Grundordnung (BVerfGE 40, 287 (293)).

(6) Die Absicherung vor der Gefahr einseitiger Einwirkungen und sonstigen Mißbrauchs durch besondere Vorkehrungen

— bei der Sexualerziehung durch gesetzliche Regelung und das Gebot zu Abstimmung und Informationsaustausch zwischen Lehrern und Eltern (BVerfGE 47, 46 (75)),

---

[123] Problematisch erscheint das Gebot zur „Versachlichung religiöser und weltanschaulicher Auffassungen", 63, da die Vermittlung einer religiösen Auffassung als Glaubenswahrheit nicht unsachlich, sondern allenfalls rational nicht nachweisbar und außerhalb des Religionsunterrichtes in der Schule aus Gründen der Glaubensfreiheit, Neutralität oder Toleranz unzulässig sein kann.

[124] Allen wahlwerbenden Parteien sollen gleichgewichtig Sendezeiten zugeteilt werden, seit BVerfGE 7, 99 (107); 13, 204 (205); 14, 121 (133 ff.); 34, 160 (163).

[125] Vgl. Art. 21 II GG.

— bei der Einrichtung von Rundfunkanstalten durch gesetzliche Regelung von Leitsätzen für die Programmgestaltung und einer besonderen Organstruktur (BVerfGE 12, 205 (263)),

— bei der Öffentlichkeitsarbeit durch Offenlegung von Art, Umfang und Zielrichtung dieser Arbeit und der hierfür eingesetzten Mittel (BVerfGE 44, 125 (155)).

Entsprechende Gesichtspunkte werden vom BVerfG auch zur Lösung anderer Neutralitätsprobleme herangezogen. So ist die Erstattung von Wahlkampfkosten aus dem verfassungsrechtlichen Status und der Bedeutung, die das GG den politischen Parteien für das Staatsganze zuerkannt hat, legitimiert; diese finanzielle Einwirkung kann durch einen, dem Grundsatz der Chancengleichheit der Parteien gemäßen Verteilungsschlüssel neutralisiert werden (BVerfGE 8, 51 (63); 12, 276 (280); 20, 56 (113)). Dagegen ist eine Staatsfinanzierung der gesamten politischen Tätigkeit der Parteien unzulässig, weil diese Finanzierung nicht verfassungsrechtlich legitimiert ist, sondern dem Leitbild der freien, vom Staat unabhängigen politischen Partei (Art. 21 GG) widerspricht (BVerfGE 20, 56 (102)).

d) Aktuelle Anwendungsfälle

Die hier entwickelten Gesichtspunkte hatte das BVerfG Entscheidungen konkreter Fälle zugrunde gelegt. Sie stehen daher für die Beurteilung künftig anstehender Entscheidungen bereit, wenn sie nicht als starre Maßstäbe, sondern als Wertungskriterien begriffen und angewendet werden. Fallunabhängig ermöglichen sie jedoch nur einen skizzenhaften Umriß von Gestalt und Reichweite des Neutralitätsprinzips bei der Festsetzung von Erziehungszielen.

Der Staat wirkt durch die schulische Erziehungs- und Bildungsarbeit auf die Weltanschauung, das Gewissen, die Meinung und die politischen Auffassungen des einzelnen Schülers und über die Einwirkung auf alle Schüler einer Generation auch auf die Entfaltung dieser Freiheiten in der Gesellschaft in Gegenwart und Zukunft ein. Dadurch gestaltet er das geistige, kulturelle und wirtschaftliche Leben der Gesellschaft insgesamt mit. Art. 7 GG legitimiert diese Einwirkung grundsätzlich[126].

Der Erziehungsauftrag der Schule erlaubt Einwirkungen auf den einzelnen Schüler von besonderer Mächtigkeit[127]. Schulbesuchspflicht bzw. soziales Verwiesensein auf den Besuch der weiterführenden Schule, nur durch die Privatschulfreiheit aufgelockertes Monopol der öffentlichen Schule, Informationsvorsprung des bürokratischen und

---

[126] Vgl. oben ad (1).

[127] Vgl. oben ad (2).

wissenschaftlichen Systems Schule und Schulverwaltung vor dem einzelnen, in seiner Bildung noch zu entwickelnden und in seiner Persönlichkeit noch zu festigenden Schüler öffnen Möglichkeiten, den Schüler positiv oder negativ für immer zu prägen, vor denen die Wirkungsmacht aller anderen staatlichen Einrichtungen verblaßt[128]. Die sich aus den Grundrechten ergebenden Schranken der Erziehungsgewalt des Staates sind bereits dargetan. Das Neutralitätsprinzip bestätigt diese Erfordernisse als objektive — daher auch durch individuellen, geschweige denn kollektiv-mehrheitlichen Verzicht nicht beschränkbare — Pflichten des Staates bei Gestaltung und Durchführung des Unterrichts. Denn Heimstatt aller Schüler kann die Schule nur sein, wenn sie sich nicht nur im religiös-weltanschaulichen Bereich, sondern auch in Bereichen aktueller politischer Auseinandersetzung neutral verhält und sich nicht Entscheidungskompetenzen für ihren Bereich anmaßt, die dem demokratischen Willensbildungsprozeß des gesamten Volkes vorbehalten sind und nicht andersdenkende Schüler in Konfliktsituationen bringt und isoliert.

In Bezug auf die jeweils aktuelle Meinungs- und politische Willensbildung des Volkes und auf die Wahlen ist die Erziehungsmacht der Schule über ihre Schüler von vergleichsweise geringer Tragweite, da nur die älteren Schüler der weiterführenden Schule in das wahlfähige Alter hineinwachsen und eine Chance haben, sich in der Welt der Erwachsenen Gehör zu verschaffen. Vernachlässigbar gering sind diese Einflußmöglichkeiten der Schule nicht. Wie die permanenten Auseinandersetzungen der Parteien mit ihren Jugendorganisationen und die Aktivitäten politisch engagierter Jugendlicher bestätigen, vermögen auch Schüler sich am Prozeß der aktuellen politischen Willensbildung gestaltend zu beteiligen.

Wenn es richtig ist, daß der Prozeß der politischen Meinungs- und Willensbildung staatsfrei sein soll, darf auch die Schule bei Erfüllung ihrer Erziehungsaufgaben in aktuellen Prozessen der Meinungsbildung nicht Partei ergreifen. Vom Neutralitätsgebot befreit nicht, daß die Schule nur einen kleinen Teil des Volkes erfaßt. Denn es geht nicht um die Erfolgschancen der Einflußnahme, sondern um das Freibleiben des Prozesses von staatlichem Einfluß, wenn dieser von realer Mächtigkeit ist und daher die Chancengleichheit der an diesem Prozeß beteiligten Kräfte beeinträchtigen kann[129]. Beides aber kann beeinträchtigt wer-

---

[128] *Huber*, Zur Problematik des Kulturstaates, 1958, 18.

[129] Daher war auch für die Beurteilung der Wahlwerbung der Regierung unerheblich, ob ihre Anzeigen und Broschüren gelesen wurden, ob sie die erhoffte Wirkung entfalteten oder auf den Leser eher abstoßend wirkten; anders aber das Sondervotum des Richters *Rottmann* zu BVerfGE 44, 125 (191 f.), der in Regierungsberichten, die nur von wenigen Lesern gelesen wer-

den, wenn die Schule zu Gunsten oder zu Lasten der einen oder anderen Kraft Partei ergreift. Diese Identifikation mit einer Partei kann sich in vielerlei Spielarten darstellen, etwa von der beiläufigen „politischen“ Bemerkung eines Lehrers bis zur landesweiten Prägung eines Schulsystems. Von verfassungsrechtlich relevanter Mächtigkeit im Hinblick auf die Meinungsbildungsprozesse des Volkes können nur organisierte Parteinahmen erheblicher Intensität durch eine Vielzahl von Schulen sein. Damit sind jedoch Parteinahmen einzelner Lehrer oder Schieflagen einzelner Schulen nicht legalisiert. Sie widersprechen der notwendig auf Neutralität angelegten Ordnung des Schulsystems und müssen schon aus diesem Grunde, aber auch zum Schutze der Schüler vermieden, ggf. durch die Aufsichtsbehörden verhindert werden.

Das Neutralitätsgebot verwehrt nicht die Einbeziehung politisch aktueller Fragen in die Erziehungsarbeit, gebietet aber, die Einwirkung durch Objektivität der Darstellung und durch Einbeziehung aller relevanten Auffassungen zu neutralisieren[130].

Umstrittener als die Einflußnahme auf aktuelle Prozesse der politischen Willensbildung ist die Befugnis der Schule zur Einflußnahme auf die öffentliche Meinung und dadurch auf künftige Entscheidungsprozesse durch Erziehung der nachrückenden Generation.

Die Möglichkeit dieses Einflusses läßt sich nicht quantifizieren, weil in der einer Beobachtung zugänglichen Vergangenheit und Gegenwart die Erziehungsziele nur diffus formuliert waren, nach Zeit und Ort mannigfach wechselten, unterschiedlich verwirklicht wurden und außerschulischen Erziehungsfaktoren nicht quantifizierbarer Mächtigkeit begegneten. Die Absenz einer die Schule prägenden Bildungsidee, die Tendenz, kognitiven Lernzielen den Vorzug vor emotiven Lernzielen zu geben, die Vielgliedrigkeit des deutschen Schulwesens, der Pluralismus der Lehrerschaft begründen die Vermutung, daß die von der Schule auf die Meinungs- und Willensbildungsprozesse der Gesellschaft ausgehenden Einflüsse sich in erheblichem Umfange neutralisieren, von regionalen Besonderheiten einmal hier abgesehen[131].

---

den, und in der politischen Primitivreklame nicht die Gefahr einer Wahlbeeinflussung erkennen kann.

[130] Hiervon geht auch BVerwGE 43, 162 (165) aus, das es als rechtens ansieht, wenn im staatsbürgerlichen Unterricht der Soldaten die Deutschlandpolitik „objektiv, tendenzlos und unter Bezeichnung des Standpunktes der Gegenmeinung“ vorzutragen ist.

[131] Skeptisch zur Erziehungsmacht der Schule: *Priesemann*, Schule als Institution der Erziehung, in: Essener Gespräche zum Thema Staat und Kirche, Bd. 12, 1977, 58 (61 ff.); daß die politische Bildung, gemessen an ihren Intentionen, nur beschränkte Erfolge gehabt hat, wird aus einer 1962 an solchen Schulen, welche für diese Aufgabe die relativ günstigsten Bedingungen hatten, durchgeführten empirischen Untersuchung gefolgert: Institut für Sozialforschung, UNI Frankfurt, Zur Wirksamkeit politischer Bildung, Teil I, 1966, 106, 142.

Entscheidend für die Frage nach der Reichweite des Neutralitätsprinzips ist jedoch nicht die Mächtigkeit der Erziehungsgewalt der Schule in ihrem derzeitigen Zustand, auch nicht, ob und welche Einflüsse von der Konzeptionslosigkeit der Schule ausgehen, die sowohl dem Vorwurf ausgesetzt ist, nicht das zur Erhaltung der Grundwerte Erforderliche zu leisten, als auch dem Vorwurf, der Stabilisierung und Reproduktion des bestehenden „ausbeuterischen" Systems zu dienen. Für die Beurteilung von Reformen maßgeblich sind die potentielle Mächtigkeit der schulischen Erziehung und die Vorstellungen des jeweiligen Reformers von dieser Mächtigkeit, wenn er sie in den Dienst seiner Zwecke stellen will. Jedenfalls die emanzipatorischen Reformbestrebungen scheinen sich dieser Mächtigkeit und der Fähigkeit, über sie verfügen zu können, sicher zu sein. Denn anders fiele ihr Reformeifer, durch emanzipatorische Erziehung die Unterprivilegierten zur „kollektiven Emanzipation" zu befähigen und dadurch gesellschaftlichen Wandel zu bewirken, ins Leere[132].

Die Schule ist verfassungsrechtlich legitimiert, die Schüler zur Teilnahme an künftigen politischen Willensbildungsprozessen zu befähigen und zu motivieren. Schulreform kann daher auch darauf zielen, daß dieser Erziehungs- und Bildungsauftrag optimal erfüllt wird, um die Voraussetzungen für künftige Prozesse der politischen Meinungs- und Willensbildung zu verbessern. Damit ist freilich alsbald die Frage provoziert, was denn materiell unter Verbesserung zu verstehen ist.

In dem Maße, in dem ein Schulsystem durch Erziehung seiner Schüler nicht die Qualität künftiger Meinungs- und Willensbildung in einem ganz allgemeinen Sinne verbessert, sondern Gegenstand, Tendenz und Ergebnis künftiger Willensbildung beeinflußt, wirkt es auf Befugnisse ein, die der Gesellschaft vorbehalten sind.

Mit dem Neutralitätsgebot vereinbar ist nur ein Erziehungsprogramm, das eine solche Einflußnahme vermeidet. Entscheidet sich das Schulsystem dafür, Bereitschaft zur Mitwirkung an Willensbildungsprozessen zu aktivieren, kann es daher erforderlich werden, durch ausgewogene Gestaltung des Erziehungsprogrammes die von der Erziehung ausgehenden Einflüsse zu neutralisieren. In der Praxis des Schulalltags wird es nicht möglich sein, in die ganze Breite des Entscheidungsspielraumes einzuweisen, der dem Bürger zu Gebote steht. Aber auch durch die — unvermeidlichen — Auswahlentscheidungen darf der

---

[132] Es mag hier offen bleiben, ob nach Lenin Erziehung nur Wandel bewirken kann in Verbindung mit dem selbständigen politischen und besonders revolutionären Kampf der Massen. Zu den Bestrebungen, durch emanzipatorische Erziehung gesellschaftlichen Wandel zu bewirken, vgl. u. a. *Reuter*, Das Recht auf chancengleiche Bildung, 1975, 188; *Gamm*, Das Elend der spätbürgerlichen Pädagogik, 1972, 165.

Staat nicht Partei ergreifen. Im praktischen Vollzug des Neutralitätsgebotes sind daher, wenn es für geboten erachtet wird, in eine Richtlinie oder ein Curriculum näher bestimmte Fähigkeiten oder Bereitschaften zum politischen Handeln aufzunehmen, auch die alternativen Fähigkeiten und Bereitschaften mit gleichem Stellenwert aufzunehmen, wenn diese legitim und sozial relevant sind. Emanzipation und Integration, Konflikt und Konsens, Verändern und Bewahren sind für die Schule gleichwertige komplementäre Lehrziele.

Das Neutralitätsgebot erstreckt sich nicht auf Angelegenheiten, über deren Wertung sich die Rechtsgemeinschaft nach den Entscheidungen des GG einig sein soll, mit denen sich daher der Staat und mit ihm die Schule identifizieren darf und ggf. soll[133].

Hierzu gehören vor allem die Grundentscheidungen des GG, die nach Art. 79 III GG der Verfassungsänderung entzogen sind. Erziehung zur Beseitigung der freiheitlichen demokratischen Grundordnung wäre daher auch nicht als alternatives Erziehungsziel rechtlich zulässig. Erziehung zum Widerstand[134] gegen gesellschaftliche Konventionen wäre daher zulässig als alternatives Erziehungsziel, dem die Bereitschaft zur Anerkennung oder zur zeitgerechten Anpassung der Konventionen korrespondieren mag. Erziehung zum Widerstand gegen staatliche Normen dagegen wäre im Hinblick auf das Demokratie- und das Rechtsstaatsprinzip nur als Erziehungsziel in den engen Grenzen des Art. 20 IV GG mit der Verfassung vereinbar, im übrigen aber selbst als Alternative zum Erziehungsziel Gehorsam gegenüber der Rechtsordnung, der durchaus auch als verantwortungsbewußter Gehorsam begriffen werden sollte[135] unzulässig.

Nicht Neutralität, sondern Identifikation obliegt der Schule auch für die elementaren Rechte der Person, ihre Würde, ihre Freiheit, ihren Anspruch auf Gleichbehandlung und die durch die freiheitliche demokratische Grundordnung gewährleistete und umgrenzte Offenheit für das Wirken der pluralen Kräfte der Gesellschaft und ihre divergierenden Wertungen, Anschauungen und Interessen[136].

Die Interpretations- und Konkretisierungsbedürftigkeit dieser Begriffe und Strukturprinzipien der Verfassung ist kein Freibrief für eine

[133] Vgl. oben ad (5).

[134] Der Ursprungsfassung der Richtlinien für den politischen Unterricht des Landes Nordrhein-Westfalen, 1973, entnimmt, als plakative Kurzformel formuliert, ein solches Erziehungsziel *Frowein*, Erziehung zum Widerstand, in: Geiger-FS 1974, 578 m. weit. Nachw.

[135] Vgl. schon *Schwinge*, Soldatischer Gehorsam und Verantwortung, 1939; vgl. auch *Krüger*, Allgemeine Staatslehre², 1966, 940 ff.

[136] BVerfGE 41, 29 (59): „Der ‚ethische Standard' des Grundgesetzes ist ... die Offenheit gegenüber dem Pluralismus weltanschaulich-religiöser Anschauungen".

unbegrenzte Auslegung, die notwendig zur parteilichen Auslegung entartet[137] oder eine Ermächtigung der Schule zur Interpretation aus pädagogischem Selbstverständnis. Die Schule kann die ihr vom Neutralitätsprinzip auferlegte Objektivität[138] nur wahren, wenn sie sich die Begriffe und Strukturen des GG in der Bedeutung zu eigen macht, wie sie sich in der Rechtsgemeinschaft, vor allem in der höchstrichterlichen Rechtsprechung, entfaltet haben[139].

Zur Klarstellung sei vermerkt, daß nach pädagogischen Gesichtspunkten darüber zu entscheiden ist, ob und in welchem Umfange Rechtsfragen in die Schularbeit einbezogen werden, wie sie dem Entwicklungsstand der Schüler gemäß dargestellt werden können, ob und mit welchem Gewicht Divergenzen und Reformbestrebungen zu erörtern und der Personwerdung des Schülers dienstbar zu machen sind. Lehrzielvorstellungen, wie der Schüler mit Grundentscheidungen des GG vertraut gemacht werden kann, hat Kriele[140] entwickelt, die von jedem, der mit der Abfassung von Richtlinien oder Curricula beschäftigt ist, als Hilfestellung für die Umsetzung der meist zu abstrakt bleibenden verfassungsrechtlichen Erörterungen in politische Erziehungsarbeit beachtet werden sollten.

Identifizieren darf die Schule sich auch mit jenem Komplex ethischer Normen und Wertvorstellungen, über den sich die Gemeinschaft einig ist oder nach den Entscheidungen des GG einig sein soll. Hierüber wird noch zu handeln sein[141]. Diese Normen und Wertungen sind Bestandteil der Kultur eines Volkes. Daher liegt die Erwägung nahe, daß der Schule auch aus ihrer Aufgabe, die Kultur zu tradieren, eine Erziehungsbefugnis zusteht. Da sich Erziehungs- und Bildungsarbeit der Schule überlagern und ergänzen, ist diese Befugnis anzuerkennen. Es ist aber daran zu erinnern, daß stets das Neutralitätsgebot Beachtung erheischt. Die vergleichsweise geringere Mächtigkeit der Bildungsarbeit mag Anlaß sein, die Schwelle für das Wirksamwerden des Neutralitätsprinzips hinauszuschieben. Dispensiert ist auch die Bildungsarbeit vom Neutralitätsgebot nicht.

---

[137] Nachweisbar etwa, wenn in Überdehnung des Gleichheitssatzes ein inhaltlich bestimmter Fortschritt zu sozialer Gerechtigkeit als Verfassungsgebot ausgegeben wird, obwohl, wie BVerfGE 5, 85 (198) zutreffend hervorgehoben hat, nur „in ständiger Auseinandersetzung aller an der Gestaltung des sozialen Lebens beteiligten Menschen und Gruppen" ermittelt werden kann, was zu tun ist und daher der Entwicklungsprozeß „für alle denkbaren Lösungen offen" bleiben muß.

[138] Vgl. oben ad (4).

[139] Vgl. die Kritik einer parteilichen, auf das bequeme Argument der Umstrittenheit aller Begriffe gestützten Auslegung bei *Tomuschat*, 26 ff. (s. Anm. 7 dieses Kapitels).

[140] *Kriele*, Legitimitätsprobleme der Bundesrepublik, 1977, 107 ff.

[141] Vgl. unten S. 102 - 106.

Erwägungen über das Neutralitätsprinzip dürfen nicht übersehen, daß die Schule durch ihre Bildungsarbeit auf das geistige Leben der Gesellschaft fördernd, aber auch prägend einwirkt und auch einwirken soll[142], daß sie die intellektuelle und kulturelle Lage einer Gesellschaft, ihre Meinungs- und Willensbildung entscheidend prägt[143]. Die aus der Bildungsarbeit zu erwartenden Rückwirkungen auf die politische Meinungs- und Willensbildung der Gesellschaft dem Neutralitätsprinzip zu unterstellen, geht nicht an, weil sie zu den Sachgegebenheiten der Bildungsaufgabe gehören[144]. Die Aufgabe der Schule, aus eigener Verantwortung auf die intellektuelle und kulturelle Lage der Gesellschaft einzuwirken, ist stets bei der Beurteilung der Frage, ob das Neutralitätsprinzip gewahrt ist, mit zu berücksichtigen. Dadurch vermehren sich die Abgrenzungsschwierigkeiten im konkreten Falle, zu deren Auflösung hier nur Hinweise gegeben werden konnten.

Damit Neutralität der Schule Wirklichkeit wird und Wirklichkeit bleibt, bedarf es sichernder Vorkehrungen[145]. Es wurde bereits dargelegt, daß das GG nicht gebietet und es auch nicht zweckmäßig und ausreichend wäre, die Neutralität der Schule durch ihre Freisetzung vom Staat zu sichern[146]. Wenn die Sicherung der Neutralität nicht durch die Einrichtung der Schule als staatsfreie Institution möglich ist, bedarf es anderer Vorkehrungen, die in der Gestaltung des Verfahrens zu suchen sind. Jedenfalls werden daher diejenigen Verfahren einzuhalten sein, deren Beachtung der parlamentarisch-demokratische Rechtsstaat auch für die Sicherung anderer Freiheitsbereiche und des Neutralitätsprinzips fordert, nämlich die Entscheidung der wesentlichen Angelegenheiten durch das Parlament in Form eines hinreichend bestimmten Gesetzes, die Ausformung von Rechtspositionen der Betroffenen, damit diese im Streitfall den Schutz der Gerichte in Anspruch nehmen können, die Gewähr des Gehörs, die Einrichtung besonderer Kontrollinstanzen, wenn anders eine wirksame Kontrolle nicht möglich ist.

Die Verfassungswirklichkeit entspricht diesen Postulaten noch nicht. Die Landesgesetzgeber sind erst in jüngster Zeit durch Leitentscheidungen des BVerwG und des BVerfG aufgerufen worden, das Schul-

---

[142] Vgl. *Oppermann*, Kulturverwaltungsrecht, 1966, 60 f.; *Hennecke*, 44 ff. (s. Anm. 3): „Der Bildungsplan ist Instrument der Gesellschaftspolitik" (46).

[143] Erinnert sei an die Rolle des Bildungsbürgertums bei Hervorbringung des Rechtsstaatsprinzips, des Sozialismus und der sozialstaatlichen Postulate und die Möglichkeiten der Schule, durch schlichte Wissensvermittlung die Gesellschaft für verdeckte Probleme zu sensibilisieren.

[144] Vgl. oben ad (3).

[145] Vgl. oben ad (6).

[146] Vgl. oben S. 56 f.

recht selbst zu normieren; im Übergang muß die Erlaßpraxis der Kultusminister noch hingenommen werden[147].

Die Kultusminister selbst werden — von Land zu Land in unterschiedlichem Ausmaß — bei der Bestimmung von Erziehungszielen von Gremien beraten, deren Zusammensetzung dem politischen Kalkül des Ministers und der ihn stützenden politischen Kräfte überlassen ist, die rechtlich zwar nur beratende Funktion haben und niemandem verantwortlich sind als dem Minister, der sie berufen und abberufen kann, aber in der Rechtswirklichkeit — wieder von Land zu Land in unterschiedlichem Ausmaß — die Entscheidungen des Ministers wesentlich determinieren und ihn politisch entlasten.

Die Rechtsprechung hat dem tradierten besonderen Gewaltverhältnis den Abschied gegeben[148], gewichtige Rechtspositionen von Schülern und Eltern klargestellt und zögert nicht, ihnen Rechtsschutz zu gewähren. Zentrale Rechte, wie das auf Wahl zwischen den vorhandenen Schulen und auf Wahl des Bildungsweges werden jedoch durch die Schulreformen mit ihrer Tendenz zur allumfassenden Gesamtschule, zur kompensatorischen Erziehung und Förderung in einem wenig transparenten System fließender Übergänge in ihrer Substanz geschmälert und bedürfen in dem Maße der Neuorientierung, wie sich Orientierungsstufe und Gesamtschule durchsetzen. Rechtspolitisch werden sie sich auch mit dem Streben engagierter Bildungspolitiker nach Bevormundung von Eltern und Schülern auseinanderzusetzen haben[149].

Die Mitsprache von Lehrern, Eltern und Schülern ist im Ausbau begriffen; ob es gelungen ist, Formen der Mitsprache zu entwickeln, die den inneren Hemmnissen einer effektiven und förderlichen Mitsprache hinlänglich entgegenwirken, ist noch nicht ausgemacht[150]. Jedenfalls steht nicht zu erwarten, daß diese Gremien hinreichend die Neutralität der Schule gewährleisten können, wenn im übrigen ihre verfahrensrechtliche Sicherung erhebliche Unzulänglichkeiten aufweist. Daher unterstreicht das Neutralitätsgebot das Erfordernis, daß die Parlamente die Verantwortung für die inhaltliche Gestaltung der Schule durch Schulgesetzgebung übernehmen.

Die Erwägung liegt nahe, zur Sicherung der Neutralität des Schulwesens für die Schulgesetzgebung oder wenigstens für die Entschei-

---

147 Vgl. unten S. 136 - 143.

148 Vgl. *Evers,* Das besondere Gewaltverhältnis, 1972; *Fuß,* Personale Kontaktverhältnisse zwischen Verwaltung und Bürger, DÖV 72, 765; *Starck,* Organisation des öffentlichen Schulwesens, NJW 76, 1375 (1376 f.); *Oppermann,* Gutachten C, 46.

149 Vgl. *Evers,* Reformen des Schulverhältnisses als Grundrechtsproblem, JR 76, 265 (266 m. weit. Nachw.).

150 Vgl. unten S. 144 - 147.

dung zentraler Fragen die Beschlußfassung mit einer qualifizierten Mehrheit vorzuschreiben, um Einseitigkeiten zu verhindern und die Mitberücksichtigung der schulpolitischen Vorstellungen und Belange qualifizierter Minderheiten zu sichern. Eine solche Form der Gesetzgebung sehen z. B. Art. 14 X, 14 a VIII österreichisches B-VG für bestimmte Angelegenheiten der Schulgesetzgebung des Bundes, Art. 15 II bwü. Verf. sowie Art. 55 II nds. Verf. für die Reform der tradierten Schulformregelungen vor, ohne daß dadurch diese Schulgesetze in den Rang von Verfassungsvorschriften erhoben würden.

Dem Verfassungsrecht des Bundes und der Länder kann eine Rechtspflicht, in dieser Weise zu verfahren, nicht entnommen werden. Ob es empfehlenswert wäre, im Wege der Verfassungsänderung eine solche Pflicht zu begründen, mag dahinstehen, da sich hierfür schwerlich die erforderliche Mehrheit finden dürfte. Zu erinnern wäre jedenfalls daran, daß weder in der konstitutionellen Ära der pr. Landtag, noch in der Weimarer Zeit der Reichstag die Kraft gefunden hatten, die von der Verfassung geforderten Schulgesetze mit einfacher Mehrheit zu verabschieden. Zu besorgen wäre, daß ungeachtet des Wandels der rechtlichen und der politischen Voraussetzungen ein solches Experiment die Gesetzgebung wiederum zum Erliegen brächte. Es bleibt daher der moralische Appell, für die gesetzliche Regelung von Erziehungszielen eine breite Mehrheit zu suchen und wenn diese nicht gewonnen werden kann, desungeachtet das Erziehungsprogramm so zu gestalten, daß eine breite Mehrheit ihm zustimmen könnte und die getroffenen Regelungen für alle zumutbar sind. In der Sache setzt dies eine ausgewogene Gestaltung des Erziehungsprogramms voraus, so daß eine zentrale Forderung des Neutralitätsprinzips erfüllt ist.

2. Toleranz

a) Abgrenzung zum Neutralitätsprinzip

In Schrifttum und Rechtsprechung wird neben dem Prinzip der Neutralität und meist ohne genauere Abgrenzung von diesem das Prinzip der Toleranz als ein das Schulrecht beherrschendes Prinzip genannt[151].

[151] *Oppermann*, Gutachten C, 95 f. leitet ein Grundrecht auf eine ideologisch tolerante Schule aus dem Zusammenhang von Vorschriften und Vorstellungen ab, die dem Neutralitätsprinzip zugeordnet werden können; *Püttner*, Toleranz als Verfassungsprinzip, 1977, nennt die beiden Prinzipien fast durchgehend nebeneinander, wie hier aber S. 33 zum Problem der Gastarbeiterkinder, die nicht integriert werden wollen; nach BVerfGE 47, 46 (83) ist die Schule bei der Sexualerziehung zu „Zurückhaltung und Toleranz“ im Hinblick auf die religiösen und weltanschaulichen Überzeugungen der Eltern verpflichtet — obwohl schwerlich die Schule fähig, geschweige denn befugt ist, sich für eine bestimmte Sexualmoral zu entscheiden und aus dieser Warte zu tolerieren, daß Eltern andere Auffassungen haben; wie hier aber BVerfGE 41, 29 (64); BVerwGE 47, 330 (350).

Ursache und Folge der terminologischen Unschärfe zu untersuchen, ist hier kein Raum. Um sie abzubauen, kann sich empfehlen, Toleranz in seinem ursprünglichen Wortsinn als Dulden der Anschauungen, Wertungen und Verhaltensweisen eines Dritten zu verstehen, das eine Wertentscheidung oder gefestigte Anschauung bei dem voraussetzt, der zur Toleranz verpflichtet ist. Bei einer solchen Einschränkung der Verwendung des Toleranzbegriffes muß freilich hingenommen werden, daß die Wertassoziationen, die mit diesem Wort verbunden sind, nicht in die Interpretation des Neutralitätsprinzips einfließen.

Der moderne Staat, dem es im Bereich der Weltanschauungen und der politischen Auseinandersetzungen verwehrt ist, sich mit der einen oder der anderen Auffassung zu identifizieren, duldet nicht — ungeachtet seiner eigenen Wertentscheidung — andere Auffassungen seiner Bürger[152]. Auch die Schule kann in diesen Auseinandersetzungen nicht Partei ergreifen und von ihren Schülern wenigstens grundsätzlich verlangen, bestimmte Wertentscheidungen und Anschauungen sich zu eigen zu machen. Sie duldet daher auch nicht, daß Kinder solchen Erwartungen nicht entsprechen. Ihre Neutralitätspflicht ist daher mit dem Begriff Toleranz nicht sinnvoll umschrieben.

b) *Anwendungsbereiche des Toleranzgebotes*

Von Toleranz des Staates kann sinnvoll gesprochen werden, wenn der Staat eine eigene Wertung oder Auffassung haben darf und desungeachtet dem Bürger zugesteht, abweichende Wertungen oder Auffassungen zu haben. Dies kann in allen Lebensbereichen der Fall sein, in denen der Staat um der Freiheitlichkeit und Integration des Gemeinwesens willen seine Entscheidungsbefugnisse nur mit Rücksicht auf Belange der Minderheit wahrzunehmen gehalten ist[153]. Daß die Konfessionsschule die religiöse Überzeugung des zu ihrem Besuch verpflichteten Andersgläubigen dulden muß, ist daher nur eine der Folgen des Toleranzgebotes, die sich zudem unmittelbar Art. 4 GG entnehmen läßt[154].

Das Toleranzgebot kann eine die Amtspflichten verdeutlichende Verhaltensanweisung an den Lehrer sein[155], der seine Erziehungsarbeit nur unter Einsatz seiner Person leisten kann, die durch Wertentscheidungen und bestimmte politische Auffassungen mitgeprägt ist, der aber ungeachtet des persönlichen Engagements eine dem Neutralitäts-

---

152 *Schlaich*, 254 (s. Anm. 104 dieses Kapitels).

153 Vgl. *Püttner*, 36 ff.; *Werner*, Recht und Toleranz, Verh. 44. DJT, 1964, Bd. II, B 13, 1963, 31 ff.

154 Vgl. oben S. 77.

155 Nachw. oben S. 46 f.

gebot gemäße Erziehungsarbeit zu leisten hat und daher abweichende Anschauungen und Wertungen seiner Schüler zu tolerieren hat.

Toleranz ist schließlich ein von den Landesverfassungen und Schulgesetzen besonders hervorgehobenes Erziehungsziel[156]. Als wichtige Voraussetzung eines friedlichen Zusammenlebens in einer Demokratie sollen die Schüler lernen, die Freiheit der Persönlichkeit des anderen und die hierin begründeten Überzeugungen, Auffassungen und Verhaltensweisen des anderen anzuerkennen, ohne die eigenen Überzeugungen verleugnen zu müssen.

Nach alledem läßt sich zusammenfassend feststellen, das Neutralitätsprinzip verwehrt der Schule insbesondere, Partei zu ergreifen:

— für die Beseitigung, Beschränkung oder Erweiterung des Spielraumes, den das GG für die Austragung gesellschaftlicher Konflikte einräumt,
— für partikulare Interessen, seien es die einer Partei, einer Religion, Weltanschauung oder Klasse.

Das GG gebietet oder gestattet der Schule, sich zu identifizieren mit allen Angelegenheiten, über deren Wertung sich die Rechtsgemeinschaft nach den Entscheidungen des GG einig sein soll; dazu gehören insbesondere

— die elementaren Rechte der Person, ihre Würde, ihre Freiheit, ihr Anspruch auf Gleichbehandlung,
— die freiheitliche demokratische und sozialstaatliche Grundordnung und die von ihr gewährleistete aber auch begrenzte Offenheit für das Wirken der pluralen Kräfte der Gesellschaft,
— die Normen und gemeinsamen Wertvorstellungen, die für ein gedeihliches und friedliches Gemeinschaftsleben unter der Herrschaft des GG als unabdingbar und unabstimmbar vorausgesetzt werden.

Das Toleranzgebot gebietet der Schule, auch wenn sie sich mit Wertentscheidungen identifizieren darf oder soll, abweichenden Auffassungen und Wertungen von Eltern und Schülern gegenüber soweit offen zu sein, wie dies mit einem geordneten Schulbetrieb vereinbar ist.

---

[156] Vgl. oben S. 35, S. 49.

Fünftes Kapitel

Erörterung ausgewählter Erziehungsziele

I. Ethische Normen

1. Orientierungshilfen bei der Erkenntnis ethischer Normen

Die Erklärung der KMK zur Stellung des Schülers in der Schule[1] bezeichnet als Aufgabe der Schule „ethische Normen, kulturelle und religiöse Werte verständlich machen". Anders als z. B. „Freiheit und Demokratie" oder „Toleranz", zu denen nach der Erklärung der KMK zu „erziehen" ist, bleibt die Schule nach dieser Formulierung darauf beschränkt, dem Schüler diese Werte und Normen „verständlich" zu machen und ihm zu überlassen, welche Folgerungen er für seine Person aus dem Zuwachs an Verständnis zieht. In der Tat verwehrt die Glaubens- und Gewissensfreiheit (Art. 4 GG) der Schule — von den Sonderregelungen für die Bekenntnisschule und den Religionsunterricht hier abgesehen —, Glaubenswerte absolut zu setzen oder zu einem Glauben zu erziehen[2]. Nicht zuletzt aus pädagogischen Gründen wird die Schule sich auch darauf zu beschränken haben, kulturelle Werte „verständlich" zu machen und sich z. B. daher des Versuchs der Erziehung zu einer bestimmten Kunstrichtung enthalten. Es braucht daher hier nicht erörtert zu werden, ob und in welcher Weise die Gewährleistung der Freiheit von Kunst und Wissenschaft (Art. 5 GG) die Aufgabenwahrnehmung der Schule auf dem Gebiet kultureller Werte determiniert[3].

Für ethische Normen — so scheint es — kann nichts anderes gelten, bedenkt man die Vielzahl ethischer Konzeptionen, ihre Grundlegung in Glauben, Weltanschauung, Gewissen, Vernunft und Ratio, ihre Wandelbarkeit in der Zeit und die Ungewißheit ihrer Inhalte im einzelnen sowie ihr Verwiesensein auf freie Anerkennung der Normadressaten und die Gefahr ihrer Verfälschung bei der Berührung mit Zwangselementen welcher Art auch immer.

---

[1] Vgl. oben S. 50.

[2] Vgl. oben S. 76 - 78.

[3] Zum Kunstunterricht an öffentlichen Schulen vgl. die Ansätze zu einer Erfassung der verfassungsrechtlichen Probleme bei *Erbel*, Inhalt und Auswirkungen der verfassungsrechtlichen Kunstfreiheitsgarantie, 1966, 220 ff.; vgl. auch oben S. 83 f.

Da das GG dem Menschen die Freiheit gewährleistet, seine Einstellung zu ethischen Normen selbst zu bestimmen, erscheint die Schule darauf beschränkt, dem Schüler zu „helfen, sich selbständig zu orientieren, an Werte zu binden und entsprechend zu handeln", wie § 2 II Nr. 2 ham. Schulgesetz vorschreibt. Zur Wahrnehmung dieser Aufgabe ist die Schule verpflichtet, wenn unter den Bedingungen dieser Zeit der Schüler einer solchen Hilfe für seine Selbstentfaltung dringend bedarf. Dies vorausgesetzt darf daher auch Staat und Schule nicht vor den Schwierigkeiten kapitulieren, aus der Fülle des Stoffes und seiner inhaltlichen und intellektuellen Problematik Lehrprogramme auszuwählen und so zu gestalten, daß sie in der Schule bewältigt werden können und durch Ausgewogenheit und Offenheit für die Vielfalt der Auffassungen dem verfassungsrechtlichen Gebot der Wertneutralität[4] genügen.

2. Verhaltensregeln der Sozialmoral als Erziehungsziel

Eine andere Frage ist, ob das Gebot der Wertneutralität für die Befassung der Schule mit ethischen Normen und Werten für alle diese Normen und Werte gilt oder ob Gruppen von ihnen als verbindliche Erziehungsziele der Schule festgesetzt werden dürfen und falls diese Frage zu bejahen ist, welche dies sind. Eine Reihe von Schulgesetzen nehmen eine solche Befugnis, der schulrechtlichen Tradition folgend, in Anspruch; die Erklärung der KMK will eine solche Aufgabenerweiterung nicht ausschließen[5].

Der von Art. 7 I GG vorausgesetzte Auftrag des Staates zur Bildung und Erziehung der Schüler hat auch die Heranbildung der einzelnen Schüler zu selbstverantwortlichen Mitgliedern der Gesellschaft zum Inhalt[6]. Die verbindliche Einweisung in allgemein anerkannte ethische Normen ist eine dieser Sozialisationsaufgaben; sie bezweckt, die Voraussetzungen dafür zu schaffen, daß der Schüler zu einem eigenen Ethos finden und sich verantwortungsbewußt in der Gesellschaft selbst verwirklichen kann. Dabei ist die Einweisung in das Sittengesetz im Sinne des Art. 2 I GG ein konstitutiver Bestandteil der Selbstentfaltung des Schülers durch Erziehung, da Art. 2 I GG das Sittengesetz als Schranke dieser Freiheit bestimmt. Insoweit ist die Erziehung im Bereich ethischer Normen aus Art. 7 I und Art. 2 I GG legitimiert.

Die Legitimation erstreckt sich nicht auf den Gesamtbereich ethischer Normen, sondern nur auf die sittlichen Verhaltensanforderungen, die allgemein anerkannt sind und deren Einhaltung daher von den Mitgliedern des Gemeinwesens verlangt wird; nur diese Sozialmoral, nicht

---

[4] Vgl. oben S. 76 - 78, S. 88.

[5] Vgl. oben S. 50.

[6] Vgl. oben S. 55 - 58.

aber Normen der autonomen Ethik oder der Hochethik von Religions- und Weltanschauungsgemeinschaften ist auch Gegenstand des Sittengesetzes im Sinne des Art. 2 I GG[7]. Daher ist die Schule auch nicht legitimiert, die religiösen oder weltanschaulichen Grundlagen der Inhalte der Sozialmoral als für die Schüler verbindliche Grundlagen in das Erziehungsprogramm einzubeziehen. Auch hier hat sie vielmehr offen zu sein für die Mannigfaltigkeit der Auffassungen und Überzeugungen, die zu einer tieferen Begründung dieser Inhalte in Religion und Weltanschauung führen und weitergreifende Verhaltens- und Haltungsnormen zum Gegenstande haben können. All dies kann die Schule ihren Schülern nur verständlich machen; entscheiden kann sie zwischen den Auffassungen und Überzeugungen nicht. Daß desungeachtet dem christlichen Gedankengut eine zentrale Bedeutung zukommen wird, ergibt sich für die weltanschaulich neutrale Schule aus der prägenden Kraft dieses Traditionsstromes, der christliche Werte und Normen weitgehend zum Gemeingut des abendländischen Kulturkreises hat werden lassen[8].

Einer in dieser Weise begrenzten Erziehungsaufgabe steht das Recht des Schülers auf Selbstentfaltung grundsätzlich nicht entgegen, schon weil der Schüler als Glied der Gesellschaft diesen Normen ohnehin unterstellt ist; auch mit dem Elternrecht ist diese Erziehungsaufgabe vereinbar, weil die Eltern diese Normen in ihren Erziehungsplan einzubeziehen haben, wollen sie das Kind nicht der Gefahr der Verwahrlosung aussetzen. Die Erziehungsaufgabe kollidiert mit dem Neutralitätsgebot insofern nicht, als die Schule mit der Tradierung von Gemeingut der Gesellschaft nicht für eine gesellschaftliche Auffassung Partei ergreift.

a) Erkenntnisproblematik

Dennoch ist eine solche Erziehung zur Achtung vor ethischen Normen mit verfassungsrechtlichen Problemen behaftet; ihre Ursache haben sie in der Unbestimmtheit der Inhalte der Sozialmoral und in der Freiheit der Gesellschaft und ihrer Glieder, die Inhalte je neu zu bestimmen[9].

---

[7] Zum Begriff der Sozialmoral vgl. *Henkel*, Einführung in die Rechtsphilosophie², 1977, 71; *Erbel*, Das Sittengesetz als Schranke der Grundrechte, 1971, 262, 275 ff.; *Starck*, Das „Sittengesetz" als Schranke der freien Entfaltung der Persönlichkeit, in: Geiger-FS 1974, 259 (273) sieht mit stärkerer Betonung der Tradition als Inhalt des Sittengesetzes die „überlieferten sittlichen Vorstellungen", kann sich freilich nicht dem Problem des Wandels verschließen (276); *Evers*, Essener Gespräche, 116 m. weit. Nachw.

[8] Vgl. oben S. 76 f.

[9] Zu den Struktur- und Geltungsfragen der Sozialmoral vgl. z. B. *Henkel*, 71 ff.; zu den soziologischen und philosophischen Fragen vgl. *v. Hayek*, Die Irrtümer des Konstruktivismus, 1970, 10 ff.; *Ryffel*, Grundprobleme der Rechts- und Staatsphilosophie. Philosophische Anthropologie des Politischen,

Die in der Gesellschaft allgemein anerkannten ethischen Normen speisen sich aus heterogenen Quellen — der Überlieferung von bewußter, häufig aber unbewußter und auch rational nicht notwendig nachvollziehbarer Erfahrung von der Notwendigkeit bestimmter Verhaltensregeln für die Hervorbringung gesellschaftlicher Ordnung und Kultur, den Traditionsströmen der Religionen und Weltanschauungen, des menschlichen Denkens und Fragens und ihrer zeitgenössischen Emanationen, dem positiven Recht mit seinen Wertungen und Sanktionen für die Verletzung von Verhaltensregeln, den autonomen Entscheidungen der Mitglieder der Gesellschaft auf Grund ihrer Interessen, ihrer utilitaristischen und/oder idealistischen Grundsätze. Heterogen sind auch die Möglichkeiten, den jeweiligen Bestand des gelebten Ethos einer Gesellschaft zu erfassen — die philosophischen Bemühungen, die kulturwissenschaftlichen und die empirischen Analysen der in der Gesellschaft anerkannten Verhaltensregeln[10].

Jeder nachweisbare Fehlgriff in der Ermittlung dieses Bestandes, der sich auf die Festsetzung von Erziehungszielen auswirkt, setzt Staat[11] und öffentliche Schule dem berechtigten Vorwurf der Beeinträchtigung der Freiheit des Schülers und der Eltern aus; auch das Neutralitätsgebot ist verletzt, wenn eine Norm als allgemein verbindlich der Erziehungsarbeit zugrunde gelegt wird, die nach dem Stand des in der Gemeinschaft lebendigen Ethos „nur noch" oder „erst" von einzelnen Gruppen der Gesellschaft als verbindlich anerkannt wird.

Die Sozialmoral beruht auf der Anerkennung durch die Mitglieder der Gesellschaft; zur Freiheit des Menschen gehört die Freiheit des kritischen Fragens und der autonomen Entscheidung, was für ihn das Gute sein soll, damit aber auch die Freiheit, einer Verhaltensregel die Anerkennung zu versagen und andere Verhaltensregeln hervorzubringen, die, wenn sie allgemeine Anerkennung finden, der Sozialmoral neue Inhalte geben.

Die Wandelbarkeit der Sozialmoral und die Freiheit des Menschen, Veränderungen in Gang zu setzen, kann die Schule aus ihrer Erziehungsarbeit nicht ausklammern, ohne das Gebot wissenschaftlicher Redlichkeit und den Anspruch des Schülers auf ungeschmälerte Aufweisung der Dimension menschlicher Freiheit zu verletzen.

1969, 132 ff., 184 ff.; *Weischedel,* Skeptische Ethik, 1976; vgl. ferner *Isensee,* Demokratischer Rechtsstaat und staatsfreie Ethik, in: Essener Gespräche zum Thema Kirche und Staat, Bd. 11, 1977, 92 ff. m. weit. Nachw.

[10] Vgl. BVerwGE 1, 303 (307); BVerfGE 6, 389 (435); 7, 198 (215) im Hinblick auf die Gute-Sitten-Klausel in § 826 BGB; *Starck,* 260, kritisch.

[11] Dem Gesetzgeber billigt das BVerfG für vergleichbare komplexe Entscheidungen einen nicht geringen Spielraum zu, vgl. *Grabitz,* AöR 98, 568 (615); zur Erkenntnisproblematik für die Rechtsordnung vgl. ausführlich *Erbel,* 358 ff.

b) Probleme schulischer Umsetzung

Den Sozialisationsauftrag mit dieser weitergreifenden Erziehungsaufgabe zu einem angemessenen Ausgleich zu bringen und die Erkennbarkeitsproblematik, soweit es für die Erziehungsarbeit der Schule erforderlich ist, zu bewältigen, wird stets neu zu lösende Aufgabe der Schulpolitik sein. Das Verfassungsrecht hält hierfür keine Patentrezepte bereit.

Die Wahrnehmung dieser Aufgabe erleichtert, daß die Grenzen zwischen den bleibenden und den sich ändernden, den vom Konsens der Gesellschaft und den von partikularen Gruppen getragenen Inhalten bezogen auf den Grad der Abstraktion in etwa parallel verlaufen. Daher gelang es auch in den Landesverfassungen ohne größere Diskussionen, ethisch fundierte Erziehungsziele auf hohem Abstraktionsniveau festzusetzen[12]; daher entzündete sich auch der Streit um die Rechtmäßigkeit der Erziehungsarbeit der Schule, wenn versucht wurde, sie in Rahmenrichtlinien in ihren Einzelheiten und Konkretisierungen festzulegen.

Die Schule kann sich bei ihrer Erziehungsarbeit nicht auf das Allgemeine zurückziehen. Zwar sind die „goldene Regel" und knappe Kataloge abstrakter Werte wie Wahrhaftigkeit, Gerechtigkeit, Liebe, Verantwortungsbereitschaft, Solidarität des andauernden und allgemeinen Anerkanntseins sicher, nicht aber ihr Gewicht, wenn sie in der konkreten Situation in Konkurrenz miteinander geraten und Interessen- und Nutzengesichtspunkten konfrontiert sind. Da man heute stärker situativ denkt und empfindet als prinzipiell, wird es in der Schule vollends unzulänglich sein, die Erziehungsarbeit auf die abstrakten Werte und Prinzipien zu beschränken, ohne die Probleme der zeit- und gruppenabhängigen Anwendung einzubeziehen. Ist das richtig, bleibt Staat und Schule nur, die zeit- und gruppenabhängige Offenheit prinzipiell verbindlicher Verhaltensregeln in die Erziehungsprogramme ihrer Bedeutung entsprechend einzubeziehen. Insofern muß die Schule auch bei der Wahrnehmung dieser Erziehungsaufgabe offen sein für die Vielfalt der Auffassungen und Wertungen bei der Konkretisierung allgemein verbindlicher ethischer Normen in der jeweiligen Situation und für die Möglichkeiten ihrer Fortentwicklung.

Daß Staat und Schule die Grenzen der schmalen Legitimationsbasis für ethische Erziehung nicht überschreiten, ist noch am ehesten gewährleistet, wenn die Leitentscheidungen für die Erstellung von konkreten Erziehungsprogrammen in der geordneten, öffentlich verantworteten Diskussion des Parlaments gerechtfertigt und vom Parlament getroffen werden. Daß die älteren Gesetze diesen Anforderungen nicht genügen,

[12] Vgl. oben S. 36 - 38.

bedarf keines Nachweises. Ob die Neuregelungen des Erziehungsauftrages in Hamburg, Hessen und Schleswig-Holstein diesen Anforderungen entsprechen, bedürfte eingehender Untersuchungen, für die hier kein Raum ist.

II. Grundwerte des Grundgesetzes

1. Der äußere Rechtsgehorsam

Die Vorschriften des GG, mit denen es Würde und Freiheit des Menschen anerkennt und schützt und eine freiheitliche, demokratische, rechtsstaatliche und sozialstaatliche Ordnung errichtet und in ihren Grundzügen gegen jeden Versuch der Beeinträchtigung absichert[13], sind notwendige Gegenstände der Wissensvermittlung; soweit es pädagogisch möglich und sinnvoll ist, kann und soll daher die Schule den Schüler mit den Kenntnissen und Fähigkeiten ausstatten, die zur Wahrnehmung der Freiheitsrechte sowie der staatsbürgerlichen Rechte und Aufgaben und zum Verständnis der politischen Prozesse notwendig sind.

Eine andere Frage ist, ob und in welcher Weise die Schule auch zur „lebendigen Anverwandlung der Grundwerte der Verfassung" befugt und verpflichtet ist[14]. Die These, daß die Schule in den Grundwerten ihr „wesentliches Erziehungsprogramm" finden soll[15], ist alles andere als selbstverständlich und daher auch Quelle vieler Mißverständnisse und Mißdeutungen.

GG und Landesverfassung sind grundlegende Bestandteile der Rechtsordnung, der der Bürger Gehorsam schuldet. Der Rechtsgehorsam als „Achtung für das Recht"[16] ist eine ethisch begründbare Norm. Über sie ist auch die Gemeinschaft der Rechtsgenossen — mit einigen Differenzierungen und unter dem näher zu bestimmenden Vorbehalt der Übereinstimmung der Rechtsordnung mit sittlichen Mindestanforderungen — einig. Die Pflicht zum Rechtsgehorsam als einer generellen, auch ethisch verbindlichen Verhaltensnorm kann daher auch zum Gegenstand schulischer Erziehung bestimmt werden.

Die auf die Grundwerte der Verfassung gerichtete Erziehung soll indessen mehr erreichen. „Achtung für das Recht" schuldet der Bürger in hier nicht zu erörternden Grenzen auch Normen, deren Sinnhaftigkeit er bestreitet und die ihre Grundlage in einem Wert- und Weltbild

[13] Vgl. oben S. 85.

[14] *Oppermann,* Die erst halb bewältigte Sexualerziehung, JZ 78, 289 (292).

[15] *Isensee,* Verfassungsgarantie ethischer Grundwerte und gesellschaftlicher Konsens, NJW 77, 551.

[16] *Kant:* „Das Rechtshandeln mir zur Maxime zu machen, ist eine Forderung, die die Ethik an mich tut", Metaphysik der Sitten, Akad. Ausg. Bd. VI, 1907, 231.

haben können, die seinem Wert- und Weltbild widerstreiten. Ein solcher Rechtsgehorsam kann um so mehr verlangt werden, weil der Normadressat die politischen, weltanschaulichen oder religiösen Motive und Zwecke einer Rechtsnorm als verpflichtende Werte nicht anzuerkennen braucht[17], sondern sich — zumindest in der Regel — mit äußerem Gehorsam begnügen kann. Dagegen soll ein auf die Grundwerte des GG gerichtetes Erziehungsprogramm die Anerkennung der hinter den Rechtsnormen stehenden Werte als verpflichtende Werte bewirken; ein solches Programm muß alternative Werte ausklammern oder sogar ihrer Anerkennung als verpflichtend entgegenwirken. Dadurch aber weist die Schule der Selbstentfaltung des Schülers eine bestimmte Richtung; das ist eine gewichtige Einflußnahme auf seine politische und geistige Freiheit.

2. Pflicht zur inneren Anerkennung der Verfassungsgrundwerte

In den beiden Parteiverbotsverfahren und in weiteren Entscheidungen zur Meinungs- und Wissenschaftsfreiheit hat das BVerfG hervorgehoben, das GG verwehre nicht, Meinungen und wissenschaftliche Theorien zu entwickeln und zu diskutieren, die mit den Entscheidungen des GG nicht vereinbar sind und verbiete auch nicht, Kritik an der freiheitlichen demokratischen Grundordnung des GG zu üben; Abwehrmaßnahmen des Staates dürften erst einsetzen, wenn die gewonnenen Erkenntnisse von einer zum Handeln im staatlichen Raum entschlossenen Gruppe in den Willen aufgenommen und zum Bestimmungsgrund ihres Handelns gemacht werden[18]. Wenn demnach das GG nicht einmal vom Bürger als äußeren Rechtsgehorsam verlangt, seine von den Wertentscheidungen des GG abweichenden Auffassungen zu verschweigen, dann muß um so mehr zur Freiheit des Bürgers die im Vorfeld der Meinungsfreiheit liegende Überzeugungsbildung über Wert oder Unwert des GG und seiner Festsetzungen gehören. Erziehung, die zwar die mit den Wertentscheidungen der Verfassung nicht konforme Überzeugungsbildung nicht zwangsweise verhindert und auch nicht — bedenkt man die Grenzen pädagogischer Wirksamkeit — ausschließt, aber ihr entgegenwirken soll, bedarf daher besonderer Rechtfertigung.

Das BVerfG legt in ständiger Rechtsprechung dem GG, den Grundrechten insbesondere, den Charakter einer „Wertordnung" oder eines „Wertsystems" bei[19]. Die Beurteilung des GG als einer Wertordnung ist zunächst nichts als ein Argumentationsbehelf für die dem BVerfG obliegende Interpretation des GG, mit dem es sich von den Methoden

[17] So auch BVerfGE 22, 180 (209) im Hinblick auf das dem Sozialhilfegesetz zugrunde liegende Subsidiaritätsprinzip.

[18] BVerfGE 2, 1 (14); 5, 85 (140 ff.; 146).

[19] BVerfGE 6, 32 (41); 7, 198 (205); 10, 59 (81); zuletzt 35, 79 (114); 39, 1 (41).

eines wertungsfreien Gesetzespositivismus absetzt und die Notwendigkeit einer wertbewußten und wertbezogenen Interpretation des GG begründet. Im Schrifttum ist in Frage gestellt worden, ob das Verständnis des GG als Wertordnung dogmatisch hinreichend begründet, in sich widerspruchsfrei und auch für die Interpretation des GG ergiebig sei[20]. Auf diese dogmatischen und methodischen Fragen kommt es hier nicht an. Denn auch wenn der wertbezogenen Interpretation ein „Wertsystem" des GG zugrunde zu legen ist, bleibt zu fragen, warum vom Schüler mehr verlangt werden darf als die „Achtung fürs Recht".

Differenzierte, auf diesen Versuch äußerster Vereinfachung verzichtende Analyse des GG zeigt, daß die Inhalte der von ihm geschaffenen Ordnung geprägt sind durch grundlegende, der positiven Rechtsordnung vorausliegende Werte, die sich in wesentlichen Teilen mit Inhalten der Sozialmoral decken oder begegnen. Dabei sind Traditionen der liberal-repräsentativen parlamentarischen Demokratie, des liberalen Rechtsstaates und des Bundesstaates aufgenommen und neue Prinzipien hinzugefügt, insbesondere des Sozialstaates[21]. Mittelpunkt dieser Ordnung ist die innerhalb der sozialen Gemeinschaft sich frei entfaltende menschliche Persönlichkeit und ihre Würde[22].

Das GG umschließt mit diesen Festlegungen einen Kanon von Wertentscheidungen. Dabei mag dahinstehen, ob und unter welchen anderen Gesichtspunkten als denen der Einheit der Verfassung[23] diese Entscheidungen als Ausdruck eines Wertsystems verstanden werden können.

Historisch ruhen diese Wertentscheidungen auf einem Einigsein der politisch-gesellschaftlich maßgeblichen Kräfte in der Zeit nach dem Zusammenbruch des Jahres 1945, der in dem Akt der Verfassungsgebung einen feierlichen Ausdruck und in der zwar nicht förmlich-plebiszitären, aber in der Wirklichkeit des Verfassungslebens sich erweisenden tatsächlichen Annahme des GG durch die Bürger, die zur Rechtsanwendung berufenen Organe und die Wissenschaft eine Bestätigung gefunden hat. Normativ aber ist durch diesen Akt ein Kanon von Werten festgelegt worden, über den sich die Rechtsgemeinschaft weiterhin einig sein soll, der daher der Änderung durch einfache Mehrheitsentscheidung, in einem eingegrenzten Umfange auch der Änderung durch verfassungsändernde Mehrheitsentscheidung entzogen sein und auch gegen die Gefahr bestimmter Beeinträchtigungen geschützt werden soll.

---

[20] Grundlegende Kritik bei *Goerlich,* Wertordnung und Grundgesetz, 1973; *Grabitz,* Freiheit und Verfassungsrecht, 1976, 218 ff. m. weit. Nachw.; *Hesse,* Grundzüge des Verfassungsrechts der Bundesrepublik Deutschland[10], 1977, 127 ff. m. weit. Nachw.

[21] *Hesse,* 4.

[22] BVerfGE 7, 198 (205).

[23] Vgl. oben S. 80 f.

Damit eine gesollte Ordnung fortgelten kann, müssen elementare Voraussetzungen erfüllt sein; für den Fortbestand einer werthaften Ordnung entscheidend ist der Fortbestand des Konsenses über die Grundwerte dieser Ordnung, in deren Rahmen sich mannigfaltige weltanschauliche, religiöse, politische und wirtschaftliche Auffassungen entfalten und nach den Regeln der Willens- und Entscheidungsbildung der freiheitlichen parlamentarischen Demokratie um Durchsetzung ringen können[24]. Konkreter: Der der Staatsgewalt in allen ihren Erscheinungsformen auferlegte Auftrag, die Würde des Menschen zu achten und sie zu schützen[25], setzt die Anerkennung des Sinngehaltes dieser Vorschrift und die lebendige Auseinandersetzung mit ihm voraus[26]. Die Gewähr von Freiheit als Wertentscheidung setzt voraus, daß die Bürger in ihrer Mehrzahl den Sinn von Freiheit erkennen und daher von ihren Grundrechten nicht einen beliebigen, sondern einen nach sittlichen Postulaten oder der Vernunft verantworteten Gebrauch machen. Daran ändert nichts, daß um der Freiheitlichkeit des Gemeinwesens willen dem Staat grundsätzlich[27] verwehrt ist, die sittliche oder vernunftmäßige Motivation der Inanspruchnahme von Grundrechten zu erforschen und zu beurteilen. Auch das Sittengesetz, das nach Art. 2 I GG dem Recht auf freie Entfaltung der Persönlichkeit eine Schranke setzt, aber dem Wandel der Auffassungen der Rechtsgenossen über seinen Inhalt ausgesetzt ist, behält nur einen Sinn, wenn die Rechtsgenossen einen Komplex solcher Normen überhaupt hervorbringen und anerkennen. Ebenso setzt die Entscheidung für die Demokratie voraus, daß sich genügend Menschen finden, die sich an der politischen Willensbildung des Volkes beteiligen, das Wahlrecht ausüben, sich um Mandate bewerben und erworbene Mandate als Vertreter des ganzen Volkes gewissenhaft ausüben (Art. 38 GG)[28].

---

[24] Für viele *Badura,* Verfassung und Verfassungsgesetz, in: Scheuner-FS 1973, 19 (27).

[25] Art. 1 GG nach der ständigen Rechtsprechung des BVerfG, zuletzt BVerfGE 45, 187 (227).

[26] *Obermayer,* Staat und Religion, 1977, 26; nach seiner Auffassung begründet das GG daher eine „Sinnverantwortung" des Staates.

[27] Anderes gilt insbesondere für den Problembereich der Kriegsdienstverweigerung (Art. 4 III GG), aber auch einzelne Bereiche des Strafrechts.

[28] Vgl. *Krüger,* Verfassungsvoraussetzungen und Verfassungserwartungen, in: Scheuner-FS 1973, 285 ff.; *Kimminich,* Die Grundwerte im demokratischen Rechtsstaat, Z für Politik 77, 1 (8, 10); *Isensee,* Essener Gespräche, 92 (104 f.); *ders.,* NJW 77, 545; *Scheuner,* Konsens und Pluralismus als verfassungsrechtliches Problem, in: Jakobs (Hrsg.), Rechtsgeltung und Konsens, 1976, 33 (61 ff.); *Böckenförde,* Die Entstehung des Staates als Vorgang der Säkularisation, in: Böckenförde, Staat, Gesellschaft, Freiheit, 1976, 42 (59); vgl. aber auch *Helmut Schmidt,* Ethos und Recht in Staat und Gesellschaft, in: Gorschenek (Hrsg.), Grundwerte in Staat und Gesellschaft, 1977, 13 (16): „Eine Gesellschaft, in welcher der Konsens über elementare Grundwerte verlorengegangen ist, treibt auf Anarchie zu — es sei denn, sie träte die

Der Staat hat indessen keine Handhaben, die loyale Wahrnehmung von Bürgeraufgaben zu erzwingen. Er kann auch nicht von seinen Bürgern ein „Bekenntnis zur Wertordnung des Grundgesetzes" verlangen[29], wenn der Bürger nicht durch Übernahme von Staatsfunktionen in ein besonderes Naheverhältnis zum Staat tritt. Daher ist der Staat nicht Herr über diese Voraussetzungen; er kann sie nicht garantieren, ohne seine Freiheitlichkeit in Frage zu stellen[30]. Er kann aber im Rahmen seiner Befugnisse Wesentliches tun, um die Voraussetzungen, auf denen seine Existenz beruht, zu erhalten. Dazu gehört vor allem eine Rechtspolitik, die an diesen Werten orientiert ist und die Tragweite der Wertentscheidungen glaubhaft zur Darstellung bringt; hierzu kann das sozialstaatliche Leistungsdargebot ebenso gehören wie kulturstaatliche Aktivitäten, aber auch der Schutz hierauf angewiesener Rechtsgüter durch das Strafrecht[31]. Er kann auch an die Kräfte der Gesellschaft appellieren, aus ihrer Wert- und Weltsicht das moralische Fundament des Staates zu stärken und sie bei der Wahrnehmung einer solchen — frei übernommenen — Aufgabe fördern[32].

3. Umfang und Grenzen einer Erziehung zur Anerkennung der Verfassungsgrundwerte

Auch die Einbeziehung der Grundwerte in das Erziehungsprogramm kann ein wesentlicher Beitrag zur Bewahrung des Grundkonsenses sein. Die hiermit notwendig verbundene Einflußnahme auf die Richtung der Selbstentfaltung des Schülers läßt sich mit der Erwägung rechtfertigen, daß die Freiheit der Person keine schrankenlose Freiheit ist, sich vielmehr der einzelne diejenigen Schranken seiner Handlungsfreiheit gefallen lassen muß, die der Gesetzgeber zur Pflege und Förderung des sozialen Zusammenlebens in den Grenzen des bei dem gegebenen Sachverhalt allgemein Zumutbaren zieht, vorausgesetzt, die Eigenständigkeit der Person bleibt gewahrt[33], daß die Wahrnehmung

---

Konsensbildung an einen total reglementierenden Staat, an einen Obrigkeitsstaat, an eine Diktatur ab."

29 Vgl. oben S. 107; so aber *Kimminich,* 16.

30 *Böckenförde,* 60; *Isensee,* Essener Gespräche, 104.

31 BVerfGE 39, 1 (66); nach BVerfGE 34, 269 (287) ist es auch Pflicht der Rechtsprechung, die dem GG zugrunde liegenden Wertvorstellungen „ans Licht zu bringen und in Entscheidungen zu realisieren" — in jenem Falle der Zivilgerichtsbarkeit, durch „schöpferische Rechtsfindung" zum Schutz der Personsphäre als einem Rechtsgut, das die „Verfassung selbst als Mittelpunkt ihres Wertsystems ansieht" (291), bei immateriellen Schäden einen Anspruch auf Geldentschädigung auch gegen den Wortlaut von § 253 BGB zuzuerkennen.

32 *Isensee,* NJW 77, 551.

33 Ständige Rechtsprechung des BVerfG, zuletzt BVerfGE 45, 187 (228 m. weit. Nachw.).

dieses Erziehungsauftrages einem Rechtsgut höchsten Ranges, letztendlich aber gerade dem Schutz der Freiheit der Bürger[34] und der Abwehr von Bestrebungen dient, die das GG perhorresziert. Diese Abwägung stützend ist darauf hinzuweisen, daß auch Art. 148 WRV die Erziehung zu staatsbürgerlicher Gesinnung ausdrücklich der Schule zugewiesen hatte und auch die Landesverfassungen nach 1945 gleichlautende oder korrespondierende Erziehungsaufträge erteilt hatten[35], die Wahrnehmung dieser Aufgabe daher in der Tradition freiheitlicher deutscher Rechtsordnungen einen gesicherten Platz hat.

Für den Schüler zumutbar ist die Erziehung zur Bejahung der Grundwerte des GG, wenn dieser Erziehungsauftrag nicht absolut gesetzt wird, sondern der viel weitergreifenden Aufgabe, dem Schüler zu seiner Selbstentfaltung zu verhelfen, untergeordnet wird. Sie ist im Geiste der Freiheit wahrzunehmen; dazu gehört, daß vom Schüler weder Bekenntnisse abverlangt werden — woran wohl heute kein vernünftiger Pädagoge denkt —, noch einzelne Wertentscheidungen des GG überbewertet und dadurch ideologisiert werden[36]. Ferner wird die Schule dem Schüler, der den Grundwerten des GG ohne Verständnis oder ablehnend gegenübersteht mit viel Toleranz zu begegnen haben — nicht nur, um ihm dadurch doch noch die Grundwerte des GG näher zu bringen, sondern um seiner Person willen, soweit sich dies mit einem geordneten Schulbetrieb — insbesondere mit dem Erziehungsanspruch der anderen Schüler und dem Erziehungsauftrag der Schule — vereinbaren läßt[37].

Die Aufnahme der Grundwerte der Verfassung in das Erziehungsprogramm ist mit dem Elternrecht vereinbar, weil diese Erziehungsaufgabe ihr Schwergewicht im staatlich-schulischen Bereich hat, im

[34] Zur Bedenklichkeit dieses Arguments und seiner Anfälligkeit, wenn es isoliert gebraucht wird, *Roellecke*, Prinzipien der Verfassungsinterpretation in der Rechtsprechung des Bundesverfassungsgerichts, in: Bundesverfassungsgericht und Grundgesetz II, 1976, 22 (41 f.) und die abweichende Meinung der Richter *Rupp-v. Brünneck* und *Simon*, BVerfGE 39, 1 (68, 73): Grundrechte könnten unter der Hand aus einem Hort der Freiheitssicherung zur Grundlage einer Fülle von freiheitsbeschränkenden Reglementierungen werden.

[35] Vgl. oben S. 37.

[36] Nicht ohne Grund sieht *Grabitz*, Freiheit als Verfassungsprinzip, Rechtstheorie 1977, 1 (11) in der ausschließlichen — d. h. andere Verfassungsprinzipien beiseite schiebenden — Propagierung der demokratischen Teilhabe als *alleinige* Garantie von Freiheit, Gleichheit und sozialer Gerechtigkeit „ein Stück ideologischer Unduldsamkeit" der Rousseauschen „religion civile". Für die ausschließliche Propagierung der ordnungsstiftenden Kraft des GG — an die derzeit die Pädagogen wohl nicht denken — würde Gleiches gelten; aber auch die Grundrechte sind „keine Glaubensartikel", sondern Voraussetzungen dafür, daß jeder seinen Lebenssinn findet, *Isensee*, Essener Gespräche, 102.

[37] Vgl. oben S. 99 f.

übrigen ein mit ihr unvereinbarer Erziehungsplan der Eltern schwerlich als schutzwürdig dargetan werden könnte. Daß diese Erziehungsaufgabe mit dem Neutralitätsgebot vereinbar ist, wurde bereits[38] dargelegt.

Ergänzend bleibt zu vermerken, daß der hier erörterte Erziehungsauftrag einer gesetzlichen Fundierung bedarf; die vorhandenen landesrechtlichen Bestimmungen[39] dürften grundsätzlich dem Bestimmtheitserfordernis genügen.

III. Sexualunterricht

1. Problemaufriß

Sexualunterricht kann der Vermittlung von biologischen Fakten dienen; er kann durch Aufklärung und Warnung dazu beitragen, den Schüler vor den Gefahren der Sexualität, insbesondere ihren Abarten zu schützen; als Sexualerziehung kann der Unterricht Normen der Sexualmoral vermitteln, zu ihrer Bewertung auffordern, Bereitschaft zu ihrer Befolgung wecken und Sexualität als Bereich der Persönlichkeitsentfaltung ausweisen.

Weitere denkbare Aufgabenfelder sind Sprachunterricht und -erziehung sowie Information und Wertung kultureller und sozialer Gegebenheiten mit sexuellen Bezügen.

Über die Information und Erziehung des Kindes hinausgreifend kann Sexualerziehung in den Dienst gesamtgesellschaftlicher Erziehung gestellt sein, z. B. um die Einstellung der Gesellschaft zu Ehe und Familie, zu Außenseitern und zur Rollenzuweisung an Mann und Frau zu beeinflussen. Schließlich kann Sexualerziehung auch als Mittel der Veränderung von Staat und Gesellschaft eingesetzt werden[40].

Aus der Sensibilität des heranwachsenden Menschen auf diesem Gebiet folgert die Sexualpädagogik, daß jede Information über Sexualität zugleich erzieherische Bedeutung und Wirkung hat. Daher wird man davon auszugehen haben, daß Sexualunterricht — welchen Inhalts und welcher Zielsetzung auch immer — auf die Selbstentfaltung des Kindes in einem Ausmaße einwirkt, das auch von rechtlicher Bedeutung ist.

---

[38] Vgl. oben S. 94 f.

[39] Vgl. oben S. 44 f.

[40] z. B. auf der Grundlage der These, Monogamie sei eine zu überwindende sexuelle Repression der bürgerlichen Gesellschaft; zur Problematik der politischen Sexualerziehung vgl. *Koch*, Sexualpädagogik und politische Erziehung, 1975; *Oppermann*, Die erst halb bewältigte Sexualerziehung, JZ 78, 289 (291).

Sexualunterricht begegnet den unterschiedlichen Überzeugungen und Auffassungen der Eltern über die Inhalte der Sexualmoral und über die Modi, zu welchem Zeitpunkt, in welcher Weise und mit welchen Inhalten und Zielsetzungen ihre Kinder informiert und erzogen werden sollen. Sexualunterricht kann daher den Gesamtplan der Eltern für die Erziehung der Kinder auf diesem hochsensiblen Gebiet auch schon dann empfindlich stören, wenn er sich auf die Weitergabe von biologischen Fakten und/oder Spracherziehung beschränkt[41] — sei es, weil die Eltern die Wahl eines anderen, insbesondere eines späteren Zeitpunktes für angezeigt halten, sei es, weil sie der Auffassung sind, daß die Gebote der Keuschheit und Schamhaftigkeit jedenfalls die unbefangene und öffentliche Erörterung von biologischen und/oder sprachlichen Fakten aus dem sexuellen Bereich verwehren. Sexualunterricht, welchen Inhalts und welcher Zielsetzung auch immer, betrifft daher das Elternrecht[42].

Das Verhältnis vom Sexualunterricht zum Recht des Kindes auf Selbstentfaltung und zum elterlichen Erziehungsrecht ist im folgenden näher zu untersuchen.

2. Wissensvermittlung

Im Sexualkundebeschluß geht das BVerfG von der Möglichkeit und Zulässigkeit einer Trennung zwischen Wissensvermittlung, die „etwas Selbstverständliches und Normales" sei und der eigentlichen Sexualerziehung aus[43].

Gegen diese Abgrenzung ist zu Recht im Schrifttum Widerspruch erhoben worden[44]. Zu fragen ist, ob das BVerfG auch anzweifelbare Folgerungen gezogen hat. Es hat aus dieser Unterscheidung abgeleitet,

[41] Vgl. *Evers*, Anmerkung zu OVG Berlin, 7. 12. 1972, JZ 73, 551 (555), wonach z. B. die an sich neutrale Beschreibung eines hygienischen Vorganges wie „Ich wasche meine Scheide" als Unterrichtsgegenstand der 2. Klasse immerhin belehrt, sich mündlich und schriftlich auch in Gegenwart des anderen Geschlechts und in Gegenwart Erwachsener über diese Angelegenheiten des Intimbereichs zu äußern und damit der erste Schritt für die Erziehung des Kindes zu unbefangener Offenheit bei der Erörterung sexualbezogener Angelegenheiten ist.

[42] Zu dem gleichgerichteten Schutz des Elternrechts durch Art. 2 Zusatz-Prot. EMRK vgl. Entscheidung des EGMR v. 7. 12. 1976, EuGRZ 76, 478 — dänischer Sexualkundeunterricht; die weitgehende Kongruenz zwischen dieser Entscheidung und BVerfGE 47, 46 (69 ff.) beleuchtet kritisch *Riedel*, Bundesverfassungsgericht und Europäischer Gerichtshof für Menschenrechte zu Fragen der Sexualkunde an öffentlichen Schulen, EuGRZ 78, 264 ff.

[43] BVerfGE 47, 46 (68 f.).

[44] *Falckenberg*, Besprechung von BVerfGE v. 21. 12. 1977, BayVwBl. 78, 371 (372); *Hufen*, Elternrecht — Schranke und Maßstab staatlicher Sexualpädagogik?, in: Pacharzina / Albrecht / Désirat (Hrsg.), Konfliktfeld Kindersexualität, 1978, 69 (187 ff.).

Sexualkundeunterricht im Rahmen des Biologieunterrichts, der sich auf die Vermittlung von Fakten beschränkt, bedarf als „nicht neuartiges“ Unterrichtsprinzip oder -fach, anders als die Sexualerziehung, keiner besonderen gesetzlichen Grundlage. Diese mehr beiläufige Wendung ist zwar mehrdeutig, betrifft aber den Problemkreis des Gesetzesvorbehaltes in der Übergangsphase und bedarf daher hier keiner weiteren Erörterung[45]. Es hat ferner aus dieser Unterscheidung abgeleitet, ein solcher Unterricht verstoße nicht gegen Art. 6 II oder gegen Art. 4 GG. Dem kann im Ergebnis zugestimmt werden. Schließlich hat es hieraus gefolgert, bei der bloßen Wissensvermittlung greife das staatliche Bestimmungsrecht voll durch; eine Einflußnahme auf Grund des Elternrechts könne grundsätzlich ausgeschlossen werden. Diese Folgerung bedarf der Nachprüfung.

Dem BVerfG ist darin zuzustimmen, daß die neutrale Wissensvermittlung die Persönlichkeitsentfaltung des Kindes und das Recht der Eltern weniger berührt als Sexualerziehung und hieraus unterschiedliche Schlußfolgerungen für das Gestaltungsrecht des Staates gezogen werden dürfen; dies erscheint um so mehr angezeigt, als in einer auf Meinungs-, Presse- und Wissenschaftsfreiheit angelegten Rechts- und Gesellschaftsordnung das Interesse an der Tabuisierung bestimmter Themen nur innerhalb hier nicht näher zu bestimmender Grenzen schutzwürdig ist und mit Rücksicht auf die tatsächlichen Gegebenheiten etwa im Bereich der Massenmedien, der Werbung usw. eine solche Tabuisierung von den Eltern auch nicht durchgehalten werden könnte und daher dem Informationsinteresse und dem Schutzinteresse des Kindes der Vorrang gegeben werden kann.

Zutreffend hat das BVerfG ferner dargelegt, daß die Schule auch bei der Belehrung über biologische Fakten auf das Persönlichkeitsrecht des Kindes Rücksicht nehmen müsse und daher der Lehrer sich gründlich über die psychologische Situation und den Reifegrad der Kinder zu informieren habe. Damit will gewiß das BVerfG nicht das pädagogische Gebot in Erinnerung bringen, nicht über die Köpfe der Kinder hinweg zu unterrichten, sondern die verfassungsrechtliche Pflicht verdeutlichen, auf dem sensiblen Gebiet des Sexualkundeunterrichts die Wirkung dieses Unterrichts auf die Persönlichkeitsstruktur und -entwicklung des Kindes sorgfältig zu berücksichtigen. In praktischer Konsequenz bedeutet dies wohl u. a., daß die Faktenunterrichtung nicht zu früh und nicht zu detailliert einsetzen darf.

Über die psychische Situation und den Reifegrad der Kinder wird sich der Lehrer nicht ohne Kontaktnahme mit den Eltern informieren können. Daher dürfte der Sachzwang zu sorgfältiger Information, die

---

[45] Zur Problematik vgl. *Falckenberg*, BayVwBl. 78, 372.

im Interesse des Kindes geboten ist, auch ein Gespräch mit den Eltern fordern. Wenn es richtig ist, daß in der Praxis eine scharfe Trennung zwischen bloßer Wissensvermittlung und Sexualerziehung nicht gezogen werden kann, daher auch die Vermittlung biologischer Fakten den elterlichen Erziehungsplan erheblich beeinträchtigen kann, dann folgt die Pflicht des Lehrers zur Kontaktnahme mit den Eltern auch aus dem verfassungsrechtlichen Gebot zur Rücksichtnahme auf den Gesamtplan der Eltern für die Erziehung ihrer Kinder. Zumindest werden die Eltern — entgegen der Auffassung des BVerfG — verlangen können, daß der Lehrer sie informiert, zu welchem Zeitpunkt und mit welchen Inhalten und Zielsetzungen die Faktenvermittlung erfolgen wird, damit die Eltern überhaupt imstande sind, die schulische Belehrung in ihrem eigenen Erziehungsplan zu berücksichtigen.

3. Sexualerziehung

Für die Sexualerziehung betont das BVerfG den, auch in den Empfehlungen der KMK vom 3. 10. 1968 ausdrücklich angesprochenen Vorrang des Elternrechts; die praktische Bedeutung dieses Vorrangs umreißt das BVerfG mit dem mahnenden Hinweis, „daß die Schule sich nicht anmaßen darf, die Kinder in allem und jedem unterrichten zu wollen, weil sie sonst möglicherweise den Gesamterziehungsplan der Eltern unterlaufen würde".

Ein Recht auf Mitgestaltung der schulischen Sexualerziehung will das BVerfG den Eltern nicht zugestehen. Das ist folgerichtig. Wenn die Befugnis der Schule zur Sexualerziehung ihre verfassungsrechtliche Grundlage im staatlichen Erziehungsrecht hat, dann muß auch der Staat in eigener Verantwortung — unter Berücksichtigung des elterlichen Erziehungsrechts — entscheiden können, ob überhaupt und mit welchen Inhalten und Zielsetzungen Sexualunterricht durchzuführen ist. In seine Abwägungen wird er unter anderem einzustellen haben die Frage nach der Erforderlichkeit eines solchen Unterrichts für die Selbstentfaltung der Schüler und zu ihrem Schutze unter den gesellschaftlichen Gegebenheiten, zu denen auch die vielfach anzutreffende Erziehungsunsicherheit der mittleren Generation auf diesem Gebiet gehört, die Auswirkungen auf das gesellschaftliche Zusammenleben, aber auch die realen Möglichkeiten der Schule zur Wahrnehmung dieser Erziehungsaufgabe.

Ein Mitgestaltungsrecht wäre auch — worauf das BVerfG abhebt — nicht realisierbar, weil weder den mannigfachen individuellen Vorstellungen im Rahmen eines geordneten Schulbetriebes Rechnung getragen werden kann, noch das Individualrecht der Eltern auf Erziehung ihrer Kinder einer Mehrheitsentscheidung unterworfen werden darf. Das

BVerfG tritt auch der im Schrifttum vielfach vertretenen Auffassung[46] entgegen, die Eltern hätten ein Zustimmungsrecht zur Durchführung des Sexualkundeunterrichts oder könnten wenigstens von Verfassungs wegen die Befreiung ihrer Kinder hiervon verlangen. In der Tat wäre ein solches Recht zur Abmeldung keine sachgerechte Problemlösung, weil dann das abgemeldete Kind draußen vor der Klassentür stehen würde[47]. Aus gutem Grund hat das BVerfG aber dem Gesetzgeber anheimgestellt, solche Abmelderechte vorzusehen, wenn diese mit der Unterrichtsorganisation vereinbar und mit Rücksicht auf das Elternrecht angezeigt sind.

Nach Auffassung des BVerfG ist jedoch die Schule bei Planung und Durchführung der Sexualerziehung zur größtmöglichen Abstimmung mit den Eltern verpflichtet, wobei Elternhaus und Schule „nach Maßgabe des ihm zugeordneten Rechts Forderungen erheben und Kritik äußern kann, aber auch dem anderen entgegenzukommen hat". Daher folgen aus Art. 6 II GG für die Gestaltung der Sexualerziehung andere prozedurale Konsequenzen als für sonstige Erziehungsaufgaben der öffentlichen Schule. Diese Pflicht zur Abstimmung darf nicht gering geachtet werden, auch wenn das BVerfG Verfahren und Maßstäbe eines solchen Vorgehens nicht näher umschreibt. Indessen kann eine solche Abstimmung nur der Unterrichtsgestaltung an der konkreten Schule den Weg weisen. Offen bleibt, welche Inhalte Sexualerziehung der Schule legitimerweise generell haben darf und haben soll.

4. Verfassungsrechtliche Determinanten für die Inhalte der Sexualerziehung

Für die inhaltliche Gestaltung der Sexualerziehung ist davon auszugehen, daß Staat und öffentliche, bekenntnisunabhängige Schule auch auf dem Gebiet der Sexualmoral verpflichtende Wertvorstellungen nicht aus eigener Kompetenz entwickeln können. Sie bedürfen hierfür einer hinreichenden verfassungsrechtlichen Legitimation. Diese findet sich unmittelbar in den Entscheidungen des GG für Ehe und Familie — auf die befremdlicherweise das BVerfG nicht eingeht[48] —, in dem Sittengesetz als Schranke persönlicher Freiheitsentfaltung und in einem weiteren Sinne in den Entscheidungen des GG und der Landesverfassungen für die Achtung vor der Würde des Menschen, des Rechts auf Leben[49] und die Selbstentfaltung und -verantwortung der Person. Wei-

[46] Vgl. die Nachw. BVerfGE 47, 46 (77).

[47] Vgl. schon *Evers*, Essener Gespräche, 127; ein Recht zur Abmeldung läßt sich auch nicht aus Art. 2 ZusatzProt. EMRK ableiten, vgl. Entscheidung des EGMR v. 7. 12. 1976, EuGRZ 76, 478 mit dissenting vote von Verdroß.

[48] Kritisch auch *Oppermann*, Die erst halb bewältigte Sexualerziehung, JZ 78, 291.

[49] BVerfGE 39, 1 (36 ff.) — Fristenregelung.

tere Inhalte fließen ein aus dem Gebot der Erziehung zur Toleranz und den Verhaltensregeln der Sozialmoral[50].

Im Rahmen dieser Determinanten mag es gelingen, einen Kodex einfacher verbindlicher Sexualmoral zu entwickeln, der in verbindliche Erziehungsziele umgesetzt werden darf. In seinen Randzonen ist dieser Kodex zeitgebunden, weil die Inhalte des Sittengesetzes im Sinne des Art. 2 I GG und der Sozialmoral in der Zeit stehen[51]; auch die Wertentscheidung des GG für Ehe und Familie verknüpft in Form einer Institutsgarantie die Fundamentalstruktur von Ehe und Familie als Bleibendes und Einzelheiten ihrer Ausgestaltung als Wandelbares[52], und steht insoweit ebenfalls im Fluß der Entwicklung.

Der Kodex ist in seinen Randzonen und in der Anwendung auf Grenzfälle auch unscharf; aber er ist der Beliebigkeit der Ausfüllung nach dem jeweiligen strengen oder emanzipatorischen Zeitgeist der Pädagogik oder der jeweiligen gesetzgebenden Mehrheit entzogen.

Erzieherische Zielsetzungen, die Schüler von den Geboten dieses Kodex einfacher Sexualmoral zu emanzipieren, wären ebenso unzulässig wie die Vermittlung einer strengeren Sexualmoral als verbindliche Festsetzung. Begnügt sich die schulische Erziehung mit den in dieser Weise legitimierten Erziehungszielen, ist sie dem Vorwurf der Indoktrination enthoben; daß Indoktrination auch gegen das Neutralitätsgebot[53] verstoßen würde, ist daher nur noch zur Klarstellung zu vermerken.

Indessen ist der Kodex der einfachen Sexualmoral nur die „halbe Wahrheit". Er gründet nicht allein auf positiver Festsetzung und der Realität gesellschaftlichen Konsenses, sondern auf religiösen und weltanschaulichen Überzeugungen sowie dem Selbstverständnis der Bürger von dem Sinn ihrer Existenz. Hierzu vermag die Schule des pluralistischen Staates aber Verbindliches nicht auszusagen.

Der Kodex einfacher Sexualmoral erschöpft auch nicht den Reichtum ethischer Gebote, denen der Bürger sich verpflichtet wissen und in denen er sich in der pluralistischen Gesellschaft auch legitim selbst verwirklichen darf. Auch über die Reichweite solcher ethischer Gebote, die über den Kodex einfacher Sexualmoral weit hinausgreifen können, vermag die Schule des pluralistischen Staates Verbindliches nicht auszusagen.

---

[50] Vgl. oben S. 35, S. 49, S. 102 - 106.

[51] Vgl. oben S. 104.

[52] Vgl. *Maunz*, in: Maunz / Dürig / Herzog, Art. 6, Rdnr. 14, 17; BVerfGE 10, 59 (66); 31, 58 (69).

[53] Vgl. oben S. 90 - 94, S. 104.

Die Schule würde jedoch praktisch ihre Aufgabe verfehlen und den Erziehungsplan der Eltern ggf. unterlaufen, würde sie die für sie verbindliche „halbe Wahrheit" der einfachen Sexualmoral für die ganze Wirklichkeit menschlicher Selbstentfaltung ausgeben oder gar der Permissivität bis zur Grenze des Strafrechts, der Eheverfehlung und der Sittenwidrigkeit das Wort reden. Sie wird daher deutlich zu machen haben, daß die Sexualmoral nicht nur auf positivrechtlicher Festsetzung und gesellschaftlichen Fakten beruht und sich nicht in einem Minimalkatalog erschöpft, aber ihre Grundlagen und Inhalte zu finden und zu bestimmen in einem freiheitlichen Staat in der Selbstverantwortung des Bürgers, im Verhältnis zum Kind aber bei den Eltern liegt[54].

5. Zur „Toleranz" der Sexualerziehung

BVerfGE 47, 46 (77) erkennt den Eltern ein Recht auf „Toleranz bei der Durchführung der Sexualerziehung" zu. Das ist irreführend. Im Hinblick auf die Wertentscheidungen des GG und die einfache Sexualmoral ist die Schule durchaus gehalten, sich mit diesen Inhalten zu identifizieren. Über diese hinaus aber hat sie keinen Standpunkt, von dem aus sie die Einstellung ihrer Bürger, insbesondere der Eltern zum Geschlechtlichen tolerieren könnte und müßte.

Daß dennoch Raum zur Toleranz bleibt und diese geübt werden soll, hat Oppermann[55] zutreffend dargetan. Auch wenn der Schule die Erziehung auf der Grundlage eines verbindlichen Kodex von Normen und Werten aufgegeben ist, wird sie einem Zurückbleiben der ihr anvertrauten Schüler nach Herkunft und Auffassung mit viel Verständnis zu begegnen haben. Denn sie hat die Diskriminierung und Isolierung dieser Schüler zu vermeiden und auch die Zeitbedingtheit und Randunschärfe des ihrer Erziehung zugrunde liegenden Kodex ebenso zu berücksichtigen wie die Orientierungsprobleme des Bürgers in der modernen Gesellschaft.

Vor allem aber richtet sich das Toleranzgebot an den Lehrer, der aus seiner Erziehungsarbeit die Werte, denen er sich verpflichtet weiß,

---

[54] So verstanden und verwirklicht begründet die Pflicht zur Rücksichtnahme auf die Erziehungsvorstellungen der Eltern nicht die Besorgnis, die Schule müsse, um den elterlichen Vorstellungen einer strengen Sexualethik Genüge zu tun, wissenschaftliche Erkenntnisse ignorieren, schlechthin widerlegte Tatsachenbehauptungen wiederholen, der Verunglimpfung von Minderheiten, der Ungleichheit der Geschlechter Vorschub leisten, wie *Hufen*, 191 (s. Anm. 44) dem BVerfG vorhält; im übrigen bliebe zu fragen, ob der Stand wissenschaftlich gesicherter Erkenntnisse über die Nützlichkeit von Sexualerziehung ausreicht, um eine näher bestimmte Sexualerziehung als notwendig zu legitimieren, ob nicht vielmehr der Stand wissenschaftlich gesicherter Erkenntnisse allenfalls ausreicht, um einzelne erzieherische Zielsetzungen und Maßnahmen als schädlich zu erweisen.

[55] JZ 78, 292.

nicht ausklammern kann und soll, der aber desungeachtet der Mannigfaltigkeit der Anschauungen über die Einstellung des Menschen zum Sexuellen gerecht werden soll.

Ferner hat die Schule den elterlich-häuslichen Intimbereich zu achten; daher können ihr — pädagogisch vielleicht durchaus nützliche — Explorationen und Diskussionen der häuslichen Verhältnisse und andere unmittelbare Einwirkungen auf den häuslich-familiären Bereich verwehrt sein.

6. Ergebnis

Es kann nicht Aufgabe dieses Beitrages sein, den Kodex einfacher Sexualmoral inhaltlich zu umreißen, geschweige denn, darzulegen, welche Erziehungsprogramme sich hieraus ableiten lassen. Aufzuzeigen waren nur die Quellen, aus denen diesem Kodex Inhalte zufließen und die verfassungsrechtlichen Schranken und Direktiven, die bei seiner Umsetzung in Erziehungsprogramme und die praktische Erziehungsarbeit zu beachten sind. Dabei hat sich gezeigt, daß Verbindliches nur in bestimmten Grenzen festgelegt werden darf, im übrigen aber auch auf jeder Stufe der Programmgestaltung Staat und Schule für die Vielfalt der Überzeugungen und Anschauungen offen sein muß, die Besonderheiten des Sexualunterrichts aber zur Zurückhaltung verpflichten, auch wenn nicht alle aus pädagogischer Sicht als wünschbar und realisierbar bezeichneten Ziele erreicht werden können. Ferner sind prozedural die Schule und die Lehrer zu einer umfassenden Abstimmung über die je praktische Erziehungsarbeit auf diesem Gebiet mit den Eltern verpflichtet.

Sechstes Kapitel

Begriff und Struktur von Erziehungszielen

I. Zur Steuerung des Erziehungsprozesses durch Dispositions- und Prozeßnormen

Die Festsetzung von Erziehungszielen durch staatliche Normen setzt Klarheit über die Struktur von Normen voraus, mit denen Erziehungsprozesse gesteuert werden. Ohne eine solche Klarheit riskiert der Normsetzer, durch Verfassung und/oder Gesetz vorgegebene oder selbstgewählte Ziele zu verfehlen oder Anordnungen zu treffen, die mangels hinreichender Bestimmtheit oder mangels hinreichender Verwirklichungsmöglichkeiten ins Leere fallen. Es empfiehlt sich daher, von der Funktion der Erziehung ausgehend, die denkbaren Steuerungsmöglichkeiten des Erziehungsprozesses systematisch zu erfassen — nicht um einer Totalsteuerung des Erziehungsprozesses das Wort zu reden, sondern um Einblick in Aufgaben, Wirkung und Gestaltungsproblematik der Normen zu erhalten, die Erziehungsprozesse steuern.

Erziehung ist ein Komplex von Handlungen, mit dem der Erzieher versucht, das Gefüge psychischer Dispositionen anderer Menschen in irgendeiner Hinsicht dauernd zu verbessern, seine als wertvoll erkannten Komponenten zu erhalten und die Entstehung als schädlich beurteilter zu verhindern. Unter psychischen Dispositionen sind relativ dauerhafte Bereitschaften zu Erlebnis- und Verhaltensweisen zu verstehen; sie umschließen daher jeweils eine Vielzahl möglicher konkreter Erlebnis- und Verhaltensweisen des Schülers[1].

Erziehung entfaltet sich zwischen Menschen in Raum und Zeit und ist daher durch mannigfache Real- und Idealfaktoren mitbestimmt. Diese sind aber nicht hinreichender Bestimmungsgrund der durch Er-

---

[1] Der Erziehungsbegriff ist hier entwickelt in Anlehnung an *Brezinka*, Was sind Erziehungsziele?, Zeitschrift für Pädagogik, 72, 497 ff.; *ders.*, Von der Pädagogik zur Erziehungswissenschaft. Eine Einführung in die Metatheorie der Erziehung[3], 1975; seine erziehungswissenschaftlichen und semantischen Untersuchungen waren auch für die folgenden Erwägungen hilfreich; den Ansatz Brezinkas führt fort *Kerstiens*, Erziehungsziele — neu befragt, 1978 47 ff.; Kerstiens entwickelt aus den „Leiden" der modernen pluralistischen Industriegesellschaft ein Konzept leitender Erziehungsziele; auf christlicher Welterfahrung und Weltdeutung aufbauend führt den Ansatz von Brezinka fort *Tröger*, Erziehungsziele, 1974; zum Begriff der Erziehungsziele vgl. auch oben S. 54.

ziehung anzustrebenden psychischen Dispositionen. Diese bedürfen vielmehr der Festsetzung durch verbindliche Bestimmung des Sollzustandes der psychischen Dispositionen, genauer: des Gefüges psychischer Dispositionen, das durch erzieherisches Handeln verwirklicht werden soll (Dispositionsnormen). Erziehung kann ferner gesteuert werden durch Einflußnahme auf den Ablauf des Erziehungsprozesses, z. B. durch Bestimmungen über Lern- und Lehrverfahren, Lehrerverhalten, Organisationsformen, Einsatz von Unterrichtsmitteln, Lehrerausbildung und -auswahl usw. (Prozeßnormen).

Dispositions- und Prozeßnormen stehen in einer Zweck-Mittel-Relation, wobei die Dispositionsnorm als Finalnorm die Ziele (Zwecke) bestimmt, die durch Erziehung erreicht oder wenigstens angestrebt werden sollen und den Normadressaten verpflichtet, die zur Zielerreichung erforderlichen und geeigneten Mittel auszuwählen und anzuwenden — soweit nicht durch Prozeßnormen über den Mitteleinsatz bereits entschieden wird.

Zu den Dispositions- und Prozeßnormen treten Normen, welche die Erzeugung dieser Normen steuern oder bei ihrer Anwendung zu berücksichtigen sind, verfassungsrechtliche Vorschriften und allgemeine Rechtsprinzipien.

Im folgenden ist das Gefüge staatlicher Steuerung des Erziehungsprozesses näher zu untersuchen. Dabei wird nicht übersehen, daß der Staat weder selbstherrlich noch abschließend die Erziehung steuern kann. Er ist in die Realfaktoren des Erziehungsprozesses eingebunden; er kennt aber auch oft die Kausalzusammenhänge zwischen Erziehungsziel und Erziehungsmittel im weiteren Sinne nicht genügend; jedenfalls ist das Erreichen einer Zielsetzung abhängig vom Gelingen der pädagogischen Begegnung des konkreten Lehrers mit dem konkreten Schüler in der jeweiligen Situation und dadurch einer vollständigen Determination durch generelle Normen entzogen.

Der Staat hat auch keine Monopolstellung für die Bestimmung von Dispositions- und Prozeßnormen. Festlegungen von Erziehungszielen und -mitteln ergeben sich auch aus dem Konsens der Gesellschaft über die Geltung von Sinnormen, die Tragweite empirischer Erkenntnisse über das Erforderliche und Richtige und daher z. B. aus ethischen Normen, aber auch aus Erfahrungssätzen. Hinzu tritt die Einflußnahme der Öffentlichkeit auf das Schulgeschehen in ihren mannigfachen Erscheinungsformen. Bedeutsamer noch ist, daß Entscheidungen über Erziehungsziele und -mittel auch autonom getroffen werden von den Eltern, den Lehrern, ggf. auch den Schülern. Diese autonomen Entscheidungen sind in der Regel stärker fallbezogen und nicht notwendig als bewußte Entscheidungen ausformuliert, in der Sache aber ebenfalls Entscheidungen über anzustrebende Dispositionen und für ihre Verwirklichung einzusetzende Mittel.

Gesellschaftliche, autonome und staatliche Steuerung sind wechselseitig bedingt und in dem Maße verschränkt, in dem der Staat gesellschaftliche und autonome Zielsetzungen in sein Programm einbezieht, z. B. durch ausdrückliche oder stillschweigende Verweisung auf gesellschaftliche Normen, durch Gewähr von Freiheitsräumen für autonome Entscheidungen oder durch Einbeziehung von Eltern, Lehrern und Schülern in die Entscheidung über Erziehungsprogramme. Innerhalb des Staates ist die Zuständigkeit für die Bestimmung von Dispositions- und Prozeßnormen aufgeteilt zwischen Legislative und Exekutive, bei dieser wiederum zwischen zentralen und dezentralen Schulaufsichtsbehörden und der Schule selbst.

II. Zur Struktur von Dispositionsnormen

1. Finalstrukturen

Die Erziehungsziele der Landesverfassungen und Schulgesetze[2] umschreiben mehr oder minder exakt die gesollten psychischen Dispositionen durch unbestimmte wertbezogene Begriffe wie z. B. Wahrhaftigkeit oder Verantwortungsbewußtsein. Oft sind das — wie das Ziel Friedensliebe — Dispositionen von hoher Komplexität, die noch der Auflösung in minder komplexe, aber konkretere Dispositionen bedürfen, bevor sie durch praktische Erziehungsarbeit verwirklicht werden können.

Dispositionsnormen steuern den Erziehungsprozeß durch Bestimmung eines Soll-Zustandes der psychischen Dispositionen, der nicht als Endzustand bei jedem Schüler zu erreichen ist, sondern als Ziel, dem sich das Ergebnis der Erziehungsarbeit soweit wie möglich nähern soll. Sie gebieten daher dem Lehrer nur, die zur Zielerreichung erforderliche und mögliche Erziehungsarbeit zu leisten, nicht aber, die Verwirklichung der Ziele bei allen Schülern zu gewährleisten.

Dispositionsnormen bestimmen nicht die Mittel, die zur Zielverwirklichung einzusetzen sind und bestimmen auch nicht die Handlungen und Verhaltensweisen des Lehrers. Sie gebieten aber, für die Erziehungsarbeit diejenigen Mittel auszuwählen und diejenigen Handlungs- und Verhaltensweisen zu wählen, die der Zielverwirklichung dienen. Dispositionsnormen sind daher zugleich Auftragsnormen, welche das Anstreben der Zielverwirklichung gebieten und Mittelauswahlnormen, welche die Auswahl der für die Zielerreichung notwendigen und nützlichen Mittel, Handlungs- und Verhaltensweisen steuern.

---

[2] Vgl. oben S. 34 - 53.

Da Dispositionsnormen im Hinblick auf den Verwirklichungserfolg und auf den Einsatz der Mittel offen sind, handelt es sich nicht um Rechtssätze, die als Konditionalnormen nach dem Wenn-Dann-Schema konstruiert sind. Sie sind vielmehr Teile eines Zweck-Mittel-Schemas, sogenannte Finalnormen. Ein System von Erziehungszielen, die als Dispositionsnormen formuliert sind, ist daher ein Finalprogramm, das nach dem Zweck-Mittel-Schema die Wirkungen anzeigt, die erstrebenswert sind und zugleich die Auswahl der Mittel steuern[3].

2. Konditional- und Finalstrukturen

Das schließt nicht aus, daß der Erziehungsprozeß durch weitere Normen gesteuert wird, die nach dem Wenn-Dann-Schema strukturiert sind. Prozeßnormen können die Struktur von Konditionalprogrammen haben und z. B. als Handlungsanweisungen an den Lehrer bis zur Perfektion von technischen Anweisungen die Erziehungsarbeit des Lehrers determinieren.

Mittel, die der Verwirklichung von Dispositionsnormen dienen, können aber auch selbst die Struktur von Finalnormen haben. Soweit sie die Veränderung oder Bewahrung psychischer Dispositionen als Mittel zur Verwirklichung umgreifenderer Dispositionen bestimmen, sind auch sie Dispositionsnormen, wenn auch solche minderer Komplexität und höheren Konkretisierungsgrades. So ist z. B. die Dispositionsnorm „Friedensliebe", um durch praktische Erziehungsarbeit verwirklicht werden zu können, in eine Vielzahl von konkreteren Dispositionsnormen aufzulösen, welche für die Verwirklichung der Disposition Friedensliebe notwendig oder nützlich sind, z. B. die Verständnisbereitschaft für die Eigenheiten und das Existenzrecht anderer Völker, für die Gleichheit und das Lebensrecht aller Menschen, für die Problematik der Gewalt als Mittel der Konfliktlösung usw., usw.

Idealtypisch läßt sich jede komplexe Dispositionsnorm in ein Bündel von Dispositionsnormen je geringerer Komplexität aber größerer Konkretheit auflösen, die jeweils Mittel zur Verwirklichung des mit der komplexen Dispositionsnorm gesetzten Zieles sind und durch Prozeßnormen ergänzt sein können. Da auch diese Mittelziele einer Auflösung in Zielbündel minderer Komplexität und höherer Konkretheit zugänglich und bedürftig sind, stellt sich ein Erziehungsprogramm als ein System von gestuften Zielbündeln dar. Es ist systemkonform programmiert, wenn die Bündel der Dispositionsnormen und die Prozeßnormen der unteren Stufe geeignete Mittel zur Verwirklichung der komplexeren Dispositionsnormen der höheren Stufe sind.

[3] Zu den systemtheoretischen Sachgesetzlichkeiten von Konditional- und Finalprogrammen vgl. *Luhmann*, Lob der Routine, in: Verwaltungsarchiv 55 (1964), 1 ff.; *ders.*, Theorie der Verwaltungswissenschaft, 1966, 87 ff.

Das gestufte, sich in Bündeln von Dispositionsnormen und Prozeßnormen darstellende Zielsystem mündet aus in Lehrziele, die in einer Unterrichtseinheit erreicht werden sollen. Auch Lehrzielbestimmungen sind Finalnormen, aber sie haben nicht die Struktur von Dispositionsnormen, wenn sie nur normieren, welche bestimmten Kenntnisse, Fähigkeiten oder Fertigkeiten der Schüler durch Erziehungsarbeit erwerben soll.

Rahmenrichtlinien (Curricula) mit anzustrebenden gestuften operationalisierten Lehrzielen und -schritten, Inhalts- und Methodenanweisungen sind Instrumente, die unteren Ebenen des Zielsystems in Form zu bringen[4].

3. Gesellschaftspolitische Leitziele

An die Spitze des Systems der durch Dispositionsnormen festgelegten Erziehungsziele können Ziele gestellt sein, denen keine psychischen Dispositionen entsprechen, die vielmehr gesellschaftspolitische Zielsetzungen zum Gegenstande haben. Sie umschreiben, hinreichende Bestimmtheit vorausgesetzt, Sollzustände gesellschaftlicher Systeme[5] oder die Stellung des Menschen in Staat und/oder Gesellschaft[6]. Durch Erziehung kann zur Verwirklichung solcher Leitziele nur beigetragen werden durch Hervorbringung oder Stützung solcher psychischer Dispositionen, die nützlich oder notwendig sind für den Bestand bzw. die Verwirklichung des gesollten gesellschaftspolitischen Systems und die Ausfüllung der Stellung des Menschen in einem bestimmten System. Die Verwirklichung von Leitzielen durch Erziehungsarbeit setzt daher ihre Umsetzung in psychische Dispositionen voraus, die für die Zielverwirklichung notwendig oder nützlich sind. Auch Leitziele können aber den Erziehungsprozeß steuern, da sie die Auswahl der Dispositionsnormen steuern.

4. Zur Unbestimmtheit von Erziehungsprogrammen

Finalprogramme sind schon wegen ihrer Offenheit im Hinblick auf den Verwirklichungserfolg und der Mittelauswahl unbestimmter als Konditionalprogramme. Finalprogramme können insbesondere dann ein hohes Maß an Unbestimmtheit haben, wenn mehrere Ziele zur Verwirklichung aufgegeben werden, deren gleichwertige Erreichung

---

[4] Zur systemgerechten Entwicklung dieser Vorschriften aus den Landesverfassungen und den Schulgesetzen vgl. unten S. 131 ff.; der Bildungsgesamtplan 1973 (BT-Drucks 7/1974, 43) definiert das Curriculum als ein System für den Vollzug von Bildungsvorgängen im Unterricht in Bezug auf definierte und operationalisierte Lernziele. Es umfaßt Lernziele, Inhalte des Unterrichts, Methoden, Situationen, Strategien und die Evaluation.

[5] Vgl. als Beispiel 2. Kapitel oben S. 31 - 33.

[6] Vgl. oben S. 58 f.

nicht möglich ist. In diesem Falle geben sie dem Normadressaten nicht nur einen Entscheidungsspielraum bei der Auswahl der Mittel, sondern auch bei der Wahl zwischen den normierten Zielen.

Finalprogramme von Erziehungszielen sind notwendig in besonderer Weise unbestimmt. Dispositionsnormen haben Klassen von Erlebnis- und Verhaltensweisen zum Gegenstande, die als wertvoll beurteilt werden. Als wertbezogene Normen sind sie mit der Hypothek der Unbestimmtheit werthaltiger Begriffe belastet, die auf komplexe, oft nicht widerspruchsfreie Sinngefüge verweisen. Normative Festlegungen können die Komplexität dieser Sinngefüge abbauen, aber nicht aufheben. Zudem müssen sie, weil und soweit Werte im Wertfühlen und Wertererlebnis erfahrbar werden, auch an der Fähigkeit des Menschen zum Wertfühlen anknüpfen und können sich daher meist nicht einer Begrifflichkeit bedienen, die rational hinreichend auflösbar ist. Wertbegriffe unterliegen zudem heute häufig der Abnutzung, geraten in den Strudel politischer Diskussion und sind der Manipulation ausgesetzt. Wenn Staat und Kultur in Krisen geraten, sind werthaltige Begriffe der Gefahr der Abnutzung und Manipulation besonders ausgesetzt. Es ist daher zu besorgen, daß wertbezogene Begriffe ihre Steuerungsfunktion gerade um so weniger erfüllen können, je mehr das Gemeinwesen in einer Krisensituation einer solchen Steuerung bedarf.

Dispositionsnormen beziehen sich auf die Änderung oder Festigung der leib-seelischen Verfassung des Schülers, der sich selbst in einem Entwicklungsprozeß befindet. Die Konkretisierung der Gegebenheiten und Veränderungen der relativ dauernden psychischen Dispositionen des Schülers ist — wenn überhaupt — nur mit dem begrifflichen und exploratorischen Instrumentarium der Psychologie empirisch und damit präzis zu umschreiben und zu erfassen. Dieses Instrumentarium ist nicht nur für den Gesetzgeber, die Schulaufsicht und den Lehrer unhandhabbar, sondern dem Staat überhaupt nur in engen Grenzen zugänglich, weil der verfassungsrechtliche Schutz der Privatsphäre dem Staat Grenzen setzt, sich der Psyche des Schülers zu bemächtigen[7]. Der Staat kann daher nur in gewissen Grenzen den Erfolg von Erziehungsarbeit kontrollieren; dies wiederum wirkt auf die Normierung des personbezogenen Aspektes von Erziehungszielen zurück. Der Normsetzer muß sich — mangels anderer Kontrollmöglichkeiten — oft an das Äußere halten, und sich damit begnügen, wenn er auf die Entwicklung psychischer Dispositionen überhaupt Einfluß nimmt. Die Normierung der Disposition in ihrem personbezogenen Aspekt, insbesondere die

[7] Zum Problemkreis Schutz der Privatsphäre vgl. *Evers*, Verfassungsschutz und Privatsphäre, 1960; *Fehnemann*, Rechtsfragen des Persönlichkeitsschutzes bei der Anwendung psychodiagnostischer Verfahren in der Schule, 1976.

Festlegung des Grades der gesollten Änderung oder Festigung bleibt dann aber notwendig im Ungefähren stehen und ist der weiteren normativen Konkretisierung unzugänglich.

5. Probleme der Umsetzung in Rechtsnormen

Der im Wertproblem begründeten Unbestimmtheit von Dispositionsnormen kann der Normsetzer nicht entrinnen, indem er die als wertvoll erkannten Bereitschaften in empirische Verhaltens- und Erlebnisweisen auflöst, diese normiert oder die Bereitschaften zu diesen in ein curriculares Konzept auflöst[8].

Vorschriften, welche den Lernprozeß in Lernschritte und konkrete Verhaltensweisen, Bereitschaften, Fähigkeiten und Kenntnisse auflösen, sind hilfreich, wenn sie das Wertgefüge und die personalen Aspekte der Dispositionsbegriffe hinreichend zuverlässig indizieren. Ob das der Fall ist, kann nur beurteilt werden nach näherer Bestimmung der gesollten Dispositionen in ihren werthaften und in ihren personalen Aspekten.

Vorschriften, die diese notwendige Zwischenstufe der Konkretisierung überspringen und sich alsbald der Aufstellung von Katalogen gesollter Lernschritte zuwenden, sind, wie die Diskussion der jüngsten Zeit bestätigt, dem Vorwurf ausgesetzt, ein utopisches System zu entwerfen und/oder in keiner Verbindung mit den in Verfassung und Gesetz festgelegten Dispositionsbegriffen zu stehen[9].

Offenbar in Erkenntnis der Schwierigkeiten, die Dispositionsnormen zu formulieren, begnügen sich die Gesetzgeber häufig damit, Aufgaben zu bestimmen, auf deren Wahrnehmung der Schüler durch Erziehung vorbereitet werden solle. Auf diesem Wege können zwar Wertprobleme ausgeklammert und rational anscheinend so voll einsichtige Ziele bestimmt werden wie die „Befähigung zu überlegtem beruflichen Handeln" oder auch die Vorbereitung auf die Aufgaben in Ehe und Familie[10], für die Erziehungsarbeit der Schule bedürfen solche Aufgabenformulierungen indessen wieder der Umsetzung in Dispositionen, über die der Schüler verfügen sollte, um diesen Aufgaben gewachsen zu

---

[8] Zu den Grenzen der curricularen Technik *Brezinka*, 514 ff.

[9] Vgl. die umfängliche Rechtfertigungs-Literatur, die den Kritikern der Curricula grundsätzliche Mißverständnisse vorhält, etwa *Schörken*, Streitpunkte des Politik-Unterrichts. Zur Kritik an den nordrhein-westfälischen Richtlinien, in: Aus Politik und Zeitgeschichte, B 8/76, 3 ff. m. umfänglichen Nachw.; *Dietze*, Die Reform der Lerninhalte als Verfassungsproblem, 1976, durchgehend, aber schon mangels hinreichender Gliederung der für ihn wesentlichen Gesichtspunkte schwer verständlich; *Clevinghaus*, Politischer Unterricht und curriculares Verfahren im Demokratisierungsprozeß, RdJB 76, 110.

[10] Vgl. oben S. 50.

sein. Diese Umsetzung muß die Schulverwaltung bzw. der Lehrer selbst durch Festlegung von Dispositionsnormen leisten, da z. B. zur Vorbereitung auf die Aufgaben in Ehe und Familie nicht nur hauswirtschaftliche und erzieherische Kenntnisse, sondern vor allem werthaltige Bereitschaften wie Liebe, Verantwortung, Treue, Fürsorge gehören. Der Gewinn an Rationalität durch Normierung von Aufgaben erweist sich insoweit als Scheingewinn, da die Last der Festsetzung von Dispositionsnormen nur auf nachgeordnete Träger von Entscheidungskompetenzen verschoben wird. Aufgabennormierungen können jedoch als ergänzende Normen der Konkretisierung von Erziehungszielen dienlich sein.

III. Zur Struktur von Prozeßnormen

Finalnormen stellen Aufgaben und steuern die Auswahl der Mittel, ohne die Mittelwahl abschließend zu determinieren. Eine unmittelbare Bestimmung von Mitteln, deren sich die Schule und der Lehrer bei der Erziehungsarbeit zu bedienen haben, beschränken diese Freiheit zur Mittelwahl und steuern dadurch den Erziehungsprozeß auch im Hinblick auf die Verwirklichung der Erziehungsziele. Soweit die Gesetze überhaupt die Mittel der Erziehung determinieren, verklammern sie die Mittelbestimmung nicht förmlich mit dem Zielkatalog. Dennoch war und ist man sich bewußt, daß durch Mittelbestimmung die Erziehung auf Ziele gelenkt, oft sogar nachhaltiger beeinflußt werden kann als durch wenig konsistente Zielbestimmungen. Eine Mittelbestimmung hat zudem den — dubiosen — Vorteil, daß dahinterstehende Ziele gleichsam geräuschlos angesteuert werden können, wenn die Mittelbestimmung das Ziel nicht auf der Stirn trägt und als bloße technische Norm eine Chance hat, im Entscheidungsprozeß auch mit einer vordergründigen Rechtfertigung zu bestehen.

Hervorragende Beispiele für die Steuerung der Erziehung durch Bestimmung der Mittel im 19. Jahrhundert waren die Vorschriften über Religionsunterricht und Lehrerausbildung in den Stiehlschen Regulativen von 1854[11] und die Gestaltung des Unterrichts am humanistischen Gymnasium im Vertrauen auf das Humboldt'sche Bildungsideal, aus dem man ableitete, daß die charakterliche, soziale und individuelle Erziehung des Schülers gleichsam von selbst aus der ernsthaften Befassung mit den humanistischen Bildungsgütern und der Entwicklung formaler Fähigkeiten folge[12].

In der Gegenwart versucht z. B. die Schulbuchkritik die Steuerungswirkungen, insbesondere die Fehlsteuerungen der Erziehung durch

---

[11] Vgl. oben S. 20.

[12] Vgl. *Evers*, Essener Gespräche, 120 und oben S. 17 f.

Schulbücher bis zum Vorwurf konservativer oder revolutionärer Indoktrination nachzuweisen; von der konfessionellen Prägung der Schule, von der Einführung der sozialen Koedukation durch Verbot der öffentlichen und privaten Vorschulen und der Beschränkung der Privatschulfreiheit auf dem Gebiet der Volksschule (Art. 7 V, VI GG) erwartet man sich ebenso eine Einwirkung auf das künftige Sozialverhalten der Schüler wie von der Erstreckung der sozialen Koedukation in die Sekundarstufe durch die Pflicht zum Besuch der Förderstufe und der Gesamtschule, mag auch die Verbesserung der Bildungschancen im Vordergrund der Reformen stehen.

Die Steuerung der Erziehung durch Prozeßnormen ist nicht ohne Risiken, da die Zusammenhänge von Mittel und Zweck oft nicht hinreichend bekannt sind und Mittel, ohne verbindliche Zielbindung, unerwünschte Eigenwirkungen entfalten können, wie etwa die Entwicklung des humanistischen Gymnasiums im 19. Jahrhundert bestätigt[13].

Legitime Ersatzfunktion hat die Prozeßnorm, wenn aus pädagogischen, rechtlichen oder politischen Gründen eine Zielbestimmung unzulässig oder unerwünscht erscheint und der Gesetzgeber sich daher darauf beschränkt, Verhaltensweisen der Lehrer anzuordnen, in der Erwartung, hierdurch einen gewissen Einfluß auf die Dispositionen des Schülers zu nehmen, ohne ein näher bestimmtes Ziel anzustreben. Beispiele hierfür sind die Bestimmungen, die dem Lehrer auferlegen, z. B. „in Ehrfurcht vor Gott“, oder „auf der Grundlage christlicher Bildungs- und Kulturwerte“ oder „in Liebe zu Volk und Heimat“ seine Erziehungsarbeit zu leisten. Handlungsanweisungen dieser Art, die an das pädagogische Ethos appellieren, respektieren die pädagogische und rechtliche Problematik von in Gesinnung, Weltanschauung und Religion fundierten Erziehungszielen. Sie schützen die Autonomie des Schülers, da sie zwar die Schule verpflichten, Vorbilder zu geben, aber nur Nachfolge auf Grund freigebildeter Überzeugung ermöglichen und erleichtern wollen.

IV. Zur Programmstruktur unter der Herrschaft des Grundgesetzes

Verfassungsrechtliche Determinanten für die inhaltliche Gestaltung der Schule prägen den Inhalt des staatlichen Erziehungsprogramms. Sie können aber auch die formale Struktur von Erziehungsprogrammen prägen. Das ist am Beispiel der für die Gestaltung der Schule zentralen Entscheidungen des Grundgesetzes für das Recht des Schülers auf Selbstentfaltung und das Recht der Eltern auf Bestimmung des Gesamtplanes der Erziehung ihrer Kinder näher darzustellen.

[13] Vgl. oben S. 20 f.

1. Die Selbstentfaltung des Schülers als oberstes Leitziel

Das Grundrecht auf Selbstentfaltung (Art. 2 I GG) gewährleistet in seinem Wesensgehalt die Freiheit des Denkens und des Sich-Entscheidens; es umfaßt daher die Freiheit zur Wahl zwischen Erlebens- und Verhaltensweisen, etwa die Freiheit, die Selbstverwirklichung in der Familie und/oder im Beruf und/oder der Mitsprache bei der Gestaltung des Gemeinwesens und/oder in der Beschäftigung mit Wissenschaft und/oder Kunst und/oder auf anderen Lebensgebieten zu suchen, dabei selbst die Schwerpunkte zu setzen und soweit wie dies mit den dem Bürger obliegenden Pflichten vereinbar ist, auch Verwirklichungsmöglichkeiten nicht in Anspruch zu nehmen. Abstrakt formuliert umfaßt dieses Recht daher die Freiheit, sich so oder anders, oder aber auch nicht zu entscheiden — soweit dadurch nicht die Rechte Dritter verletzt werden oder gegen die verfassungsmäßige Ordnung oder das Sittengesetz verstoßen wird.

Dieser Fülle verfassungsrechtlich gewährleisteter Verhaltens- und Erlebnisweisen entspricht keine bestimmte oder bestimmbare Disposition, die durch Erziehung zu verfestigen oder abzubauen wäre. Auch eine so abstrakt formulierte Bereitschaft, wie die zu sozialem Handeln und zu politischer Verantwortlichkeit[14] entspricht nicht der Freiheitsgewährleistung, die auch das Recht umfaßt, sich auf sich selbst zurückzuziehen. Eine Disposition jedoch, so oder anders oder überhaupt nicht zu handeln, zu fühlen, zu glauben usw. ist als sinnvoll nicht vorstellbar.

Entspricht der Selbstentfaltung des Schülers keine — auch keine hochkomplexe — Disposition, kann sie auch nicht in ein System minder komplexer oder konkreter Dispositionen aufgelöst werden. Systemtheoretisch kann daher das Recht auf Selbstentfaltung nicht als oberstes Erziehungsziel im Sinne einer obersten Disposition begriffen werden. Sie ist vielmehr oberstes Leitziel oder oberster Grundsatz aller Erziehungsarbeit, in der Terminologie dieses Kapitels mithin oberster Grundsatz für die Bestimmung und die Verwirklichung von Dispositions- und Prozeßnormen.

Als oberstes Leitziel verwehrt Art. 2 I GG dem Staat, die verfassungsrechtlich gewährleistete Fülle individueller Verwirklichungsmöglichkeiten auf ein staatlich determiniertes Persönlichkeitsprofil zu verkürzen und gebietet, den Schüler zur freien Selbstentfaltung zu befähigen. Dazu gehört die Vermittlung von Kenntnissen, Fähigkeiten und Fertigkeiten, über die hier indessen nicht näher zu handeln ist.

Für die Festsetzung von Dispositionsnormen folgt aus dieser Sicht des Grundrechts, daß von der Fülle individueller Verwirklichungsmög-

[14] KMK-Erklärung v. 25. 5. 1973, vgl. oben S. 50, aber auch alsbald unten

lichkeiten auszugehen ist. Grundsätzlich verwehrt das Recht auf Selbstentfaltung, bestimmte Dispositionen anderen Dispositionen überzuordnen oder in anderer Weise zu gewichten, da nicht der Staat, sondern der Bürger über den Wert von Erlebens- und Verhaltensweisen für seine Persönlichkeitsentfaltung zu entscheiden hat. Gesetzestechnisch folgt hieraus, daß diese Dispositionen nicht als ein hierarchisches Wertsystem, sondern nur als ein Bündel wertmäßig gleichrangiger Dispositionen festgesetzt werden dürfen und zu einem ausgewogenen Programm zusammengefügt sein müssen.

Das schließt nicht aus, für die Praxis der Schularbeit Auswahlentscheidungen zu treffen und Schwerpunkte zu setzen. Die Legitimation zu einer solchen Gewichtung von Dispositionen nach ihrer Bedeutung für die Entwicklung des Schülers oder für das staatliche Zusammenleben folgt aus den Wertentscheidungen und Identifikationsaufträgen des GG, aber auch aus der Aufgabe der Schule zu einer sinnvollen Erziehungsarbeit im Rahmen beschränkter Kapazität und nicht zuletzt aus dem Grundsatz der Erforderlichkeit und Verhältnismäßigkeit, der auch der Schule verwehrt, alles und jedes zum Gegenstand staatlicher Obsorge zu machen.

Daher darf die staatliche Schule das Erziehungsziel „Bereitschaft zu sozialem Handeln und politischer Verantwortlichkeit" legitimerweise nachdrücklich verfolgen — vorausgesetzt aber, daß dadurch die schulische Erziehung nicht in der Weise determiniert wird, als habe sich der Mensch vor allem anderen in dieser Weise zu verwirklichen.

Dem Gesetzgeber ist nicht verwehrt, die ausgewählten Dispositionen systematisch zu ordnen und auf Grund pädagogischer, aber auch bildungspolitischer Kriterien zu bestimmen, in welcher Intensität sie durch Erziehungsarbeit anzustreben sind, wenn nur das Programm insgesamt ausgewogen bleibt; dies kann die Ausformung alternativ sich ergänzender konkreter Dispositionen und Aufgaben erforderlich machen. In dem Fach Gemeinschaftskunde sind z. B. daher bei der Festlegung von Lernschritten und Lernzielen Verändern und Bewahren sozialer Verhältnisse, Konsens und Konflikt als Alternativen gleichen Ranges zur Darstellung zu bringen.

Entsprechendes gilt auch für die Verhaltensanweisungen an den Lehrer und seine Erziehungsarbeit selbst. Auch sie muß für die Vielfalt von Antworten auf Lebensfragen offen bleiben, damit der Schüler seine Entscheidungen als freie Entfaltung seiner Persönlichkeit erleben kann.

2. Verschachtelung des elterlichen und staatlichen Erziehungsprogramms

Erziehung ist eine gemeinsame Aufgabe von Eltern und Staat (bzw. Schule) und kann nur in einem sinnvoll aufeinander bezogenen Zusammenwirken erfüllt werden[15]. Auf die Gestaltung des staatlichen Erziehungsprogrammes und seinen Vollzug wirken — in den einzelnen Bereichen mit sehr unterschiedlicher Mächtigkeit — daher Eltern und Staat als je eigenständige, aber zum Zusammenwirken verpflichtete Kräfte ein. Für die Struktur von Erziehungsprogrammen kann das nicht gleichgültig sein, da es ihre Aufgabe ist, die aus der elterlichen und die aus der staatlichen Erziehungsgewalt folgenden Entscheidungen über Erziehungsziele und -prozesse sinnvoll zusammenzuführen.

Es kann hilfreich sein, sich das mehrfach gestufte staatliche Erziehungsprogramm als Ergebnis bipolarer Entscheidungsprozesse vorzustellen, wobei jeder Programmstufe die Aufgabe zukommt, den bipolaren Entscheidungsprozeß der nachfolgenden Stufe zu steuern, mit der Folge, daß auch das Steuerungsinstrument der staatlichen Erziehung selbst bipolare Strukturen in sich birgt.

Konkreter formuliert geht es darum, daß auf jeder Stufe staatlicher Erziehungssteuerung der Verantwortung der Eltern für die Gesamterziehung ihrer Kinder — mit Hineinwachsen in die Grundrechtsmündigkeit der Verantwortung der Schüler für ihre eigene Erziehung — Rechnung getragen wird. Wesentliche Komponenten der elterlichen Erziehungsgewalt sind die Bestimmung über die Teilnahme am Religionsunterricht, die religiös/weltanschauliche Erziehung, die Einstellung zum politischen Leben, die Berufswahl, das Verhältnis zur sozialen Umwelt. Wesentliche Komponenten der staatlichen Erziehung sind die Ausbildung in Fähigkeiten, die Vermittlung von Kenntnissen und Fertigkeiten, die allgemeine Sozialisation und bestimmte Identifikationsaufträge.

Die Bedeutung, die bei der Regelung einzelner Erziehungsaufgaben dem Elternrecht und seinen Komponenten zuzumessen ist, wird nur nach komparativen Maßstäben und unter Berücksichtigung auch der Gestaltungsfreiheit des Gesetzgebers und der Verwirklichungsverantwortung der Exekutive zu ermitteln sein. Das ist hier nicht zu vertiefen.

Regelungstechnisch kann dem Elternrecht und dem Recht des Schülers auf Selbstentfaltung in verschiedener Weise Rechnung getragen werden. Die Bipolarität des Entscheidungsprozesses und der Programmstruktur nötigt insbesondere nicht dazu, Eltern und/oder Schüler

[15] Vgl. oben S. 71 - 73.

in allen Bereichen ein individuelles oder kollektives Mitentscheidungsrecht oder den Eltern ein Letztentscheidungsrecht vorzubehalten[16]. Dies wäre unvereinbar mit parlamentarisch-demokratischen Grundprinzipien, die dem Parlament eine Vorrangstellung sichern und den Minister in die politische Verantwortung stellen. Allzu weit ausgebaute Mitentscheidungsrechte wären auch schwerlich vereinbar mit den Erfordernissen eines geordneten, die Einheit des Bildungssystems wahrenden und Chancengleichheit gewährenden Schulsystems. Wohl aber können Eltern und Schüler verlangen — erforderlichenfalls auch mit Hilfe der Gerichte durchsetzen —, daß die Gesetz- und Verordnungsgeber bei der Ausgestaltung des Schulrechts ihre Rechtspositionen hinreichend berücksichtigen. Hierfür stehen insbesondere folgende Regelungstechniken zur Verfügung:

— Nichteinbeziehung bestimmter Erziehungsaufgaben in die Erziehungsarbeit der Schule; so hat z. B. erst in jüngster Zeit die Schule die Aufgabe der Sexualerziehung aufgegriffen;

— Beschränkung der Erziehungsarbeit nach Richtung und Intensität auf das, was allen oder doch nahezu allen gemeinsam ist, um die schulische Erziehung offen zu halten für die Vielfalt der Anschauungen der Eltern über Erziehungsfragen; eine solche Beschränkung ist wesentlich für alle Erziehungsaufgaben mit religiösem weltanschaulichem oder politischem Einschlag, z. B. die Vermittlung hochkomplexer Wertvorstellungen, die Sexualerziehung;

— Bündelung komplementärer, gleichrangig zu verfolgender Lern- und Erziehungsziele, in der sich der Pluralismus gesellschaftlicher Auffassungen widerspiegelt, um die Objektivität und Neutralität der Erziehungsarbeit zu sichern und/oder den Schüler instand zu setzen, sich auf Grund eigener Entscheidung mit einer der Alternativen zu identifizieren;

— antizipative Einbeziehung elterlicher Erziehungsteilpläne in das staatliche Erziehungsprogramm; sie führt vor allem zur Einräumung von Wahlrechten; diese sind von der Rechtsprechung bislang nur im Hinblick auf die Wahl der Schullaufbahn und die Wahl der konkreten Schule anerkannt worden; wirksame Wahlrechte muß aber auch die obligatorische Förderstufe und die Gesamtschule vorhalten; es bedürfte besonderer Untersuchung, wie diesem Verfassungsgebot Genüge getan werden kann und ob weitere Wahlmöglichkeiten sinnvoll bereitgestellt werden können; die Pflicht, Wahlmöglichkeiten zu eröffnen, steht unter dem Vorbehalt der Erfordernisse eines geordneten Schulsystems;

---

[16] So aber *Ossenbühl*, Schule im Rechtsstaat, DÖV 77, 806.

— Einräumung kollektiv wahrzunehmender Bestimmungs- oder Zustimmungsrechte einer Mehrheit von Eltern/Schülern; verfassungsrechtlich waren und sind kollektiv wahrzunehmende Bestimmungsrechte nur für die Entscheidung über die konfessionelle Prägung der Volksschule vorgesehen; in weiterem Umfange räumen einzelne Landesverfassungen und Landesgesetze Mitspracherechte ein[17]; Kollektiventscheidungen stellen sicher, daß wenigstens eine Mehrheit der Eltern ihre Vorstellungen verwirklichen kann; da aber über Individualrechte nicht kollektiv verfügt werden kann, ist der Anwendungsbereich dieses Modells beschränkt; jedenfalls ist sicherzustellen, daß die kollektiv getroffenen Entscheidungen auch für die überstimmte Minderheit zumutbar bleiben;
— Einräumung individueller Zustimmungsvorbehalte von Eltern/Schülern; solche Vorbehalte sind verfassungsrechtlich nur für die Teilnahme am Religionsunterricht vorgesehen, Art. 4 II GG, im übrigen verfassungsrechtlich nicht geboten; in der Schulpraxis sind sie gelegentlich anzutreffen, insbesondere in der Spielart der freiwilligen Teilnahme an bestimmten Unterrichts- und sonstigen Veranstaltungen der Schule und des von der Rechtsprechung anerkannten Rechts der Eltern, wegen „Unzumutbarkeit“ von Schulweg oder gebotenem Unterricht das Kind von der Schule fernhalten zu dürfen;
— Verpflichtung von Lehrern und Schule zum Informationsaustausch mit den Eltern; dabei können die Lehrer verpflichtet sein, die Elternwünsche, soweit das im Rahmen eines geordneten Schulbetriebes möglich ist, zu berücksichtigen; der Informationsaustausch öffnet den Eltern die Möglichkeit, sich auf die schulische Erziehungsarbeit einzustellen und z. B. die von der Schule angestrebte Erziehung zu vertiefen oder zu relativieren; dies kann z. B. im Bereich der Sexualkunde von praktischer Bedeutung sein; wirken die Eltern der schulischen Erziehung entgegen, setzen sie ihr Kind einem Loyalitäts- und Gehorsamskonflikt aus; von der Verantwortung der Eltern für das Wohl des Kindes dürfte dies, verfassungskonforme Erziehungsarbeit der Schule vorausgesetzt, allenfalls in einer Ausnahmesituation gedeckt sein;
— Verpflichtung der Lehrer zu Neutralität und Toleranz[18].

Jede dieser Berücksichtigungsformen hat ihre sachimmanenten Voraussetzungen, ihre Vor- und Nachteile; keiner kann unbedingter Vorrang zuerkannt werden; oft mag es angezeigt sein, die hier skizzierten Formen miteinander zu verknüpfen.

---

[17] Vgl. hierzu unten S. 144.
[18] Vgl. oben S. 99.

Siebtes Kapitel

Befugnisse zur Festsetzung von Erziehungszielen in kompetenz- und verfahrensrechtlicher Hinsicht

Wesentliche Elemente der Erziehungsprogramme finden sich im Grundgesetz, den Landesverfassungen, den Landesgesetzen, aber auch in Rechtsverordnungen und Verwaltungsvorschriften der Kultusminister sowie in Festsetzungen der Schule und ihrer Gremien. Von erheblichem Einfluß auf die Gestaltung der Schule und des Unterrichts können auch die Beschlüsse und Empfehlungen der Kultusministerkonferenz sein. Es ist daher angezeigt, wenigstens in den Grundzügen die Kompetenzzuweisungen an die Entscheidungsträger auf der Ebene des Bundes und des Landes aufzuweisen und zu der Problematik der Mitbestimmung durch Eltern, Lehrer und Schüler Stellung zu nehmen.

I. Verhältnis Bundesrecht zu Landesverfassungen und Landesgesetzen

Nach den Kompetenzverteilungsregeln der Art. 30, 70 ff., 83 ff. GG hat der Bund nur die Zuständigkeiten zu Gesetzgebung und Verwaltung, die ihm das GG ausdrücklich zuweist. Die ihm zugewiesenen Kompetenzen im Bereich der Bildungsplanung (Art. 91 b), der Ausbildungsbeihilfe (Art. 74 Ziff. 13) und der Berufsausbildung (Art. 74 Ziff. 11 und 12)[1] sind für die hier anstehenden Fragen nur von begrenzter Bedeutung[2]; für Einzelfragen des Schulrechts kann die Zuständigkeit des Bundes insbesondere zur Normierung des Jugendschutzes, der Jugendpflege, der beschränkten Geschäftsfähigkeit und der Volljährigkeit der Jugendlichen, des Eltern- und Vormundschaftsrechts, des Beamtenrechts, des Urheberrechts und nicht zuletzt des Strafrechts relevant werden. Auch auf sie ist hier nicht einzugehen, weil sie zwar bei der Regelung schulrechtlicher Angelegenheiten zu beachten, nicht aber selbst als Instrumente zur Steuerung des schulischen Erziehungsprozesses angelegt sind.

---

[1] Vgl. hierzu *Friauf*, Die Abgrenzung der Gesetzgebungskompetenzen im Bereich der beruflichen Bildung, 1975; weit. Lit. vgl. *Oppermann*, Gutachten C, 68.

[2] Zur unitarisierenden Wirkung dieser Kompetenzen vgl. *Oppermann*, Gutachten C, 65 m. weit. Nachw.

Bundesrechtliche Vorschriften von zentraler Bedeutung für die inhaltliche Gestaltung der Schule finden sich daher nur im Grundrechtsteil des GG, die bereits eingehend dargelegt sind[3].

Generell bestimmt Art. 31 GG, daß — materiell und formell verfassungsmäßiges — Bundesrecht kollidierendes Landesrecht bricht. Landesverfassungsrecht gilt fort, solange es mit Bundesrecht und wenn es mit dem Mindestmaß der Homogenitätserfordernisse des Art. 28 GG übereinstimmt[4].

Für schulinhaltliche Regelungen durch Landesgesetz, Rechtsverordnung oder Verwaltungsvorschrift von größter Bedeutung ist, daß jeder Verstoß gegen materielle oder formelle Bestimmungen des GG aber auch des einfachen Bundesrechts zur Nichtigkeit dieser Vorschriften führt. Zur Feststellung der Nichtigkeit von Landesgesetzen ist jedoch nur das BVerfG befugt, Art. 93, 100 GG.

Ein verfassungswidriges Landesgesetz, dessen Ungültigkeit noch nicht vom BVerfG festgestellt ist, zeitigt gewisse Rechtswirkungen, insbesondere wird es die Verwaltung anwenden; aus Gründen der Rechtssicherheit sind auch grundsätzlich die nicht mehr anfechtbaren Gerichts- und Verwaltungsakte von der Nichtigkeitserklärung der sie stützenden Rechtsnorm nicht berührt, § 79 II BVerfGG.

II. Beschlüsse der Kultusministerkonferenz

Die Ständige Konferenz der Kultusminister der Länder in der Bundesrepublik Deutschland (KMK) ist 1948 als Instrument des koopera-

[3] Vgl. oben S. 55 - 81.

[4] Zum Geltungsumfang landesverfassungsrechtlicher Regelungen unter dem Grundgesetz vgl. *Beutler*, JöR 26 (1977), 1 (29 ff.) und BVerfGE 36, 342 (348 f.). Daher können landesgesetzliche Vorschriften, die übereinstimmende Grundrechte des GG und der Landesverfassungen tangieren, der Kontrolle sowohl des BVerfG als auch des Landesverfassungsgerichtes unterworfen werden, wenn auch für diese eine solche Kontrollzuständigkeit vorgesehen ist; vgl. z . B. die Entscheidungen zur Frage der Verfassungsmäßigkeit der hessischen Förderstufe, BVerfGE 34, 165 und hess. Staatsgerichtshof, 20. 12. 1971, DÖV 72, 285 ff. Daher wird aber auch einfaches Landesrecht, z. B. ein Schulgesetz des Landes, das mit Bundesrecht nicht vereinbar ist, z. B. durch Art. 2 ZusatzProt. EMRK gebrochen — vorausgesetzt, Art. 2 ist wirksam in innerstaatliches Recht transformiert; hiergegen bestehen Bedenken, da der Bund für die Materie keine Gesetzgebungskompetenz hat, vgl. *Maunz / Dürig / Herzog*, Art. 7, Rdnr. 93; vgl. ferner *Riedel*, Bundesverfassungsgericht und Europäischer Gerichtshof für Menschenrechte zu Fragen der Sexualkunde an öffentlichen Schulen, EuGRZ 78, 264 (267), der aber selbst den Vorrang dieser bundesrechtlichen Regelung vor den Schulgesetzen der Länder nicht erörtert; zu Art. 2 ZusatzProt. EMRK ausführlich *Wildhaber*, To what extent has the right to education evolved?, in: Proceedings of the Fourth International Colloquy about the European Convention on Human Rights. Organised by the Ministry of Foreign Affairs of Italy and the Secretariat General of the Council of Europe 5 - 8 november 1975, Straßburg 1976, 141 ff.

tiven Föderalismus von den Ländern im rechtsfreien Raum eingerichtet worden. Sie ist eine Arbeitsgemeinschaft der Kultusminister ohne Hoheitsgewalt. Ihre Beschlüsse kommen nur zustande, wenn alle Kultusminister zustimmen; werden Zuständigkeiten anderer Landesstellen berührt, müssen auch diese zustimmen.

Gegenstand solcher einstimmigen Beschlüsse können Vereinbarungen sein; ihrer Rechtsnatur nach sind das Verwaltungsabkommen über zukünftiges Handeln der Verwaltung im Bereich der Schule. Für die Schulverwaltung und für die Bürger werden die Vereinbarungen erst wirksam, wenn sie in landesrechtliche Vorschriften umgesetzt sind. Die Landesparlamente sind an die Beschlüsse nicht gebunden; soll dies erreicht werden, bedarf es des Abschlusses eines Staatsvertrages unter Beteiligung der Landesparlamente — ein Verfahren mit extrem hohem Konsensbedarf, das bislang nur in wenigen Fällen durchgeführt worden ist.

Gegenstand des Beschlusses kann auch eine Empfehlung sein; diese verzichtet auf rechtliche Wirkung überhaupt und will durch die Formulierung des Sachverstandes wirken.

In der Beschlußpraxis der KMK verwischt sich die Abgrenzung zwischen Vereinbarung und Empfehlung; auch die oft erhebliche faktische Wirkung, die von den Beschlüssen auf das Schulleben ausstrahlt, hängt weniger von der rechtlichen Formulierung ab, als davon, ob und wieweit ein Beschluß den zwischen den Ländern der Bundesrepublik erreichten materiellen schulpolitischen Konsens widerspiegelt[5].

III. Gesetzesvorbehalt im Schulrecht

Sind nach alledem allein die Länder zuständig, unter Beachtung der Schranken und Direktiven des GG und der Landesverfassungen, Erziehungsziele festzusetzen, bleibt zu fragen, in welchem Umfange diese Aufgabe vom Parlament selbst wahrzunehmen ist, durch Ermächtigung zum Erlaß von Rechtsverordnungen an den Kultusminister delegiert werden kann oder von den Schulverwaltungsbehörden und den Schulen kraft eigener Regelungskompetenz wahrgenommen werden darf.

---

[5] Daher befaßt sich das BVerfG in seinem Sexualkundebeschluß auch wesentlich ausführlicher mit den Empfehlungen (!) der KMK zur Sexualerziehung in der Schule vom 3. 10. 1968 als mit den Richtlinien der Hamburger Schulbehörden, deren hinreichende Deckung in den Hamburger Schulgesetzen in Frage stand; zur Tätigkeit der KMK vgl. zuletzt Handbuch für die Kultusministerkonferenz, 1977; die Beschlüsse der KMK sind veröffentlicht in der „Sammlung der Beschlüsse der Ständigen Konferenz der Kultusminister der Länder in der Bundesrepublik Deutschland“, Berlin (Luchterhand) 1963 ff.; zu der Rechtsnatur der KMK und ihren Aktivitäten vgl. *Evers*, VVDStRL 23, 166 ff.; *Fuß*, VVDStRL 23, 229 ff.

Nach dem Verfassungsrecht der konstitutionellen Monarchie unterlagen dem Gesetzesvorbehalt nur Eingriffe in Freiheit und Eigentum des Bürgers; dem Landesherrn verblieb daher ein gesetzesunabhängiges, originäres Verordnungsrecht zur Regelung aller jener Agenden, mit denen der Staat nicht in Freiheit und Eigentum eingriff und soweit diese nicht vom Gesetzgeber geregelt waren. Dies galt auch für das Schulwesen[6]. In der Weimarer Zeit haben die Gesetzgeber in Reich und Ländern begonnen, diese „Insel des Absolutismus"[7] abzubauen, aber auch noch in dem sich immer stärker ausdifferenzierenden Schulrecht der Nachkriegszeit blieb die Verwaltungsvorschrift ein maßgebliches Ordnungsinstrument.

Bis in die jüngste Gegenwart hinein wird zur Legitimation der eigenständigen Regelungskompetenz des Kultusministers angeführt, sie folge aus dem umfassenden Begriff Aufsicht in Art. 7 I GG, sie sei aus sachlich-pädagogischen Gründen unentbehrlich, weil das Parlament nicht über genügend Kapazität und Sachkunde verfüge; eine Vergesetzlichung des Schulwesens erschwere die Koordination der Länder im Rahmen der KMK — „Föderalismus mit Zementfüßen" (H. Maier) — und den Prozeß pädagogischer Entwicklung[8]. Seit etwa 1964 hat die Wissenschaft und in jüngster Zeit zunehmend auch die höchstrichterliche Rechtsprechung postuliert, daß alle wesentlichen schulrechtlichen Entscheidungen vom Gesetzgeber getroffen werden müssen oder einer hinreichend bestimmten gesetzlichen Grundlage bedürfen[9]. Die derzeitige Aktualität der Frage nach der Reichweite des Gesetzesvorbehaltes im Schulrecht ist eine Folge der Zunahme bildungspolitischer Konflikte. In der Sache geht es um eine dem Rechtsstaatsprinzip und dem Demokratiegebot des GG entsprechende Neuabgrenzung der Kompetenzen des Parlaments und der Kultusverwaltung.

Nachdem das BVerfG der herkömmlichen Auffassung, daß der Gesetzesvorbehalt im besonderen Gewaltverhältnis nicht gelte, den Abschied gegeben hatte[10], setzte sich zunehmend die Einsicht durch, daß auch die Regelung des Schulverhältnisses nicht dem Ermessen der Ver-

---

[6] Vgl. oben S. 16.

[7] *Anschütz,* Die Verfassungsurkunde für den Preußischen Staat vom 31. 1. 1850, Bd. 1, 1912, Art. 26 Anm. 5; vgl. oben S. 23 f.

[8] Vgl. z. B. *Heckel / Seipp,* Schulrechtskunde[4], 1969, 119 ff.; anders aber *Heckel,* Schulrecht und Schulpolitik, 1967, 52 ff.; *ders.,* DÖV 76, 511; *Sellschopp,* RdJB 70, 48 ff.; die Argumente waren schon 1964 in die Diskussion der Staatsrechtslehrertagung eingebracht worden, vgl. VVDStRL 23, 249 ff.

[9] Vgl. *Evers,* VVDStRL 23, 153 ff.; *Fuß,* VVDStRL 23, 199 ff.; *Löhning,* Der Vorbehalt des Gesetzes im Schulverhältnis, 1974; *Oppermann,* Gutachten C, 1 ff. m. Nachw. der Rechtsprechung; ferner *Richter* und *Niehues,* Verhandlungen des 51. DJT, Bd. II, N 10 ff. bzw. N 40 ff.

[10] BVerfGE 33, 1 (9).

waltung überlassen werden dürfe, vielmehr Rechtsstaats- und Demokratieprinzip den Gesetzgeber verpflichten, alle wesentlichen Entscheidungen im Schulwesen selbst durch formelles Gesetz zu treffen.

Noch nicht gelungen ist es, Kriterien für die Bestimmung der Wesentlichkeit zu entwickeln, die eine sichere Abgrenzung des dem Gesetzgeber vorbehaltenen Bereichs ermöglichen. Oppermann verweist auf den Bestand bereits erreichter Konsensbildung und vertraut auf den Prozeß sich allmählich fallweise vorantastender Rechtsprechung und Lehre, der wie bei anderen unbestimmten Rechtsbegriffen den als heuristischen Begriff zu verstehenden Begriff der Wesentlichkeit ausfüllen und konkretisieren werde[11]. Andere sehen in der von Oppermann so bezeichneten „Wesentlichkeitstheorie" eine „rechtsdogmatische Bankrotterklärung", da die Frage nach der Reichweite des Gesetzesvorbehaltes durch die jeweils aktuellen schulpolitischen Kontroversen bestimmt werde[12].

Im Sexualkunde-Beschluß hat das BVerfG die wissenschaftliche Diskussion aufnehmend seine bisherige Rechtsprechung verdeutlicht[13]:

— der dem Gesetzgeber vorbehaltene Bereich kann nicht mehr nach überholten Formeln abgegrenzt werden wie die, daß Eingriffe in Freiheit und Eigentum einer gesetzlichen Grundlage bedürfen; geboten ist vielmehr eine Problemlösung von der demokratisch-rechtsstaatlichen Funktion des Gesetzesvorbehaltes her;

— wichtige Funktion („Gesichtspunkt") des Gesetzesvorbehaltes ist der Schutz der Grundrechte; daher bedeutet im grundrechtsrelevanten Bereich „wesentlich" in der Regel „wesentlich für die Verwirklichung der Grundrechte";

— die Grenzziehung zwischen staatlichem Erziehungsauftrag, Elternrecht und Persönlichkeitsrecht des Kindes ist für die Ausübung dieser Grundrechte vielfach von maßgeblicher Bedeutung; die Abgrenzung ist daher Aufgabe des Gesetzgebers, soweit sie für die Ausübung des Grundrechtes von großem Gewicht ist; dem Gesetzesvorbehalt ist Genüge getan, wenn das förmliche Gesetz die Leitentscheidungen mit hinreichender Bestimmtheit trifft;

— die Reichweite des Bestimmtheitserfordernisses beurteilt sich ebenfalls nach der Bedeutung der Maßnahmen für die Grundrechts-

---

[11] *Oppermann*, Gutachten C, 52.

[12] *Kisker*, NJW 77, 1317 ff.; zurückhaltender in der Formulierung *Wimmer*, JZ 76, 461; weit. Nachw. vgl. *Evers*, Gesetzesvorbehalt im Schulrecht — VGH Kassel, NJW 76, 1856, JuS 77, 804 (807).

[13] Vgl. BVerfGE 33, 125 (158 f., 163); 33, 303 (337, 346); 34, 165 (192); 41, 251 (263); 45, 400 (417); 47, 46 (55 f.); BVerwGE 47, 194 (197); 47, 201 (204); umfassend hat die Judikatur aufgearbeitet *Niehues*, Schul- und Prüfungsrecht, 1976.

ausübung; zu berücksichtigen sind aber auch die pädagogische Verantwortung des Lehrers, die einen regelungsfreien Spielraum der Unterrichtsgestaltung voraussetzt und die Grenzen der Normierbarkeit des Erziehungsprozesses überhaupt[14];

— durch Gesetz zu regeln sind daher für das Fach Sexualkunde die Erziehungsziele in den Grundzügen[15], grundlegende Prinzipien der Unterrichtsgestaltung, grundrechtsrelevante Grenzen der Erziehung und ihre Sicherung (Toleranzgebot, Indoktrinationsverbot, Informationspflicht der Eltern).

Zusammengefaßt folgt aus der Rechtsprechung des BVerfG, daß die Reichweite des Gesetzesvorbehaltes im Schulrecht und des Bestimmtheitsgebotes im Wege funktionaler Betrachtungsweise nach einem komparativen Maßstab zu ermitteln ist[16]. Ausschlaggebend ist die Bedeutung der schulrechtlichen Entscheidung für die Grundrechtsverwirklichung der von ihr betroffenen Eltern und Schüler. Man wird im Hinblick auf den demokratischen Aspekt des Gesetzesvorbehaltes hinzuzufügen haben, daß sich die Reichweite des Gesetzesvorbehaltes und des Bestimmtheitsgebotes auch nach der Bedeutung der getroffenen Entscheidung für die Allgemeinheit bemißt[17]. Als ergänzende Kriterien sind zu berücksichtigen die Leistungsfähigkeit des Parlaments und die Erfordernisse einer flexiblen und offenen Gestaltung des auf Aktivität, Dynamik und Personalität angelegten Schulwesens.

Wenn auch die Reichweite des Gesetzesvorbehaltes daher seine konkrete Gestalt erst aus Regelungsgegenstand und Regelungsziel erhält und die Anwendung komparativer Maßstäbe erforderlich ist, dürfte die Rechtsprechung des BVerfG der künftigen Rechtsentwicklung den Weg gewiesen haben — nicht nur für die Einführung von Neuerungen, die bereits heute, wenn sie „wesentlich" sind, der Gesetzesform bedürfen, sondern für die gesetzesförmliche Neugestaltung des Schulrechts überhaupt, die mit Ablauf der von der Rechtsprechung derzeit noch anerkannten Übergangsfrist[18] unausweichlich sein wird.

[14] Die Bereitschaft des BVerfG, das Bestimmtheitserfordernis nach funktional-pragmatischen Gesichtspunkten und nicht formalistisch zu beurteilen, wird auch deutlich in BVerfGE 45, 346 (351 f.) — Disziplinarstrafrecht, BVerfGE 12. 8. 1977, ZBR 78, 37 — Beamtenrechtliche Beihilfenregelung und BVerfGE vom 8. 8. 1978, EuGRZ 78, 553 (562) Kalkar-Beschluß.

[15] „Groblernziele", zur mißverständlichen Anwendung dieses Klammerausdruckes durch BVerfGE 47, 46 (83), vgl. *Falckenberg*, BayVerwBl. 78, 372, vgl. auch unten S. 140; *Klügel*, Der rechtliche Gehalt von Lernzielen, RdJB 78, 25 (30) empfiehlt bei der Formulierung von Groblernzielen dagegen legislative Zurückhaltung, da diese für den Schüler zwar wichtig, aber keineswegs von existentieller Bedeutung seien.

[16] Vgl. schon *Evers*, JuS 77, 808.

[17] *Evers*, VVDStRL 23, 147 (159 f.); *Oppermann*, Gutachten C, 53 ff.: „politisch wichtige Angelegenheiten"; kritisch *Starck*, RdJB 78, 4 (10).

[18] Vgl. hierzu *Niehues*, Rdnr. 85 ff. m. weit. Nachw.

Soll mehr geleistet werden als bloßes Flickwerk oder der Erlaß sogenannter Rechtsgrundlagengesetze mit pauschalen Ermächtigungen[19], wird bei der Bestimmung von Erziehungszielen zu beachten sein:

Die Untersuchung der verfassungsrechtlichen Schranken und Direktiven für die Festlegung von Erziehungsinhalten[20] hat gezeigt, daß die schulische Erziehung für die Verwirklichung der Grundrechte von Eltern und Schülern relevant ist, aber die Intensität der Grundrechtsberührung durch einzelne Erziehungsaufgaben erheblich differiert. Die Untersuchungen zur Struktur von Erziehungszielen[21] haben gezeigt, daß zur Harmonisierung der schulischen Erziehung mit den Grundrechten differenzierte Regelungstechniken zur Verfügung stehen. Es hat sich auch gezeigt, daß Erziehungsziele sich nicht in Grob- und Feinlernziele gliedern lassen, wie BVerfGE 47, 46 (83) in Anlehnung an Niehues[22] annimmt, daß sie vielmehr anzustrebende psychische Dispositionen umschreiben, die nach der Zweck-Mittel-Relation in Bündel minder komplexer und konkreterer Dispositionen umgesetzt werden müssen, sollen sie den Erziehungsprozeß steuern, dabei aber aus grundrechtlicher Sicht weniger die Auswahl einzelner Unterziele bedeutsam ist als die sachadäquate Bündelung einer Mehrzahl von Unterzielen zu einem ausgewogenen „offenen" Teilprogramm. Es hat sich ferner erwiesen, daß in gewissen Grenzen die Unbestimmtheit von Erziehungszielen durch Bestimmung von Erziehungsaufgaben und -mitteln kompensiert werden kann[23].

Für die Verwirklichung der Grundrechte von Eltern und Schülern wesentlich erscheint daher, daß das Gesetz die Erziehungsziele durch anzustrebende psychische Dispositionen umschreibt, welche so konkretisiert und von Komplexitäten entlastet sind, daß sie der Auswahl und Bündelung der Unterziele die Richtung weisen. Die Erziehungsziele der Landesverfassungen und die Mehrzahl der Erziehungsziele der Schulgesetze entsprechen diesem Erfordernis nicht.

Dagegen wäre verfassungsrechtlich nicht geboten, und nicht zuletzt aus Gründen der Flexibilität und der Personalität des Schulrechts sogar problematisch, durch Gesetz die Erziehungsaufgaben so detailliert und konkret zu umschreiben, wie dies für Rahmenrichtlinien und Lehrpläne üblich ist. Der Gesetzgeber wird daher bei der ihm obliegenden Neuformulierung der Erziehungsziele auf einer Zwischenstufe

---

[19] Hiervor warnt *Ossenbühl*, Schule im Rechtsstaat, DÖV 77, 801 (804).

[20] Vgl. oben S. 58 - 100.

[21] Vgl. oben S. 120 - 123.

[22] 51. DJT, M 58.

[23] Vgl. oben S. 127 f.

innehalten müssen[24]. Sie kann hier mangels hinreichenden Erfahrungsmaterials nicht näher umschrieben werden. Jedenfalls wird der Gesetzgeber zu berücksichtigen haben, ob und wieweit eine in Form eines unbestimmten Rechtsbegriffes normierte Leitentscheidung eindeutig ist, weil unter den Normadressaten hinreichender Konsens besteht, oder ob die zur Verfügung stehenden Begriffe in den Sog wissenschaftlich-pädagogischer und/oder politischer Auseinandersetzungen geraten sind und daher stärkerer Konkretisierung bedürfen, um die Auswahl und Bündelung der Unterziele und die Wahl der Mittel zu leiten.

Für die Verwirklichung der Grundrechte ist ferner wesentlich, die der Schule gezogenen Grenzen der erzieherischen Beeinflussung des Schülers festzulegen. Wie oben dargelegt, differieren die Grenzen, die von Verfassungs wegen einzuhalten sind, im Hinblick auf die einzelnen Erziehungsaufgaben erheblich. Es stehen differenzierte Regelungstechniken zur Verfügung, den Verfassungsgeboten Rechnung zu tragen. Es ist ferner vom Gesetzgeber zu entscheiden, wie weit die Schule die von der Verfassung zugelassenen Möglichkeiten erzieherischer Beeinflussung der Schüler auszuschöpfen hat. Die durch die Verfassung vorgegebenen und die durch schulpolitische Entscheidung bestimmten Grenzen bedürfen der hinreichend präzisen Festlegung durch Gesetz. Ein pauschaler Hinweis etwa auf die Gebote der Neutralität und Toleranz genügen daher dem Bestimmtheitserfordernis in grundrechtssensiblen Bereichen nicht.

Soweit die Mittelwahl für die Grundrechtsverwirklichung wesentlich ist, bedarf auch sie der gesetzlichen Regelung durch Leitentscheidungen. Der Gesetzgeber wird daher — auch im Hinblick auf die Bedeutung dieser Materien für die Allgemeinheit — Leitbestimmungen zu treffen haben für die Gliederung des Schulwesens, die Schullaufbahnen und die zur Verfügung gestellten Wahlrechte der Eltern und Schüler, die Bildungsaufgaben der einzelnen Schulstufen, den Katalog der Fächer, ihre zeitliche Reihung und ihr Gewicht, die Organisation des Unterrichts (Kurssystem, fachübergreifender Unterricht, Ganztagsunterricht).

Als grundrechtsrelevante Angelegenheit hat sich auch die Zulassung von Schulbüchern und anderer Lehrmittel herausgestellt, zumal die Zulassung, auch wenn sie keine Zensur im Sinne des Art. 5 GG ist, die Presse- und Meinungsfreiheit der Herausgeber und ihre wirtschaftlichen Belange sowie das geistige Eigentum der Autoren erheblich berührt. Die Sachkriterien für die Zulassung ergeben sich weitgehend aus den Erziehungs- und Bildungsaufträgen und ihrer gesetzlichen Aus-

---

[24] So auch *Oppermann*, Die erst halb bewältigte Sexualerziehung, JZ 78, 292.

gestaltung; zu erwägen bleibt, Zielkonflikte bei der Zulassungspolitik insbesondere zwischen Wirtschaftlichkeit und Vielfalt im Interesse eines bedarfsgerechten, für pädagogische Entwicklungen offenen Angebots und des Wettbewerbs aufzulösen. Jedenfalls erforderlich ist, daß die Verfahren der Zulassung aus der Grauzone, in der sie sich in den meisten Ländern noch befinden, herausgeholt und gesetzlich geregelt werden.

In vielen der hier genannten Bereiche wird es genügen, wenn der Gesetzgeber eine Ermächtigung zum Erlaß von Rechtsverordnungen bereitstellt unter der Voraussetzung, daß diese das Programm der Verordnungsgebung hinreichend bestimmt umschreiben. Daß der Gesetzgeber sich der Last, hinreichend bestimmte Regelungen zu treffen, nicht dadurch entledigen kann, daß er blankettartige Ermächtigungen erteilt, aber ihre Inanspruchnahme von einem Zustimmungsvorbehalt des Parlaments abhängig macht, hat BVerfGE 47, 46 (82) klargestellt. Eine solche Legitimation durch Verfahren reicht nicht aus, weil Demokratie- und Rechtsstaatsgebot verlangen, daß die „wesentlichen" Entscheidungen durch Gesetz im formellen Sinne getroffen werden und Verordnungsermächtigungen hinreichend bestimmt sind[25].

Auch bei einer dem Gesetzesvorbehalt genügenden Regelung der wesentlichen Angelegenheiten durch Gesetz und Rechtsverordnung bleibt ein weiter Raum für Regelungen durch Verwaltungsvorschriften; dieser Rechtsform sich zu bedienen, ist immer dann angezeigt, wenn es in besonderer Weise auf Flexibilität und Sachnähe ankommt und es weder verfassungsrechtlich geboten noch sachlich angezeigt ist, Eltern und Schülern einklagbare Ansprüche zuzuerkennen. Denkbare Materien sind insbesondere die Bestimmung von Stundentafeln, Lehrplänen und Stoffkatalogen in ihren Einzelheiten, die Auflösung von Erziehungs- und Bildungszielen in Lernschritte und Lernfelder, die Ordnung des Schulalltages[26], der weite Bereich der Beratung von Schule und Lehrer durch den Minister.

Auch in Zukunft wird es daher genügen, in Form von Verwaltungsvorschriften die durch Gesetz, ggf. auch Rechtsverordnung getroffenen „wesentlichen" Entscheidungen über die Wahl der Ziele, Unterziele (Zielbündel) und Mittel für den Schulalltag aufzubereiten, in ein für den Lehrer zugängliches und handhabbares didaktisches und fachliches Konzept umzusetzen und Schule und Lehrer Vorschläge und Anregungen für die ihnen obliegende Erziehungsarbeit zu unterbreiten.

---

[25] Auch wenn das Bestimmtheitsgebot des Art. 80 I GG für die Landesgesetzgebung nicht in der Ausformung dieser Vorschrift gilt (BVerfGE 34, 52).

[26] Vgl. *Niehues*, Rdnr. 128.

Erziehung verwirklicht sich in der pädagogischen Begegnung zwischen Lehrer und Schüler, in einem weiteren Sinne auch zwischen Gruppen von Lehrern und Schülern und Gruppen von Schülern. Wiederum werden Entscheidungen erforderlich über die Auswahl von anzustrebenden — konkreten — Zielen und der hierfür einzusetzenden Mittel. Wesentliche Kriterien für diese Entscheidungen ergeben sich aus den je konkreten Gegebenheiten und Fähigkeiten der an der pädagogischen Begegnung beteiligten Lehrer und Schüler und der Situation, in der sie sich befinden.

Erziehungsarbeit erschöpft sich nicht in einer nach didaktischen und fachlichen Gesichtspunkten gerechtfertigten Wahl der Ziele und dem sachkundigen Einsatz der Mittel. Erziehungsarbeit wird nur gelingen, wenn der Lehrer sich auch persönlich mit seiner Aufgabe identifiziert, seine geistigen und seelischen Kräfte einsetzt, dem Schüler verstehende und helfende Liebe zuteil werden läßt. Insoweit entzieht sich nicht nur die pädagogische Begegnung der heterogenen Steuerung, sie setzt eine pädagogische Freiheit des Lehrers voraus.

Normsetzung auf allen Stufen des Entscheidungsprozesses muß diese pädagogische Freiheit des Lehrers beachten; wie BVerfGE 47, 46 (83) zutreffend hervorhebt, müssen Festlegungen verbindlicher Zielbestimmungen und darauf ausgerichtete Anleitungen zur Durchführung des Unterrichts „immer darauf hin überprüft werden, ob sie der pädagogischen Freiheit genügend Raum lassen, ob dem Lehrer im Unterricht noch der Spielraum verbleibt, den er braucht, um seiner pädagogischen Verantwortung gerecht werden zu können".

Die rechtsinhaltlichen und rechtstechnischen Erfordernisse der Bestimmung von Erziehungszielen sind damit nur in Umrissen beschrieben. Die genauere Zuordnung der Regelungskompetenz und die Beschreibung der Regelungstechniken, insbesondere des Spielraums des Gesetzgebers und der Verwaltung bei der Einführung neuer Regelungstechniken, die verfahrensrechtlichen Vorkehrungen zur Sicherung der Qualität und Objektivität der Entscheidungsprozesse bedarf weiterer Untersuchungen. Diese können sich nicht auf juristische Fragestellung beschränken. Zu prüfen wird auch sein, auf welcher Stufe dieses Systems den Bedürfnissen nach Curriculumreform und -experiment als permanente Aufgabe Rechnung zu tragen ist und welche Grenzen Reformen und Experimente im Interesse des Schülers haben.

IV. Mitwirkung von Eltern, Schülern und Lehrern

In von Bundesland zu Bundesland unterschiedlichen Formen fassen die Schulgesetze Eltern, Schüler und Lehrer zu Kollektiven (Räte, Beiräte, Vertretungen, Konferenzen) zusammen und gewähren diesen Einfluß auf die Entscheidungsprozesse der Schule und der Schulverwaltung. Ohne auf Einzelheiten der geltenden und der beabsichtigten Regelungen einzugehen[27], ist zum Grundsätzlichen folgendes festzuhalten:

Art. 17 IV bwü. Verfassung, Art. 56 VI hess. Verfassung und Art. 10 II nw. Verfassung gewährleisten ausdrücklich die Mitwirkung der Erziehungsberechtigten bei der Gestaltung des Unterrichts bzw. des Schulwesens. Da Art. 7 I, 6 II GG und die Mehrzahl der Landesverfassungen ein sinnvoll aufeinander bezogenes Zusammenwirken von Eltern und Schülern gebieten, liegt der Schluß nahe, auch die anderen deutschen Bundesländer seien nach Landesverfassung und GG verpflichtet, eine solche Mitwirkung vorzusehen. Indessen haben die bisherigen Untersuchungen gezeigt, daß die unmittelbare Teilhabe der betroffenen Eltern, insbesondere aber die kollektive Mitwirkung der Eltern nur eines und nicht einmal das effektivste Gestaltungsmittel zur Abstimmung der elterlichen und schulischen Erziehung ist, daß das Elternrecht als Individualrecht weder der Entscheidung durch Kollektive unterworfen, noch durch Repräsentanten wahrgenommen werden kann, wie dies jedenfalls für die Organisation von Elternmitwirkung bei Entscheidungen, die über die Klassen- und Kursebene hinausgeht, vorgesehen werden muß.

Sollen Schüler und Lehrer ebenfalls beteiligt werden und soll das organisatorische Grundmuster der Schule unter dem GG als ein notwendig partizipatorisches ausgegeben werden[28], bedarf es hinreichender verfassungsrechtlicher Begründungen. Wenn überhaupt, läßt sich eine verfassungsrechtliche Pflicht, Mitwirkung zu institutionalisieren, nur auf grundrechtliche Positionen gründen, die freilich erst im Wege der Interpretation der Grundrechte als Teilhaberechte am Prozeß der staatlichen Willensbildung gewonnen werden müßten[29]. Geht man diesen Weg, ist nicht zu übersehen, daß das GG und die Mehrzahl der Landesverfassungen die elterliche Position stärker verankern als die

---

[27] Eine detaillierte, durch Schaubilder veranschaulichte Darstellung bei *Horn*, Partizipations- und Schulverwaltungsstruktur, 1976, 225 - 348 (!); vgl. ferner *Dietze*, Von der Schulanstalt zur Lehrerschule, 1976; weit. Lit. bei *Niehues*, FN 67 (S. 27); *Oppermann*, Gutachten C, 38 ff.

[28] So ohne nähere Begründung *Oppermann*, Gutachten C, 39; *Niehues*, Rdnr. 52 ff.

[29] So *Häberle*, Grundrechte im Leistungsstaat, VVDStRL 30 (1972), 43 (82 ff.); *Dietze*, 88 ff.; weit. Nachw. bei *Horn*, 29 ff.

des Schülers, für den auf den im Hinblick auf seine Umsetzbarkeit in Mitwirkungsrechte diffusen und unter dem Gesichtspunkt der Grundrechtsmündigkeit eingeschränkten Art. 2 I GG zurückzugreifen wäre, während für den Lehrer in seinem Status als öffentlicher Bediensteter nur Art. 33 IV, V GG zur Verfügung steht, dem Partizipationsrechte fremd sind[30].

Die beschränkten und umstrittenen Möglichkeiten einer verfassungsrechtlichen Verankerung der Mitwirkungsbefugnisse besagen nichts über ihre verfassungsrechtliche Zulässigkeit und schulpolitische Sinnhaftigkeit[31]. Die Einräumung von Mitwirkungsrechten in einem weiteren Sinne ist ein Mittel, die Entscheidungen des GG für den Schutz der Persönlichkeit und ihre Freiheit in einem Lebensbereich zu entfalten[32]; für die Verwirklichung der Aufgaben der Schule ist oder kann von Vorteil sein der Informationsaustausch zwischen den Beteiligten und mit den Betroffenen, die Abstimmung von elterlicher und schulischer Erziehungserfahrung und -vorstellung, die Erläuterung, Rechtfertigung und Kontrolle von Regelungen und Maßnahmen der Schule und der Schulverwaltung, die Aktivierung der Sachkunde des Lehrers und die Aufwertung seines Status, die Einübung der Schüler in der Mitwirkung an administrativen und demokratischen Entscheidungsprozessen.

Wie im einzelnen auch immer die Gesetze die Mitwirkungsrechte von Eltern, Lehrern und Schülern ausgestalten — sie haben die verfassungsrechtlich festgelegten Legitimationszusammenhänge und Zuständigkeitsverteilungen zu beachten. Nach dem Demokratieverständnis des GG ist die Herrschaft des Staates legitimiert durch die Volkswahl, die Parlamentsentscheidung und die parlamentarische Verantwortung der Regierung. Für eine eigenständige oder auch nur ersatzweise Legitimation der Herrschaft durch Partizipation der Betroffenen bietet es keinen Raum[33]. Denn das GG läßt zwar Selbstverwaltung zu und an-

[30] Daher wird von manchen versucht, die pädagogische Freiheit des Lehrers in die verfassungsrechtlich geschützte Wissenschaftsfreiheit des Art. 5 III GG umzudeuten, um aus dieser Position Mitwirkungsrechte verfassungsrechtlich zu begründen; hierbei wiederum muß man sich eines Grenzenlosigkeitsschlusses für den Begriff Wissenschaft in Art. 5 III GG bedienen, vgl. z. B. *Dietze*, 161; die Anwendbarkeit des Art. 5 III GG verneint mit zutreffender Argumentation *Oppermann*, Gutachten C, 41 ff.

[31] Zur fachlichen und zeitlichen Überforderung von Mitbestimmungsgremien, der nicht durch Zurückschrauben der Erwartungen, sondern durch Einüben der Beteiligten begegnet werden sollte, vgl. *Schleicher* (Hrsg.), Elternmitsprache und Elternbildung, 1973.

[32] *Isensee*, Essener Gespräche, 116 erblickt in den Mitbestimmungsgremien der kooperativen Schule „Organisierte Grundrechtssubstanz".

[33] Von einer Doppellegitimation durch Gesetzgeber und Mitbestimmungsgremien geht aber aus *Richter*, Bildungsverfassungsrecht, 1973, 308; *Flechsig / Haller*, Entscheidungsprosesse in der Curriculumentwicklung. Deutscher Bil-

erkennt sie nicht nur als gebietskörperschaftliche Selbstverwaltung (Art. 28 II GG), sondern auch anderer Lebensbereiche. Es setzt aber, wie BVerfGE 33, 125 (158) hervorgehoben hat, voraus, „daß jede Ordnung eines Lebensbereiches durch Sätze objektiven Rechts auf eine Willensentschließung der vom Volk bestellten Gesetzgebungsorgane muß zurückgeführt werden können"; der Gesetzgeber dürfe daher seine „vornehmste Aufgabe nicht anderen Stellen innerhalb oder außerhalb der Staatsorganisation zur freien Verfügung überlassen". Wie dargelegt, ist im Lebensbereich der Schule der dem Parlament vorbehaltene Entscheidungsbereich nach der sogenannten Wesentlichkeitstheorie zu bestimmen[34]. Mitbestimmung der Schüler, Eltern und Lehrer kann sich nur innerhalb der vom parlamentarischen Gesetzgeber geschaffenen Entscheidungen verwirklichen. Sie hat ferner die Regierungsverantwortung in Angelegenheiten von politischem Gewicht zu respektieren, zu der die Verantwortung des Kultusministers für Einheit, Qualität und Verfassungskonformität des Schulwesens zu rechnen ist, die zudem Art. 7 I GG in besonderer Weise hervorhebt[35]; dies verwehrt, in gewichtigen Angelegenheiten den Mitbestimmungsgremien im Falle des Konflikts mit dem Minister ein Letztentscheidungsrecht einzuräumen[36].

Zur Klarstellung bleibt zu vermerken, daß der Gesetzgeber die zur Mitwirkung berufenen Organe nicht zu Einwirkungen auf die Freiheitssphäre der Beteiligten ermächtigen darf, die GG und Landesverfassung den staatlichen Organen vorenthalten und daß die Kollektivorgane schon aus Gründen mangelnder Legitimation, aber auch wegen der Individualrechtsstruktur von Freiheit nicht aus eigenem befugt sind, über die Freiheitssphäre der Beteiligten und Betroffenen zu dis-

---

dungsrat. Gutachten und Studien der Bildungskommission, Bd. 24, 1973, 113 postulieren im Vertrauen auf die aufgeklärte Kommunikation der Betroffenen sogar den Verzicht des Gesetzgebers auf Normen, welche die Lernziele determinieren; für eine „freie Schule" mit dem Vorteil größerer geistiger und pädagogischer Mobilität, Aktions- und Anpassungsfähigkeit, zugleich größerer Unabhängigkeit im Geistigen und Pädagogischen plädiert *Pöggeler*, Schule und Staat, 1959, 91 (114 ff.).

[34] Vgl. oben S. 138 f.

[35] Hierauf weist zutreffend hin *Niehues*, Rdnr. 55; vgl. auch BVerfGE 9, 268 (281 ff.); 22, 106 (113); grundlegend zu den Grenzen kollektiver Partizipation *Schmitt Glaeser*, Partizipation an Verwaltungsentscheidungen, VVDStRL 31 (1973), 179 (221 m. weit. Nachw.).

[36] An einer äußersten Grenze, bis zu der der Minister an die Entscheidung von Mitbestimmungsgremien gebunden werden kann, hält inne das hess. Gesetz über die Mitbestimmung der Erziehungsberechtigten und den Landesschulbeirat idF des Gesetzes vom 14. Juli 1977, GVBl. 319, wonach zwar enumerativ aufgezählte Maßnahmen des Ministers der Zustimmung des Landeselternbeirates bedürfen, im Konfliktsfalle aber die Letztentscheidung nicht dem Elternkollektiv, sondern — nach Durchlaufen eines Vermittlungsverfahrens — der Schulaufsichtsbehörde bzw. der Landesregierung gebührt, §§ 9 II, 15, 22 II.

ponieren. Ihnen ist ebenso verwehrt, mit der Revision des Curriculums das Potential für gesellschaftliche Veränderungen freizulegen und zu determinieren[37].

Weitere Beschränkungen ergeben sich aus der Funktion von prozeduralen Teilhaberechten als Mitspracherecht bei Angelegenheiten, die nach Wirkung, Bedeutung und Zeithorizont in ihrem Schwergewicht die zur Mitsprache Berufenen und nicht die Allgemeinheit berühren und die Grenzen der Organisierbarkeit einer effektiven und repräsentativen Mitwirkung vor allem an Entscheidungen höherer Stufen der Verwaltungshierarchie[38]. Aufs Ganze gesehen, wird daher der Beitrag der Mitwirkungsorgane zur Bestimmung von Erziehungszielen — so nützlich er in einzelnen Bereichen auch sein mag — nicht überschätzt werden dürfen.

[37] Zutreffend warnt vor solchen Fehlvorstellungen *Stock*, „Materielle Schulverwaltung“ der öffentlichen Schule?, AöR 96 (1971), 392 (414).

[38] *Niehues*, Rdnr. 55 sieht daher die Einräumung von Entscheidungskompetenzen für zulässig an nur für Angelegenheiten des je eigenen örtlichen Schulbereiches und für die Zeit des laufenden Schuljahres; für beratende Mitwirkungsbefugnisse wird man den sachlichen und zeitlichen Rahmen zulässiger Mitwirkung weiter spannen dürfen, Rdnr. 317; schichtenspezifische Zusammensetzung der Elternbeiräte usw. besorgen *Mickel*, Das Elternrecht im Schulwesen der Bundesrepublik, RdJB 74, 363; *Mahrenholz*, Elternrecht und Schulreform, RdJB 76, 272.

Achtes Kapitel

Privatschulfreiheit

I. Inhalt und Umfang der Privatschulfreiheit des Grundgesetzes (Art. 7 IV GG)

Wie § 154 der Paulskirchenverfassung hatte auch Art. 22 Pr. Verf. von 1850 Privatschulfreiheit verheißen; die Vorschrift blieb aber mit den anderen schulrechtlichen Artikeln suspendiert. Daher konnte sich in der konstitutionellen Ära Privatschule nur im Rahmen eines Konzessionssystems entfalten, dessen im Ganzen liberale Handhabung argwöhnisch beobachtet wurde[1]. Seit der Jahrhundertwende ergriffen die Privatschulen zunehmend die Aufgaben der Ergänzung und des Ersatzes der öffentlichen Schulen[2]. Ein dringender Bedarf für die Errichtung von Privatschulen bestand vor allem im Bereich der mittleren und höheren Schulen für Mädchen, aber auch der Berufsschule. Der hohe Anteil der Kirchen, gemeinnütziger Einrichtungen und der öffentlichen Hand an der Trägerschaft von Privatschulen und ihre vermehrte Einbindung in das öffentliche Recht haben im Laufe der Jahrzehnte vielerorts den ehemals „privaten" Charakter dieses Schultyps überlagert oder gar beseitigt. Daher wird heute oft von „Schulen in freier Trägerschaft" gesprochen[3]; auf die — berechtigte — begriffliche Differenzierung von Privatschule und Schulen in freier Trägerschaft kommt es indes in diesem Zusammenhang nicht an.

Art. 147 WRV gewährte einen Anspruch auf Genehmigung der Ersatzschule, wenn bestimmte verfassungsrechtlich festgesetzte Voraussetzungen erfüllt waren, zu denen der Nachweis eines Bedürfnisses nicht gehörte. Im Interesse des Gedankens der Einheitsschule[4] galt je-

---

[1] Insbesondere von den nationalliberalen Kräften, deren Ressentiments sich gegen katholische Bestrebungen zur Errichtung von Privatschulen richtete; vgl. Nachw. bei *Link*, Privatschulfinanzierung und Verfassung, JZ 73, 1; *Starck*, Freiheitlicher Staat und staatliche Schulhoheit, in: Essener Gespräche zum Thema Staat und Kirche, 1975, Bd. 9, 11 ff.; die erste konfessionelle Privatschule war 1851 in Gütersloh gegründet worden als Ausdruck „der Besorgnis, daß in dem seit 1848 des christlichen Charakters formell entkleideten Staate die Gymnasien auch den letzten Rest des Christlichen fallen lassen würden", vgl. *Paulsen / Lehmann*, 495.

[2] Vgl. oben S. 20 f.

[3] So beispielsweise *Brauburger*, RdJB 76, 42.

[4] Vgl. oben S. 24.

doch für die Errichtung privater Volksschulen eine einschränkende Klausel. Die Privatschule, die nicht als Ersatz für öffentliche Schulen diente, blieb den weitergehenden Einschränkungen nach Maßgabe des aus der konstitutionellen Ära fortbestehenden Landesrechts unterworfen. Aber auch für die Ersatzschule galt nach Art. 147 WRV das Landesrecht weiter; nach Art. 142 WRV unterstand sie der Aufsicht des Staates, die unter Hinweis auf den bisherigen Rechtszustand als „Herrschaft des Staates über die Schule" interpretiert wurde[5].

Die Gewährleistung der Privatschulfreiheit durch Art. 7 IV GG hat eine Wende herbeigeführt[6]. Art. 7 IV GG sichert jedermann die Freiheit zu, Privatschulen zu errichten. Das Recht zur Errichtung von Ersatzschulen — das ist die Privatschule, für die es nach Struktur, Lehrzielen und Lehrgegenständen Entsprechungen im öffentlichen Schulleben gibt, an denen auch die Schulpflicht erfüllt werden kann[7] — ist durch den Vorbehalt staatlicher Genehmigung beschränkt; doch verbürgt Art. 7 IV GG einen Anspruch auf Genehmigung unter den in Abs. 4 Satz 3 genannten Voraussetzungen, die wörtlich mit den in Art. 147 WRV aufgeführten Voraussetzungen übereinstimmen. Für die Errichtung privater Volksschulen gilt wiederum eine einschränkende Klausel, die an die entsprechende Klausel des Art. 147 WRV angelehnt ist.

Danach besteht ein Anspruch auf Genehmigung der Ersatzschule, wenn sie nach ihren Lehrzielen, ihren Einrichtungen und nach der wissenschaftlichen Ausbildung der an ihr tätigen Lehrkräfte nicht hinter den öffentlichen Schulen zurücksteht. Dieser Mindeststandard struktureller Gegebenheiten wird unter dem Begriff der Gleichwertigkeit zusammengefaßt[8]. Ferner darf eine Sonderung der Schüler nach den Besitzverhältnissen der Eltern nicht gefördert werden; die wirtschaftliche und rechtliche Stellung der Lehrer muß genügend gesichert sein.

Wie BVerfGE 27, 195 (201) hervorhebt, soll Art. 7 IV GG Freiheit im Schulwesen verwirklichen; gewährleistet ist für jedermann die Freiheit, Privatschulen zu errichten und für die Privatschule als Institution die

---

[5] *Anschütz*, Die Verfassung des Deutschen Reichs[14], 1932, Art. 144, Anm. 1; *Landé*, Art. 143 - 149, Bildung und Schule, in: Die Grundrechte und Grundpflichten der Reichsverfassung, III, 1930, 61 ff.; weit. Nachw. *Heckel*, Deutsches Privatschulrecht, 1955, 39.

[6] *Heckel*, 41.

[7] Zur Relativität der Abgrenzung von Ersatz- und Ergänzungsschulen vgl. *Heckel*, Entwicklungslinien im Privatschulrecht, DÖV 64, 595 (598); zur Akzessorität der Ersatzschule zur öffentlichen Schule vgl. BVerfGE 37, 314 (319 f.), wonach Art. 7 IV GG nicht das Recht zur Errichtung von Hochschulen oder Fachhochschulen erteilt; daher besteht die Befugnis der Ersatzschule, auf einem bestimmten Gebiet Schüler auszubilden, nur in dem Umfange, in dem sie auch den öffentlichen Schulen zukommt; daher entfällt die Befugnis, wenn ein Ausbildungszweig an die staatliche Hochschule überführt wird.

[8] So schon *Landé*, 67; BVerwGE 17, 236 (240).

Freiheit einer ihrer Eigenart entsprechenden Verwirklichung. Dazu gehört insbesondere die Freiheit der Privatschule in der Wahl der Schüler[9] und der Lehrer[10], die Freiheit der Gestaltung des Schulbetriebs[11] sowie das Recht der Eltern, ihre Kinder in eine private Ersatzschule zu schicken[12]. Auch der Ersatzschule, die mit der öffentlichen Schule in Wettbewerb tritt, gewährleistet Art. 7 IV GG, den Unterricht nach den Erziehungszielen, der weltanschaulichen Basis, der Lehrmethode und den Lehrinhalten eigenverantwortlich zu prägen und zu gestalten[13]. Daher darf sie in ihrer Erziehungsarbeit auch weltanschauliche, religiöse und konfessionelle Ziele verfolgen, deren verbindliche Festsetzung für die öffentlichen Schulen verwehrt ist. In der Terminologie dieser Untersuchung formuliert ist die Ersatzschule mithin nicht wie die öffentliche Schule verpflichtet, das System ihrer Erziehungsziele offen zu halten. Sie darf in eigener Verantwortung oberste religiöse oder weltanschaulich fundierte Erziehungsziele als verbindliche Erziehungsziele der Schule festsetzen und ihre gesamte Erziehungsarbeit auf diese Ziele ausrichten. Sie hat das Recht, in ihren Schulen ein auf den Wahrheitsanspruch des Glaubens oder der Weltanschauung gegründetes Weltbild zu vermitteln und dem Schüler seine Stellung in dieser Welt zu weisen. Damit gewährleistet die Verfassung, daß sich die gesellschaftliche Pluralität auch in das Erziehungswesen hinein fortsetzt und die Kinder nach dem Willen der Erziehungsberechtigten jedenfalls in der Privatschule nach ihren besonderen Erziehungsvorstellungen erzogen werden können[14]. Zu den gewichtigen immanenten Schranken dieses Rechts alsbald.

Auch das Recht der Ersatzschule, die Methoden des Unterrichts in eigener Verantwortung zu bestimmen, erleichtert ihr die Verwirklichung ihrer religiösen oder weltanschaulichen Zielsetzung; es gibt ihr ferner die Chance, für die Wahrnehmung der allgemeinen Unterrichtsaufgaben pädagogische Besonderheiten zu entfalten, die ihr anvertrauten Schüler individueller zu betreuen als es in der öffentlichen Schule möglich ist und/oder neue pädagogische Entwicklungen einzuleiten.

Alle diese Rechte sind faktisch und rechtlich begrenzt. Die faktischen Grenzen ergeben sich insbesondere aus der Konkurrenz zwischen öffentlicher und privater Schule, in der sich die Privatschule behaupten

---

9 BVerwGE 12, 349 (351); BVerfGE 34, 165 (198).

10 BVerwGE 17, 236 (238).

11 BVerwGE 27, 360 (362); vgl. auch *Heckel*, Deutsches Privatschulrecht, 232 ff.

12 BVerfGE 34, 165 (198).

13 BVerfGE 27, 196 (201); 34, 165 (197).

14 Vgl. *Peters*, in: Bettermann / Nipperdey / Scheuner, Die Grundrechte IV, 1960, 396 (432); *Erlinghagen*, Die Schule in der politischen Gesellschaft, 1964, 53 ff.

muß[15], aus der Verklammerung der Privatschule mit dem Stand der pädagogischen Wissenschaft, die ihre Lehrer je mitbringen und aus ihrer Einbettung in die soziale Umwelt, in der ihre Lehrer und Schüler leben und in die sie ihre Schüler entläßt, die aber auch die finanziellen Mittel bereitstellen muß, die für Errichtung und Betrieb einer leistungsfähigen Schule erforderlich sind[16]. Nicht gering geschätzt werden darf auch das pädagogische Engagement der für die Privatschule Verantwortlichen. Alle diese Realfaktoren dürften in hohem Maße sicherstellen, daß die Ersatzschule von ihren Rechten einen wohlüberlegten und maßvollen Gebrauch macht und sich bemüht, mit der öffentlichen Schule Schritt zu halten, schon um ihren Fortbestand zu sichern und ihren Schülern das nötige Rüstzeug auf den Lebensweg mitzugeben.

Die rechtlichen Grenzen werden bestimmt durch die allgemeinen Gesetze und das Privatschulrecht, das seinerseits die Freiheitsgewährleistungen, insbesondere des Art. 7 IV GG, zu beachten hat. Entscheidend ist, daß die Ersatzschule ungeachtet aller religiösen, weltanschaulichen und pädagogischen Besonderheiten, die zu pflegen ihr nicht verwehrt ist, in ihren Lehrzielen und Einrichtungen nicht hinter den öffentlichen Schulen zurückstehen darf. Bietet sie keine Gewähr für die Einhaltung des Mindeststandards der Gleichwertigkeit, darf sie nicht genehmigt werden; wird das Zurückbleiben bei Betrieb der Schule sichtbar, droht der Verlust der Genehmigung.

II. Das Kriterium der Gleichwertigkeit der Ersatzschule

Mit dem Kriterium der Gleichwertigkeit ist ein dynamischer Maßstab gegeben. Denn verwiesen ist auf die strukturellen Gegebenheiten der öffentlichen Schule, die durch faktische und rechtliche Maßnahmen verändert werden können und in einer Zeit des Ausbaus und der Reform der öffentlichen Schule auch ständig verändert werden.

Dieser dynamische Maßstab ist zugleich höchst unbestimmt, da Wertungen und Beurteilungen erforderlich sind für die Feststellung, ob ein komplexes Bündel von Lehrzielen und eine Vielheit von Einrichtungen gleichwertig ist mit einem anderen, ebenfalls komplexen Bündel von Lehrzielen und einer Vielheit von Einrichtungen. Die Feststellung ist problemlos, solange konkrete bestimmbare Größen zu vergleichen sind, deren Wertigkeit unbestritten ist. So wird man, wenn die öffentliche

---

[15] BVerfGE 27, 195 (208); 37, 314 (319): Art. 7 IV GG gebe den Ersatzschulen im freien Wettbewerb keinen Schutz auf Bestand.

[16] Das vieldiskutierte Problem der öffentlichen Subventionierung der Privatschule ist hier nicht zu erörtern; vgl. BVerwGE 23, 347; 27, 360; E vom 14. 3. 1975, RdJB 76, 62; *Evers*, VVDStRL 23, 147 (192 f.); *Link*, Privatschulfinanzierung und Verfassung, JZ 73, 1 ff., beide m. weit. Nachw.

Schule als erste Fremdsprache Englisch vorsieht, der Ersatzschule nicht verwehren, an dieser Stelle Französisch vorzusehen. Dagegen scheint es schon fraglich, ob die Aufsichtsbehörde hinnehmen muß, wenn eine Ersatzschule, um auf den Dienst als Missionar oder als Entwicklungshelfer vorzubereiten, hinter den Stundentafeln der öffentlichen Schule erheblich zurückbleibt, um Raum für Unterricht in afrikanischen Sprachen oder für Arbeitsunterricht zu gewinnen.

Die Typenvielfalt, in die sich die moderne öffentliche Schule auffächert, der von Schule zu Schule oft unterschiedliche Stand der Einrichtungen und Reformen, der von der Versuchsschule zu auslaufenden Modellen herkömmlicher Schulen reicht, erleichtert derzeit der Ersatzschule den Nachweis, daß sie nicht hinter einer dieser öffentlichen Schulen zurücksteht. Der verbesserungsbedürftige derzeitige Zustand des Schulrechts erschwert heute der Schulaufsichtsbehörde den Nachweis, ein Lehrziel oder eine Einrichtung gehöre zu dem Standard, hinter dem die Ersatzschule nicht zurückstehen dürfe. Daher mag derzeit die Schulaufsicht oft nur befugt sein, offenkundiges Zurückstehen abwehren zu dürfen.

Wenn die Reformen einmal zu einem gewissen Abschluß kommen, wenn das Recht der öffentlichen Schule, wie der Rechtsstaatsgedanke gebietet, durch Gesetz und Rechtsverordnung hinreichend bestimmt geregelt ist, wenn darüber hinaus, wie die Pädagogik es derzeit anstrebt, die Lern- und Erziehungsziele durch ein curriculares Netzwerk präzisiert sind, dann kann sich die Frage nach den Grenzen der von Art. 7 IV GG gewährleisteten Freiheit der Ersatzschule erneut mit aller Schärfe stellen. Die Landesgesetzgeber können das Grundrecht der Privatschulfreiheit nicht einschränken. Aber sie können Bestimmungen treffen, um die Einhaltung der Genehmigungsvoraussetzungen zu sichern. Daher können sie auch Pflichten der Ersatzschule bestimmen, wenn sie nur die von Art. 7 IV GG gewährleistete Freiheit beachten[17]. Die Frage nach den Grenzen dieser Befugnis ist aktuell, da einige Landesgesetzgeber bereits dazu angesetzt haben, die Ersatzschule ihren jeweiligen zentralen schulpolitischen Zielsetzungen zu unterwerfen:

Im Förderstufenurteil hat das BVerfG die Beschränkung der Privatschulfreiheit, die das hess. Schulrecht zum Schutze der Förderstufe vor der Konkurrenz der Privatschule vorgesehen hatte, wegen Verstoß gegen Art. 7 IV GG aufgehoben[18].

Desungeachtet verwehrt auch das nds. Schulgesetz vom 30. Mai 1974[19] — offenbar zum Schutze der an den öffentlichen Schulen einzurichten-

[17] BVerwGE 17, 236 (238).

[18] BVerfGE 34, 165 (196 f.).

[19] GVBl. 289 idF vom 28. Juni 1977, GVBl. 233.

den Orientierungsstufe — generell, wenn auch mit gewichtigen Ausnahmen, den privaten Gymnasien und Realschulen, die 5. und 6. Schuljahrgänge zu führen und macht die Einführung von Orientierungsstufen von den besonderen Voraussetzungen des Art. 7 V GG abhängig (§ 124).

§ 121 nds. SchulG verpflichtet die Ersatzschule, Schülervertretungen einzurichten; das hess. Gesetz über die Mitbestimmung der Erziehungsberechtigten und den Landesschulbeirat vom 13. November 1958[20] verpflichtet alle Privatschulen, gewählte Elternbeiräte einzurichten (§ 1 I, V) und unterwirft die anerkannten Ersatzschulen zur Gänze den für öffentliche Schulen geltenden Mitbestimmungsregelungen (§ 1 I)[21].

Bei der näheren Bestimmung von Inhalt und Grenze der Privatschulfreiheit und den Grenzen der Regelungsgewalt des Landesgesetzgebers wird mit BVerfGE 27, 195 (200) davon auszugehen sein, daß Art. 7 IV GG eine Absage an das staatliche Schulmonopol bedeutet und daß dieses Offensein des Staates für die Vielfalt von Formen und Inhalten, in denen sich Schule darstellen kann, den Wertvorstellungen der freiheitlichen demokratischen Grundordnung entspricht, die sich zur Würde des Menschen bekennt und religiös und weltanschaulich neutral ist. Es wird ferner davon auszugehen sein, daß die Privatschulfreiheit den Freiheitsgedanken im Bildungswesen verwirklicht, da sie Elemente des Elternrechts, des Rechts der Glaubensfreiheit, der Meinungsfreiheit, der Berufsfreiheit, der freien Entfaltung der Persönlichkeit von Eltern, Schülern und Schulträgern umschließt und einen Entfaltungsraum für die Verwirklichung dieser Freiheiten öffnet. Andererseits konkretisiert sich in der Anbindung der Ersatzschule an das Lehrangebot und das Leistungsniveau der öffentlichen Schule die Mitverantwortung des Staates für Bildung und Erziehung des Schülers und die Verantwortung des Staates für die Einheit und das Niveau des Bildungswesens insgesamt.

Eine gesetzliche Regelung der Genehmigungsvoraussetzungen und der staatliche Eingriff in die Privatschulfreiheit zur Sicherung der Einhaltung der Genehmigungsvoraussetzungen müssen diesem Freiheitsprinzip gerecht werden. Zu verlangen ist daher insbesondere, daß die Gleichwertigkeit der Ersatzschule mit der öffentlichen Schule immer nur auf Grund von Maßstäben beurteilt wird, die rational nachvollziehbar und von der Verfassung legitimiert sind. Dies ist an drei Beispielen näher darzulegen:

[20] GVBl. 174 idF vom 14. Juli 1977, GVBl. 319.

[21] Nach *Heckel*, Deutsches Privatschulrecht, 53 f., 307 f. sind die Privatschulen im allgemeinen dem Gedanken der Mitbestimmung und Mitsprache sehr aufgeschlossen; aus ihrem jeweiligen besonderen Selbstverständnis haben sie aber diesen Rechten eine unterschiedliche Gestaltung gegeben; diese Freiheit müsse ihnen gelassen werden.

(1) Die Erziehungswissenschaft hält einen breiten Kanon didaktischer Methoden bereit, die nicht zu einer herrschenden Meinung zusammenfinden. Man ist sich über elementare Grundsätze einig, weiß aber auch, daß die Situationsbezogenheit des pädagogischen Vorganges auch situationsbezogene flexible Maßnahmen in einer erheblichen Variationsbreite fordert[22]. Es fehlen daher weithin rational nachvollziehbare Kriterien, auf Grund deren die Entscheidung einer Ersatzschule für das eine oder andere didaktische Konzept als so nachteilig erwiesen werden könnte, daß ein Eingriff in die Privatschulfreiheit gerechtfertigt wäre. Einzelne Landesgesetze tragen diesem Gedanken Rechnung, da sie die Freiheit der Abweichung der Privatschule in den Methoden ausdrücklich anerkennen[23]. Staatliche Eingriffe werden daher erst zulässig, sollte eine Ersatzschule allgemein erprobte und gebilligte erzieherische Grundsätze vernachlässigen und sollte diese Ungleichwertigkeit von solchem Gewicht sein, daß der Eingriff in die Privatschulfreiheit erforderlich ist.

(2) Der zur Neutralität und Toleranz verpflichtete Staat hat kein Organ, um die Werthaftigkeit eines Glaubens oder einer Weltanschauung zu beurteilen[24]. Er kann daher auch die Werthaftigkeit eines hierin begründeten Erziehungszieles nicht beurteilen[25]. Er kann daher einer Ersatzschule nicht vorhalten, sie bleibe in ihren Lehrzielen hinter der öffentlichen Schule zurück, weil sie religiöse oder weltanschauliche Zielsetzungen verfolge und auch die gesamte Erziehungsarbeit von diesem Geist geprägt sei.

Der Staat hat jedoch darüber zu wachen, daß die Ersatzschule die im Grundkonsens begründeten Erziehungsziele in ihre Erziehungsarbeit so einbezieht, daß sie nicht hinter der öffentlichen Schule zurücksteht. Verfassungsrechtlich legitimiert sind daher Maßnahmen, die sicherstellen, daß die Privatschule sich der Verletzung der Gefühle Andersdenkender enthält und ihre Schüler zur Toleranz erzieht[26].

Der Staat hat auch darüber zu wachen, daß die kognitiven Lernziele gleichwertig verfolgt werden; daher könnte er zum Beispiel sicherstellen, daß die Ersatzschule ihre Schüler gleichwertig im Verhältnis zu dem Unterricht der öffentlichen Schule über die geistigen Strömungen des Abendlandes und den Stand der naturwissenschaftlichen Erkenntnisse unterrichtet — mag auch Religion oder Weltanschauung, welche

---

[22] *Blankertz,* Theorien und Modelle der Didaktik[10], 1977; *Gage / Berliner,* Pädagogische Psychologie, 1977.

[23] So neuestens § 5 ham. PrivatschulG vom 12. Dezember 1977, GVBl. 389.

[24] BVerfGE 12, 1 (4); 33, 23 (29).

[25] *Maunz,* in: Maunz / Dürig / Herzog, Art. 7, Rdnr. 75.

[26] So schon *Landé,* 75 (s. Anm. 23 des 1. Kapitels); *Heckel,* Deutsches Privatschulrecht, 11.

diese Ersatzschule prägen, diese Strömungen oder Erkenntnisse bedenklich oder sogar verwerflich erscheinen lassen.

(3) Die Einrichtung der Orientierungs-(Förder-)stufe bezweckt, die Chancengleichheit im Bildungswesen dadurch zu verbessern, daß sie Bildungsbarrieren abbaut und durch stärker individualisierte Beobachtung und Förderung des Schülers seinen Übergang zur weiterführenden Schule erleichtert.

Insbesondere geht es darum, leistungsschwachen, aber potentiell begabten Kindern, nicht zuletzt Kindern aus bildungsmäßig zurückstehenden Familien durch nachhaltige Förderung auf Grund sorgfältiger Beobachtung den Übergang in die ihrer Begabung und Neigung entsprechende weiterführende Schule zu ermöglichen.

Für das Bildungswesen eines Landes insgesamt kann hierin eine Verbesserung gesehen werden. Damit ist aber noch nicht rational dargetan, daß eine Schule in ihren Einrichtungen hinter dem öffentlichen Schulwesen zurücksteht, wenn sie eine entsprechende Förderstufe nicht vorhält. Dies würde voraussetzen, daß auch der konkreten Schule die Aufgabe des Auslesens und Förderns im Interesse nicht des einzelnen Kindes allein, sondern auch der besseren Chancengleichheit der Schüler überhaupt gestellt wäre. Von der Privatschule kann ein solcher Beitrag nicht verlangt werden. Die private Realschule und das private Gymnasium kann nur für ihre Schüler verantwortlich sein. Sie beeinträchtigt auch nicht die Bildungschancen ihrer Schüler, weil diese sich bereits für die mittlere bzw. die höhere Schule entschieden haben. Ob sie der individuellen Beobachtung und Förderung bedürfen und sie erhalten, um auch die gewählte Schullaufbahn erfolgreich zu absolvieren, kann hier offen bleiben, da effektive individuelle Förderung auch außerhalb des Systems der Orientierungsstufe möglich ist.

Es liegen mithin keine rational nachvollziehbaren und verfassungsrechtlich legitimierten Gründe vor, mit denen das Zurückstehen der Ersatzschule hinter der öffentlichen Schule dargetan werden könnte, wenn sie die 5. und 6. Schulstufe in der herkömmlichen Weise führt — vorausgesetzt, daß sie sich bei der Aufnahme der Schüler und im Schulbetrieb auf das Leistungsniveau einstellt, das den Zugang zu den folgenden Schulstufen öffnet und „gleichwertige" Förderungsleistungen für ihre Schüler vorhält. Es kann ihr z. B. auch nicht verwehrt werden, für diese Schulstufen ein Kurssystem auf hohem Leistungsniveau einzuführen, wenn sie nur solche Schüler aufnimmt und behält, die den Anforderungen dieser Kurse entsprechen.

Eine Beschränkung der Privatschule rechtfertigt sich auch nicht aus der Erwägung, die staatliche Orientierungsstufe müsse vor Störungen, insbesondere der Abwanderung der leistungsfähigeren Schüler geschützt werden. Art. 7 IV GG setzt die staatliche Schule der Konkurrenz durch die Privatschule aus; daher muß auch das System der Orientierungsstufe sich dieser Konkurrenz stellen, wenn nur das Konkurrenzangebot der Ersatzschule den qualitativen Anforderungen an den Schulbetrieb entspricht — wie auch die Ersatzschule nicht vor der Konkurrenz durch die öffentliche Schule geschützt ist[27]. BVerfGE 34, 165 (198 f.) hat den pädagogischen Gesichtspunkt, daß die Förderstufe ihrer Anlage nach Begabungen jedes Grades benötige, um ihr Ziel zu erreichen und daher den Eltern das Recht zur Wahl der auswärtigen öffentlichen Schule versagt werden müsse, nicht anerkannt. Es hat dem Elternrecht auf Wahl der auswärtigen Schule den Vorrang gegeben mit der Begründung, es könne nicht ernstlich behauptet werden, daß das Abwandern einzelner Kinder das ganze Reformvorhaben gefährde und daran erinnert, daß es Sache der Schulverwaltung sei, die Eltern von den Vorzügen der Förderstufe gegenüber dem herkömmlichen Schulsystem zu überzeugen; gerade Schulreformen sollten nach seiner Auffassung in einem freiheitlichen Staat weniger mit staatlichen Zwangsmitteln durchgesetzt als vielmehr — soweit wie möglich — unter freiwilliger Beteiligung der Betroffenen vorangetrieben werden[28].

Problematisch ist auch, daß § 124 I nds. SchulG die Einführung der Orientierungsstufe an der Privatschule den Bedingungen des Art. 7 V GG unterwirft, da diese einschränkenden Genehmigungsvoraussetzungen nur für die private Volksschule gelten und sinnvoll daher nur vollzogen werden können, solange das staatliche System scharf zwischen Volksschulen und weiterführenden Schulen unterscheidet und die Orientierungsstufe diesem Schulzweig eindeutig zugeordnet werden kann. Die Orientierungsstufe bezweckt aber, diesen Unterschied zu überbrücken, unter anderem mit der Folge, daß auch das nds. SchulG die Orientierungsstufe nicht notwendig der Volksschule zuordnet (§ 6 II).

III. Zur Verleihung des Öffentlichkeitsrechtes nach den Landesgesetzen

Strengere Voraussetzungen als Art. 7 IV GG sehen die Landesgesetze für die Anerkennung von Ersatzschulen bzw. die Verleihung des Öffentlichkeitsrechtes vor. Durch diese Akte erhält die Privatschule die Befugnis, durch ihre Zeugnisse und Prüfungen die gleichen Berechtigungen zu vermitteln wie die vergleichbare öffentliche Schule. Vor-

---

[27] Vgl. Nachw. Anm. 15.

[28] Dies müßte sich auch das Land Niedersachsen entgegenhalten lassen, sollte es die Beschränkungen der Ersatzschule bei der Führung von 5. und 6. Schulstufen durch § 124 nds. SchulG mit entsprechenden Argumenten rechtfertigen.

ausgesetzt wird — in Übereinstimmung mit § 5 der Vereinbarung der Kultusministerkonferenz über das Privatschulwesen vom 10./11. August 1951 —, daß die Privatschule dauernd die an entsprechende öffentliche Schulen gestellten Anforderungen erfüllt. Danach genügt für die Anerkennung nicht die Gleichwertigkeit der Lehrziele und Einrichtungen; verlangt wird vielmehr die Gleichartigkeit der Privatschule mit der öffentlichen Schule nach Lehrgegenständen, Lehrzielen und Beurteilungskriterien für die Aufnahme der Schüler. Unter dieser Voraussetzung gewähren einige Landesgesetze einen Anspruch auf die Anerkennung; nach anderen Landesgesetzen bleibt es dem Ermessen der Schulaufsichtsbehörde überlassen, die Anerkennung zu erteilen[29].

Die Frage, ob eine Ersatzschule bei Erfüllung der Genehmigungsvoraussetzungen des Art. 7 IV GG grundsätzlich einen Anspruch auf staatliche Anerkennung hat, war lange umstritten. BVerfGE 27, 195 hat einen solchen Anspruch verneint mit der zutreffenden Begründung, die Regelung des Berechtigungswesens sei Sache des Landesgesetzgebers, weil die Zuerkennung von Berechtigungen wegen ihrer Außenwirkung sich nicht auf das Schulwesen beschränke. Im Interesse der Gleichheit der durch die Berechtigung vermittelten Startchancen sei es daher gerechtfertigt, wenn sich der Staat gegenüber den Privatschulen entweder eine besondere Kontrolle — z. B. durch Externenprüfung — darüber vorbehält, ob der die Berechtigung vermittelnde Leistungserfolg im Einzelfalle erreicht ist oder von der Privatschule eine Anpassung an die für öffentliche Schulen geltenden Vorschriften voraussetzt, die eine dauernde Gleichmäßigkeit im Leistungsstand und die Einhaltung der den Berechtigungen zugrunde liegenden Normen gewährleiste[30]. Das BVerfG hat aber auch zutreffend darauf hingewiesen, daß die Privatschulfreiheit des Art. 7 IV GG dem Staat verwehrt, die Ersatzschule zur Anpassung an die öffentlichen Schulen in einem der Sache nach nicht gebotenen Umfange zu veranlassen; er darf auch nicht den Schülern von Ersatzschulen den Weg zur Berechtigung versperren — es wäre zu ergänzen: oder unverhältnismäßig erschweren; daher müsse der Staat bei der Beurteilung, ob einem Privatschüler die Berechtigung zuzuerkennen sei, auch den besonderen Erziehungszielen der Privatschule Rechnung tragen, soweit dies bei Würdigung von Inhalt und Bedeutung der Berechtigung, insbesondere unter Beachtung des Gebots der Gleichheit der „Startchancen" möglich sei[31].

---

[29] Vgl. die Zusammenstellung bei *Heckel*, Deutsches Privatschulrecht, 245; *Säcker*, DVBl. 71, 537 (538).

[30] Kritisch zu BVerfGE 27, 195: *Link*, JZ 71, 151; *Säcker*, DVBl. 71, 537; zustimmend: *Plümert*, DVBl. 71, 540; vgl. auch schon *Evers*, VVDStRL 23, 191 ff.; *Fuß*, ebd., 220.

[31] BVerfGE 27, 195 (207, 209).

Auch wenn nach alledem aus Art. 7 IV GG kein Anspruch der Ersatzschule auf Anerkennung folgt, bleibt zu fragen, ob die Gesetze, welche die Anerkennung davon abhängig machen, daß die Privatschule den an die öffentlichen Schulen gestellten Anforderungen dauernd entspricht, Art. 7 IV GG gerecht werden. Die Regelung ist schon nach ihrer Struktur problematisch. Die öffentliche Schule ist nicht eine dem Staat als Fremde gegenüberstehende Einrichtung, an die der Staat „Anforderungen" stellt. Der Staat bringt vielmehr durch seine Regelungen und durch seine realen Leistungen die öffentliche Schule hervor. Anforderungen stellt er daher nur an die Organwalter der Schule und die Schüler, nicht aber an die Schule.

Was schwerer wiegt, ist, daß die Norm offen läßt, welche formalen und inhaltlichen Qualitäten diese Anforderungen haben müssen, damit auch von der Privatschule ihre Beachtung verlangt werden kann. Da die inhaltliche Gestaltung der öffentlichen Schule heute noch weitgehend durch Rechtsverordnungen und Verwaltungsvorschriften geregelt wird, muß der Begriff Anforderungen dahin verstanden werden, daß die Privatschule auch Erlasse zu beachten hat, will sie die Anerkennung nicht gefährden. Jedenfalls auf weite Sicht ist dies mit rechtsstaatlichen Grundsätzen schlechthin unvereinbar.

Anforderungen können an die öffentliche Schule kraft Aufsichtsrechts auch durch Einzelweisung gestellt werden. Eine mittelbare Unterstellung der Privatschule unter Weisungen erscheint aber mit der Privatschulfreiheit vollends unvereinbar — von Auflagen und Anforderungen abgesehen, welche der Wiederherstellung der Genehmigungs- und Anerkennungsvoraussetzungen dienen.

Die Anerkennungsvoraussetzung „Anforderungen an die öffentliche Schule" ist schließlich nicht mehr zeitgemäß. Sie geht stillschweigend von der Voraussetzung aus, daß diese Anforderungen wenigstens relativ einheitliche, wenistens relativ präzise und relativ konstante Verhaltensmuster zum Gegenstand haben. Die zunehmende Differenzierung des Angebots der öffentlichen Schule, die Einbeziehung der Betroffenen in die Entscheidungsprozesse, die Experimentier- und Reformbereitschaft der Kultusministerien und ihrer Berater haben zu einer facettenreichen Ausgestaltung der Anforderungen geführt, die zudem in ständiger Bewegung gehalten werden. Als Beurteilungskriterium für die Anerkennungsfähigkeit von Privatschulen sind sie nur noch in ihren Grundzügen verwertbar. Das aber nötigt zu wertender Analyse der Anforderungen und legt nahe, das Gleichwertigkeitsprinzip auch der Beurteilung der Anerkennungswürdigkeit zugrunde zu legen. Im Zusammenhang dieser Untersuchung bedarf indessen diese Frage keiner weiteren Erörterung. Denn wie auch immer die Anerkennungsvoraussetzungen zu bestimmen sind, der Staat hat auch im Anerkennungsverfahren kein Organ zur Beurteilung der religiösen oder weltanschaulichen Fundierung von Erziehungszielen und Prägung des Unterrichts. Er kann immer nur prüfen, ob die Privatschule ungeachtet einer solchen Zielsetzung und Prägung den Anerkennungsvoraussetzungen entspricht. Der Gleichheitssatz verwehrt ihm zudem die Diskriminierung einer solchen Schule im Verhältnis zu Privatschulen, die einer religiösen oder weltanschaulichen Prägung entraten.

Auf einem anderen Blatt steht, daß die faktischen Gegebenheiten, die Besorgnis um die Erhaltung der Genehmigungs-, Anerkennungs- und Subventionsvoraussetzungen und das Bedürfnis nach einem möglichst konfliktfreien Verhältnis zur Schulaufsichtsbehörde manche Privatschule dazu veranlaßt, sich auf das engste an die für die öffentliche Schule geltenden Vorschriften und Vorstellungen anzulehnen. In solchen Fällen wird die Chance für die Entwicklung eigenständiger Erziehungs- und Unterrichtsziele vertan und der Sinn der Privatschulfreiheit verfehlt. Die hierin auf weite Sicht begründeten Gefahren für die Privatschulfreiheit überhaupt sollten die Privatschulen deutlicher sehen.

Die Rechtsordnung kann die Träger der Privatschulen zwar nicht mit mehr Zivilcourage ausstatten, sie würde aber die Entfaltung von Eigenständigkeit erleichtern, würde sie die meist höchst unklaren Regelungen unter Beachtung der Gewährleistungen des Art. 7 IV GG so präzisieren, wie es das Rechtsstaatsprinzip ohnehin fordert.

Zusammenfassung

Der von Art. 7 I GG vorausgesetze Auftrag zur Bildung und Erziehung der Kinder umfaßt die Vermittlung von Kenntnissen, Fähigkeiten und Fertigkeiten ebenso wie die Heranbildung des Schülers zu einem selbstverantwortlichen Mitglied der Gesellschaft. Der staatliche Bildungs- und Erziehungsauftrag ist der elterlichen Erziehungsverantwortung gleichgeordnet und begegnet dem Recht des Schülers auf freie Selbstentfaltung, das er mit dem Hineinwachsen in die Grundrechtsmündigkeit zunehmend selbst geltend machen kann; der Bildungs- und Erziehungsauftrag der Schule ist eingebunden in ein System grundrechtlicher Gewährleistungen und Direktiven, insbesondere die Pflicht zur Neutralität und zur Toleranz.

Hieraus folgen Schranken und Direktiven für die Planung und Organisation des Schulwesens und die Festlegung und Verwirklichung von Bildungs- und Erziehungszielen. Als wesentliche, die Gestaltungsfreiheit des Staates dirigierende und limitierende Ordnungsgrundsätze haben sich herausgestellt:

— die Pflicht des Staates zur Vorhaltung eines nach Kapazität ausreichenden und nach Begabungsrichtung, Interessen und Leistungsvermögen der Schüler differenzierten Schulsystems, das die Zugänglichkeit der allgemeinbildenden und berufsbildenden Schulen, der Sonderschulen für behinderte Kinder und der weiterführenden Schulen und dort auch die Förderung von Spitzenbegabungen umfassen muß; es hat Eltern und Schülern wirksame und transparente Wahlmöglichkeiten zu eröffnen; diese Pflicht wird begrenzt durch die Erfordernisse eines geordneten Schulsystems, das von dem Grundsatz der Erziehung in Gemeinschaft ausgeht und den Notwendigkeiten einer geordneten Haushaltspolitik Rechnung tragen muß;

— die Pflicht des Staates, den Gesamtplan der Eltern für die Erziehung ihrer Kinder und die Selbstverantwortung des — älteren — Schülers für seine eigene Erziehung zu achten. Dazu gehört in allen Bereichen staatlicher Erziehungstätigkeit die Offenheit für das Miteinander und Gegeneinander der pluralistischen Kräfte, vor allem in religiösen, weltanschaulichen und politischen Fragen, die Rücksichtnahme auf die religiösen, weltanschaulichen und politischen Überzeugungen der Eltern und Schüler, die Unterstützung der

Eltern bei der religiösen/weltanschaulichen Erziehung der Kinder, die Ausschaltung von Zwangselementen im Überschneidungsbereich religiöser und weltanschaulicher Erziehung, das Verbot der Indoktrination der Schüler;

— die Pflicht des Staates, die Antinomie von „negativer" und „positiver" Religionsfreiheit zu einem schonenden Ausgleich zu bringen, aus der die Befugnis folgt, die öffentliche Pflichtschule als (christliche) Gemeinschaftsschule einzurichten, die in Erziehung und Unterricht die prägende Kraft christlichen Denkens bejaht, aber offen sein muß für andere religiöse und weltanschauliche Überzeugungen;

— die Pflicht der Schule, auch für die Vielfalt der Anschauungen in Erziehungsfragen soweit offen zu sein, als sich dies mit einem geordneten Schulsystem verträgt; hieraus können für sensible Bereiche wie dem der Sexualerziehung besondere Informations- und Abstimmungspflichten folgen.

Die Untersuchungen zur Struktur von Erziehungsprogrammen unter der Herrschaft des GG und zur Reichweite des Gesetzesvorbehaltes im Schulrecht haben gezeigt:

Der Erziehungsvorgang ist eingebunden in gesellschaftliche und schulische Realfaktoren und rechtlich determiniert durch verfassungsrechtliche Schranken und Direktiven. Strukturell stellen sich die Erziehungsziele als ein System von gestuften Zielbündeln dar, die nach dem Zweck-Mittel-Schema die Wirkungen anzeigen, die erstrebenswert sind und die Auswahl der Mittel für die Zielverwirklichung steuern. Erziehungsprogramme können auf jeder Stufe auch durch Mittelbestimmungen (Prozeßnormen) konkretisiert werden. Programme können ausmünden in die Festsetzung von Lehrzielen, müssen aber dem Lehrer den Spielraum eigener Entscheidung überlassen, den er benötigt, um seiner pädagogischen Verantwortung gerecht werden zu können.

Da GG und Landesverfassungen Aussagen über Erziehungsziele enthalten, da das für die Verwirklichung von Grundrechten „Wesentliche" der Leitentscheidung durch förmliches Gesetz bedarf, die weitere Konkretisierung und Umsetzung in pädagogische und fachliche Instrumentarien durch Rechtsverordnung und Verwaltungsvorschrift erfolgen kann, stellen sich Erziehungsprogramme als ein hierarchisch gestuftes System von Zielbündeln und Mittelentscheidungen dar, die von der Gesetzesebene an als Dispositionsnormen und Prozeßnormen zu formulieren sind.

Dieses System ist verfassungskonform, wenn die Zielbündel und Mittelbestimmungen der jeweils unteren Stufe geeignete und auch ausreichende Mittel für die Verwirklichung der Zielbündel der höheren

Stufe sind. Oberstes, die Auswahl der Zielbündel und Prozeßnormen steuerndes Leitziel ist das Recht des Schülers auf Entfaltung seiner Persönlichkeit.

Die Pflicht zur Rücksichtnahme auf den Gesamtplan der Eltern für die Erziehung ihrer Kinder, die Selbstverantwortung der — älteren — Schüler für ihre eigene Erziehung, zur Neutralität und zur Berücksichtigung der pädagogischen Freiheit des Lehrers bedingt eine Offenheit des Erziehungsprogrammes, die von seiner Spitze bis zur konkreten Begegnung des Lehrers mit dem Schüler durchzuhalten ist und sich auf den einzelnen Stufen in differenzierter Weise auswirkt.

Literaturverzeichnis

(Auswahl)

Arndt, Adolf: Aufgaben und Grenzen der Staatsgewalt im Bereich der Schulbildung, in: Adolf Arndt, Geist der Politik. Reden, Berlin 1965, 149 ff.

Becker, Walter: Neue Dimensionen des Elternrechts, RdJB 1973, 210 ff.

Böckenförde, Ernst-Wolfgang: Vorläufige Bilanz im Streit um das Schulgebet, DÖV 1974, 253 ff.

Brezinka, Wolfgang: Was sind Erziehungsziele?, Zeitschrift für Pädagogik 1972, 497 ff.

v. Campenhausen, Axel: Erziehungsauftrag und staatliche Schulträgerschaft, Göttingen 1967.

Clevinghaus, Bernd: Politischer Unterricht und curriculares Verfahren im Demokratisierungsprozeß, RdJB 1976, 110 ff.

Dietze, Lutz: Die Reform der Lehrinhalte als Verfassungsproblem, Frankfurt/Main 1976.

— Von der Schulanstalt zur Lehrerschule, Braunschweig 1976.

Eilers, Rolf: Die nationalsozialistische Schulpolitik, Köln - Opladen 1963.

Erlinghagen, Karl: Die Schule in der politischen Gesellschaft, Freiburg / Basel / Wien 1964.

Evers, Hans-Ulrich: Verwaltung und Schule, VVDStRL 23 (1966), 147 ff.

— Verfassungsrechtliche Determinanten der inhaltlichen Gestaltung der Schule, in: Essener Gespräche zum Thema Staat und Kirche, Bd. 12, Münster 1977, 104 ff.

Fehnemann, Ursula: Rechtsfragen des Persönlichkeitsschutzes bei der Anwendung psychodiagnostischer Verfahren in der Schule, Berlin 1976.

Friauf, Karl-Heinrich: Die Abgrenzung der Gesetzgebungskompetenzen im Bereich der beruflichen Bildung, Hamburg 1975.

Frowein, Jochen: Erziehung zum Widerstand, in: Geiger-FS, Tübingen 1974, 579 ff.

Führ, Christoph: Zur Schulpolitik der Weimarer Republik. Darstellung und Quellen, Weinheim / Berlin / Basel 1970.

Fuß, Ernst-Werner: Verwaltung und Schule, VVDStRL 23 (1966) 199 ff.

Heckel, Hans: Entwicklungslinien im Privatschulrecht, DÖV 1964, 595 ff.

— Deutsches Privatschulrecht, Berlin / Köln 1955.

— Schulrecht und Schulpolitik, Neuwied 1967.

Heckel, Hans und Paul *Seipp:* Schulrechtskunde, 4. Aufl., Berlin 1969.

Hennecke, Frank: Staat und Unterricht, Berlin 1972.

Heymann, Klaus-Dieter und Ekkehart *Stein:* Das Recht auf Bildung, AöR 97 (1972), 185 ff.

v. Hippel, Ernst: Schulverfassung und Demokratie, DÖV 1950, 601 ff.

Hollerbach, Alexander: Die Kirchen unter dem Grundgesetz, VVDStRL 26 (1968), 57 ff.

Holstein, Günther: Elternrecht, Reichsverfassung und Schulverwaltungssystem, AöR 51 (1928), 187 ff.

Huber, Ernst Rudolf: Zur Problematik des Kulturstaates, Tübingen 1958.

Hufen, Friedhelm: Gleichheitssatz und Bildungsplanung. Zum Funktionswandel der Grundrechte im modernen Sozialstaat, Baden-Baden 1975.

Isensee, Josef: Demokratischer Rechtsstaat und staatsfreie Ethik, in: Essener Gespräche zum Thema Staat und Kirche, Bd. 11, Münster 1977, 92 ff.

Kerstiens, Ludwig: Erziehungsziele — neu befragt, Bad Heilbrunn 1978.

Klügel, Eckhard: Der rechtliche Gehalt von Lernzielen, RdJB 1978, 25 ff.

Link, Christoph: Privatschulfinanzierung und Verfassung, JZ 1973, 1 ff.

Löhning, Bernd: Der Vorbehalt des Gesetzes im Schulverhältnis, Berlin 1974.

Mahrenholz, Ernst-Gottfried: Elternrecht und Schulreform, RdJB 1976, 272 ff.

Maunz, Theodor: Das Elternrecht als Verfassungsproblem, in: Scheuner-FS, Berlin 1973, 419 ff.

Müller, Friedrich: Christliche Gemeinschaftsschule und weltanschauliche Neutralität des Staates, DÖV 1969, 441 ff.

Niehues, Norbert: Schul- und Prüfungsrecht, München 1976.

Obermayer, Klaus: Staat und Religion, Berlin 1977.

Oppermann, Thomas: Kulturverwaltungsrecht, Tübingen 1969.

— Nach welchen rechtlichen Grundsätzen sind das öffentliche Schulwesen und die Stellung der an ihm Beteiligten zu ordnen? Gutachten C für den 51. DJT, München 1976.

Ossenbühl, Fritz: Erziehung und Bildung, AöR 98 (1973), 361 ff.

— Schule im Rechtsstaat, DÖV 1977, 801 ff.

Peters, Hans: Das Recht auf freie Entfaltung der Persönlichkeit in der höchstrichterlichen Rechtsprechung, Köln 1963.

— Elternrecht, in: Bettermann / Nipperdey / Scheuner (Hrsg.), Die Grundrechte IV, 1. Halbbd., Berlin 1960, 369 ff.

Pöggeler, Franz: Schule und Staat, München 1959.

Püttner, Günter: Toleranz als Verfassungsprinzip, Berlin 1977.

Reuter, Lutz-Rainer: Das Recht auf chancengleiche Bildung, Düsseldorf 1975.

Richter, Ingo: Bildungsverfassungsrecht, Stuttgart 1973.

Riedel, Eibe H.: Bundesverfassungsgericht und Europäischer Gerichtshof für Menschenrechte zur Frage der Sexualkunde an öffentlichen Schulen, EuGRZ 1978, 264 ff.

Schlaich, Klaus: Neutralität als verfassungsrechtliches Prinzip, Tübingen 1972.

Schleicher, Klaus (Hrsg.): Elternmitsprache und Elternbildung, Düsseldorf 1973.

Starck, Christian: Freiheitlicher Staat und staatliche Schulhoheit, in: Essener Gespräche zu Thema Staat und Kirche, Bd. 9, Münster 1975, 11 ff.

— Organisation des öffentlichen Schulwesens, NJW 1976, 1375 ff.

Stein, Ekkehart: Das Recht des Kindes auf Selbstentfaltung in der Schule, Neuwied 1967.

Stock, Martin: Pädagogische Freiheit und politischer Auftrag der Schule, Heidelberg 1971.

Suhr, Dieter: Entfaltung der Menschen durch die Menschen, Berlin 1976.

Tomuschat, Christian: Der staatlich geplante Bürger, in: Menzel-FS, Berlin 1975, 21 ff.

Wiese, L.: Das höhere Schulwesen in Preußen, Berlin 1902.

Personenregister

Kolibri 360 GmbH
Ferdinand-Jühlke-Straße 7
99095 Erfurt, Deutschland
produktsicherheit@kolibri360.de

Druck:
CPI Druckdienstleistungen GmbH
im Auftrag der
Kolibri 360 GmbH
Ferdinand-Jühlke-Str. 7
99095 Erfurt